浙江省普通高校"十三五"新形态教材

普通高等学校会计应用型规划教材
国家级一流本科专业
浙江省课程思政示范课程

ADVANCED
FINANCIAL ACCOUNTING

高级
财务会计学

徐攀 崔晓钟 汪前 主编

东北财经大学出版社 大连
Dongbei University of Finance & Economics Press

图书在版编目（CIP）数据

高级财务会计学/徐攀，崔晓钟，汪前主编. —大连：东北财经大学出版社，2023.12
（普通高等学校会计应用型规划教材）
ISBN 978-7-5654-5036-5

Ⅰ.高…　Ⅱ.①徐…②崔…③汪…　Ⅲ.财务会计–高等学校–教材
Ⅳ.F234.4

中国国家版本馆CIP数据核字（2023）第228534号

东北财经大学出版社出版
（大连市黑石礁尖山街217号　邮政编码　116025）
网　　址:http://www.dufep.cn
读者信箱:dufep@dufe.edu.cn

大连永盛印业有限公司印刷　　东北财经大学出版社发行
幅面尺寸:185mm×260mm　字数:286千字　印张:12.75　插页:1
2023年12月第1版　　　　　2023年12月第1次印刷
责任编辑:王　丽　曲以欢　　责任校对:刘贤恩
封面设计:原　皓　　　　　　版式设计:原　皓

定价:38.00元

国家级一流本科专业 浙江省一流本科专业
普通高等学校会计应用型规划教材编委会

编委会主任：

潘煜双（嘉兴大学商学院院长、教授、博士）

编委会副主任：

董淑兰（嘉兴大学商学院财务管理系主任、教授、博士）

崔晓钟（嘉兴大学商学院会计系主任、博士）

刘　勇（嘉兴南湖学院商贸管理学院副院长、教授）

编委会成员：（按姓氏笔画顺序排列）

丁庭栋	王筱萍	邓朝晖	毕华书	刘琦璐	许　多
纪茂利	李正明	李郁明	李敏鑫	杨义东	杨行翀
汪　前	沈逸萌	张丹凤	张永学	张敏彦	张惠忠
陈莹莹	陈筱彦	赵春苗	赵娇阳	荣梦琪	胡丹奇
胡桂兰	姜洪涛	姚瑞红	夏江华	钱冰雪	徐　琦
徐　攀	崔建华	蒋雪清	谢晓君	穆敏丽	

序言

党的二十大报告开辟了"实施科教兴国战略，强化现代化建设人才支撑"的独立板块，强调要坚持教育优先发展、科技自立自强、人才引领驱动，加快建设教育强国、科技强国、人才强国，坚持为党育人、为国育才，全面提高人才自主培养质量，着力造就拔尖创新人才，聚天下英才而用之。建设教育强国是中华民族伟大复兴的基础工程，必须把教育事业放在优先位置。建设中国式现代化，中国教育必须给予全面应答，基础教育、职业教育、高等教育都要承担起相应的责任，学科专业、教育教学、课程教材、评价体系等都要作出相应的调整。

在"大智移云物区"的时代背景下，企业的工作环境、高校教育的情境都发生了变化，大学生成了互联网的原住民，获取信息、知识的方法和途径发生了质的变化。传统的教学方式难以适应时代的发展，出现了"教师不会教、学生不想学、企业不愿招"的人才培养困境。2016年，嘉兴大学（原为嘉兴学院）被遴选为全国本科院校"互联网+会计教学一体化改革"首席试点单位，实施"互联网+"线上线下一体化混合教学改革，建设教改平台，丰富平台共享资源。"互联网+会计教学一体化改革"的开展取得了显著成效。在2018年教育部审核评估中，"互联网+会计教学一体化改革"项目得到专家的好评，入选《中国会计教育改革与发展蓝皮书（2020）》，"中级财务会计学"被认定为教育部优秀教学案例和浙江省一流课程。"互联网+会计教学一体化改革"已覆盖全国30余所高校，众多高校前来学习交流"互联网+会计教学一体化改革"的经验和成果。

根据浙江省高等教育学会教材建设专业委员会发布的《关于开展浙江省高校"十三五"第二批新形态教材建设项目申报工作的通知》，嘉兴大学7门核心主干课程被列入浙江省"互联网+会计学新形态系列教材"建设项目。为了更好地实施和推广"互联网+会计教学一体化改革"，我们在总结"互联网+"教学改革的基础上，根据新形态教材的建设要求，组织教学一线教师编写适应"互联网+会计教学一体化改革"的核心课程教材，包括《会计学原理》《中级财务会计学》《高级财务会计学》《审计学》《成本会计学》《管理会计学》《财务报表分析》《财务管理学》。教材内容体现"业财融合"和重能力、重素质的培养要求，对于企业的具体业务可以通过扫描二维码观看视频实现企业具体业务的情境再现，教材还包括重要知识点的视频讲解、随堂测和章节测试，其中每一章节都设有头脑风暴和分组任务等开放性问题，并配有解答提示，为广大教师更好地实施教学提供参考。本系列教材适合应用型本

科院校的会计学、审计学、财务管理等相关专业的学生使用，高职院校的相关专业
也可选择使用。

潘煜双

2023 年 12 月

前言

　　高级财务会计是指运用财务会计理论与方法，对财务会计中复杂交易或事项以及在新的经济条件下不经常发生的企业特殊经济业务进行核算和监督，向与企业有经济利害关系者提供会计信息的经济管理活动。"高级财务会计学"课程在会计学等相关专业的人才培养过程中起着举足轻重的作用，它既是对"会计学原理""中级财务会计学"课程的总结和升华，又是"会计理论"课程的铺垫性课程，是提高学生综合专业素质和综合能力的一门关键性课程，其重要性主要体现在以下几个方面：一是前沿性。本课程涉及财务会计学前沿的内容，通过对这些前沿性的、高难度的课程内容的学习，提高学生处理会计特殊业务的能力。二是综合性。本课程的目的在于培养学生综合运用知识的能力，特别是培养学生解决特殊和复杂问题的能力，有助于学生在以后的工作中独立思考与解决问题。三是思想性。本课程有助于培养学生灵活运用书面知识的能力，特别注重对会计学基本理念的传授，是一门提高学生专业素养的课程。

　　本书由浙江工业大学管理学院与嘉兴大学商学院合作精心编撰而成。嘉兴大学会计学专业有百余年的办学积淀，先后成为浙江省重点专业、国家级特色专业、浙江省优势专业、"互联网+会计教学一体化改革"全国首家试点、国家级一流本科专业建设点。其秉承传统办学经验与特色，不断深化会计人才培养模式改革，并在教学内容体系改革方面进行了卓有成效的探索，初步形成了具有自身特色的会计专业人才培养模式。因此，本书在内容上努力实现既引导读者了解国际先进会计学理论与方法，又贴近我国当前的实际，突出了通俗、实用的特点。本书既可以作为高等院校会计学专业的教材，也可供会计实务工作者、经济管理各专业教师及学生参考。

　　本书的特点主要体现为：

　　1.内容新颖。依据2023年以来修订和颁布的企业会计准则、《企业会计准则及应用指南实务详解（2023年版）》、企业会计准则解释公告、《企业会计准则案例讲解（2023年版）》，以及最新涉税相关政策法规编写，注重准确领会企业会计准则及应用指南、准则讲解和税法的精髓。

　　2.定位明确。本书适用于本科会计学专业，突出操作能力特色培养。强调培养读者对企业特殊事项、特殊业务、特殊列报进行会计处理的能力和参加各种会计资格考试的应试能力，力求言简意赅，突出应用，强调重点，确保理论与实务相结合，体现应用型人才的培养目标。

　　3.思政引领。读者除了要掌握专业的知识，还要具备正确的价值观、良好的职业道德、健全的人格品质。本书将"红船精神"、社会责任等价值观培育融入知识传授，润物无声，立德树人。嘉兴大学"高级财务会计"课程于2022年立项为浙江省课程思政示范课程。

4.体例新颖。为了激发学生的学习兴趣，提高教材的活泼性和可理解性，本书每章都安排了案例和拓展阅读，针对热点话题设计分组讨论、头脑风暴。每章、每节都安排智能自测题，便于学生自我检查学习效果。本书利用移动互联网技术，以二维码的方式在书中嵌入章节自测、案例、拓展阅读、分组讨论等数字资源，将教材、课堂、教学资源三者融合，实现线上线下结合的教材出版新模式。

本书由浙江工业大学管理学院徐攀、嘉兴大学商学院崔晓钟和汪前担任主编，负责大纲的拟定、总纂和定稿。具体分工如下：第一章和第二章由徐攀和赵春苗执笔；第三章和第四章由崔晓钟、毕华书执笔；第五章由姜洪涛、胡丹奇执笔；第六章由李敏鑫、崔晓钟执笔；第七章和第八章由汪前执笔。值得说明的是，本书是多年来会计学专业教学积累的共同成果，感谢张兴亮教授、王筱萍教授、夏江华副教授等在前期为本书所作的贡献。

随着智能化与定制化生产的发展以及国际竞争的加剧，企业经营管理要求不断提高，对会计专业的从业人员和研究人员也提出了更高的要求，新的理论和实践要求我们百尺竿头更进一步。但囿于现有的水平，书中难免存在疏漏之处，敬请广大读者批评指正。

编　者

2023 年 12 月

目 录

第一章

外币折算

本章重点关注内容

1.记账本位币的确定。记账本位币是指企业经营所处的主要经济环境中的货币，企业应当综合多种因素确定记账本位币。企业记账本位币一经确定，不得随意变更，除非企业经营所处的主要经济环境发生重大变化。

2.外币交易的会计处理。外币交易应当在初始确认时采用交易日的即期汇率或即期汇率的近似汇率将外币金额折算为记账本位币金额；期末，应分别外币货币性项目和外币非货币性项目进行处理。

3.外币财务报表折算。境外经营财务报表折算时所产生的外币财务报表折算差额应当在资产负债表中的其他综合收益项目内列示。

学习本章内容时应当认真阅读《企业会计准则第19号——外币折算》及相关指南和解释。

第一节　记账本位币的确定

一、记账本位币的定义

记账本位币，是指企业经营所处的主要经济环境中的货币。主要经济环境，通常是指企业主要产生和支出现金的环境，使用该环境中的货币最能反映企业主要交易的经济结果。例如，我国大多数企业主要产生和支出现金的环境在国内，因此，一般以人民币作为记账本位币。

二、企业记账本位币的确定

《中华人民共和国会计法》（以下简称《会计法》）规定，业务收支以人民币以外的货币为主的单位，可以选定其中一种货币作为记账本位币，但是编报的财务会计报告应当折算为人民币。企业记账本位币的选定，应当考虑下列因素：

1.从日常活动收入的角度看，所选择的货币能够对企业商品和劳务销售价格起主要作用，通常以该货币进行商品和劳务销售价格的计价和结算。

2.从日常活动支出的角度看，所选择的货币能够对商品和劳务所需人工、材料和其他费用产生主要影响，通常以该货币进行这些费用的计价和结算。

3.融资活动获得的资金以及保存从经营活动中收取款项时所使用的货币，即视融资活动获得的资金在其生产经营活动中的重要性，或者企业通常留存销售收入的货币而定。

【例1-1】国内A外商投资企业（本题简称"A企业"）超过80%的营业收入来自向外国的出口，其商品销售价格一般以美元结算，主要受美元的影响，因此，从影响商品和劳务销售价格的角度看，A企业应选择美元作为记账本位币。

如果A企业除厂房设施，25%的人工成本在国内以人民币采购，生产所需原材料、机器设备及75%以上的人工成本都来自美国投资者以美元在国际市场的采购，则可进一步确定A企业的记账本位币是美元。

如果A企业的人工成本、原材料及相应的厂房设施、机器设备等95%以上在国内采购并以人民币计价，则难以确定A企业的记账本位币，需要考虑第三项因素。如果A企业取得的美元营业收入在汇回国内时可随时换成人民币存款，且A企业对所有以美元结算的资金往来的外币风险都进行了套期保值，则A企业应当选定人民币为其记账本位币。

在确定企业的记账本位币时，上述因素的重要程度因企业具体情况不同而不同，需要企业管理当局根据实际情况进行判断。一般情况下，综合考虑前两项即可确定企业的记账本位币，第三项为参考因素，视其对企业收支现金的影响程度而定。在综合考虑前两项因素仍不能确定企业记账本位币的情况下，第三项因素对企业记账本位币的确定起重要作用。

需要强调的是，企业管理当局根据实际情况确定的记账本位币只有一种，该货币一经确定，不得改变，除非与确定记账本位币相关的企业经营所处的主要经济环境发生重大变化。

三、境外经营的含义及境外经营记账本位币的确定

（一）境外经营的含义

境外经营通常是指企业在境外的子公司、合营企业、联营企业或者分支机构。当企业在境内的子公司、合营企业、联营企业或者分支机构选定的记账本位币不同于企业的记账本位币时，也应当视同境外经营。

区分某实体是否为该企业的境外经营的关键有两项：一是该实体与企业的关系，是否为企业的子公司、合营企业、联营企业或分支机构；二是该实体的记账本位币是否与企业记账本位币相同。而不是以该实体是否在企业所在地的境外作为标准。

（二）境外经营记账本位币的确定

境外经营也是一个企业，在确定其记账本位币时也应当考虑企业选择确定记账本位币需要考虑的上述因素。同时，由于境外经营是企业的子公司、合营企业、联营企业或者分支机构，因此，境外经营记账本位币的选择还应当考虑该境外经营与企业的关系。

1.境外经营对其所从事的活动是否拥有很强的自主性

如果境外经营所从事的活动视同企业经营活动的延伸，该境外经营应当选择与企业记账本位币相同的货币作为记账本位币，如果境外经营所从事的活动拥有极大的自主性，应根据所处的主要经济环境选择记账本位币。

2.境外经营活动中与企业的交易是否在境外经营活动中占有较大比重

如果境外经营与企业的交易在境外经营活动中所占的比重较高，境外经营应当选择与企业记账本位币相同的货币作为记账本位币；反之，应根据所处的主要经济环境选择记账本位币。

3.境外经营活动产生的现金流量是否直接影响企业的现金流量、是否可以随时汇回

如果境外经营活动产生的现金流量直接影响企业的现金流量，并可随时汇回，境外经营应当选择与企业记账本位币相同的货币作为记账本位币；反之，应根据所处的主要经济环境选择记账本位币。

4.境外经营活动产生的现金流量是否足以偿还其现有债务和可预期的债务

如果境外经营活动产生的现金流量在企业不提供资金的情况下，难以偿还其现有债务和正常情况下可预期的债务，境外经营应当选择与企业记账本位币相同的货币作为记账本位币；反之，应根据所处的主要经济环境选择记账本位币。

四、记账本位币变更的会计处理

企业因经营所处的主要经济环境发生重大变化，确需变更记账本位币的，应当采用变更当日的即期汇率将所有项目折算为变更后的记账本位币，折算后的金额作为新的记账本位币的历史成本。由于采用同一即期汇率进行折算，因此，不会产生汇兑差额。当然，企业需要提供确凿的证据证明企业经营所处的主要经济环境确实发生了重

本节自测

大变化，并应当在附注中披露变更的理由。

企业记账本位币发生变更的，其比较财务报表应当以可比当日的即期汇率折算所有资产负债表和利润表项目。

第二节 外币交易的会计处理

一、外币交易的核算程序

外币交易的记账方法有外币统账制和外币分账制两种。外币统账制是指企业在发生外币交易时，即折算为记账本位币入账。外币分账制是指企业在日常核算时分别币种记账，资产负债表日，分别货币性项目和非货币性项目进行调整：货币性项目按资产负债表日即期汇率折算，非货币性项目按交易日即期汇率折算；产生的汇兑差额计入当期损益。从我国目前的情况看，绝大多数企业采用外币统账制，只有银行等少数金融企业由于外币交易频繁，涉及的外币币种较多，可以采用分账制记账方法进行日常核算。无论是采用分账制记账方法，还是采用统账制记账方法，只是账务处理程序不同，但产生的结果应当相同，即计算出的汇兑差额相同；相应的会计处理也相同，即均计入当期损益。

本节主要介绍外币统账制下的账户设置及其会计核算的基本程序。

（一）账户设置

外币统账制方法下，对外币交易的核算不单独设置科目，对外币交易金额因汇率变动而产生的差额可在"财务费用"科目下设置二级科目"汇兑差额"反映。该科目借方反映因汇率变动而产生的汇兑损失，贷方反映因汇率变动而产生的汇兑收益。期末余额结转入"本年利润"科目后一般无余额。

（二）会计核算的基本程序

企业发生外币交易时，其会计核算的基本程序为：

1.将外币金额按照交易日的即期汇率或即期汇率的近似汇率折算为记账本位币金额，按照折算后的记账本位币金额登记有关账户；在登记有关记账本位币账户的同时，按照外币金额登记相应的外币账户。

2.期末，将所有外币货币性项目的外币余额，按照期末即期汇率折算为记账本位币金额，并与原记账本位币金额相比较，其差额记入"财务费用——汇兑差额"科目。

3.结算外币货币性项目时，将其外币结算金额按照当日即期汇率折算为记账本位币金额，并与原记账本位币金额相比较，其差额记入"财务费用——汇兑差额"科目。

二、汇率

汇率是指两种货币相兑换的比率，是一种货币单位用另一种货币单位所表示的价格。我们通常在银行见到的汇率有三种表示方式：买入价、卖出价和中间价。买入价指银行买入其他货币的价格，卖出价指银行出售其他货币的价格，中间价是银行买入价与卖出价的平均价，银行的卖出价一般高于买入价，以获取其中的差价，无论买入价，还是卖出价均是立即交付的结算价格，都是即期汇率。

（一）即期汇率的选择

即期汇率是相对于远期汇率而言的。远期汇率是在未来某一日交付时的结算价格。为方便核算，准则中企业用于记账的即期汇率一般指当日中国人民银行公布的人民币汇率的中间价。但是，在企业发生单纯的货币兑换交易或涉及货币兑换的交易时，仅用中间价不能反映货币买卖的损失，需要使用买入价或卖出价折算。

企业发生的外币交易只涉及人民币与美元、欧元、日元、港元等之间折算的，可直接采用中国人民银行每日公布的人民币汇率的中间价作为即期汇率进行折算；企业发生的外币交易涉及人民币与其他货币之间折算的，应按照国家外汇管理局公布的各种货币对美元折算率采用套算的方法进行折算，发生的外币交易涉及人民币以外的货币之间折算的，可直接采用国家外汇管理局公布的各种货币对美元折算率进行折算。

（二）即期汇率的近似汇率

当汇率变动不大时，为简化核算，企业在外币交易日或对外币报表的某些项目进行折算时，也可以选择即期汇率的近似汇率折算。即期汇率的近似汇率是"按照系统合理的方法确定的、与交易发生日即期汇率近似的汇率"，通常是指当期平均汇率或加权平均汇率等。加权平均汇率需要采用外币交易的外币金额作为权重进行计算。

确定即期汇率的近似汇率的方法应在前后各期保持一致。如果汇率波动使得采用即期汇率的近似汇率折算不适当时，应当采用交易发生日的即期汇率折算。至于何时不适当，需要企业根据汇率变动情况及计算近似汇率的方法等进行判断。

三、外币交易的会计处理

外币是企业记账本位币以外的货币。外币交易是指企业发生以外币计价或者结算的交易。包括：

（1）买入或者卖出以外币计价的商品或者劳务。例如，以人民币为记账本位币的国内 A 公司向国外 B 公司销售商品，货款以美元结算；A 公司购买 S 公司发行的 H 股股票；A 公司从境外以美元购买固定资产或生产用原材料等。

（2）借入或者借出外币资金。例如，以人民币为记账本位币的甲公司从中国银行借入欧元；经批准向海外发行美元债券等。

（3）其他以外币计价或者结算的交易。指除上述（1）、（2）外，以记账本位币以外的货币计价或结算的其他交易。例如，接受外币现金捐赠等。

（一）初始确认

企业发生外币交易的，应在初始确认时采用交易日的即期汇率或即期汇率的近似汇率将外币金额折算为记账本位币金额。这里的即期汇率可以是外汇牌价的买入价或卖出价，也可以是中间价，在与银行不进行货币兑换的情况下，一般以中间价作为即期汇率。

【例1-2】乙股份有限公司的记账本位币为人民币，对外币交易采用交易日的即期汇率折算。2022年3月3日，从境外丙公司购入不需要安装的设备一台，设备价款为250 000美元，购入该设备当日的即期汇率为1美元=6.30元人民币，适用的增值税税率为13%，款项尚未支付，增值税以银行存款支付。有关会计分录如下：

借：固定资产——机器设备（250 000×6.30）　　　　1 575 000
　　应交税费——应交增值税（进项税额）　　　　　　204 750
　　贷：应付账款——丙公司（美元）　　　　　　　　　　　　1 575 000
　　　　银行存款　　　　　　　　　　　　　　　　　　　　　　204 750

企业收到投资者以外币投入的资本，无论是否有合同约定汇率，均不采用合同约定汇率和即期汇率的近似汇率折算，而是采用交易日即期汇率折算，这样，外币投入资本与相应的货币性项目的记账本位币金额相等，不产生外币资本折算差额。

【例1-3】乙有限责任公司以人民币为记账本位币，2022年6月1日，乙公司与美国甲公司签订投资合同，甲公司将向乙公司出资2 000 000美元，占乙公司注册资本的23%；甲公司的出资款将在合同签订后一年内分两次汇到乙公司账上；合同约定汇率为1美元=6.5元人民币。当日的即期汇率为1美元=6.67元人民币。

2022年9月9日，乙公司收到甲公司汇来的第一期出资款，当日的即期汇率为1美元=6.91元人民币。有关会计分录如下：

借：银行存款——美元（1 000 000×6.91）　　　　　6 910 000
　　贷：实收资本　　　　　　　　　　　　　　　　　　　　　6 910 000

2023年5月12日，乙公司收到甲公司汇来的第二期出资款，当日的即期汇率为1美元=6.95元人民币。有关会计分录如下：

借：银行存款——美元（1 000 000×6.95）　　　　　6 950 000
　　贷：实收资本　　　　　　　　　　　　　　　　　　　　　6 950 000

【例1-4】乙股份有限公司以人民币为记账本位币，对外币交易采用交易日的即期汇率折算。2022年6月1日，将50 000美元到银行兑换为人民币，银行当日的美元买入价为1美元=6.60元人民币，中间价为1美元=6.67元人民币。

本例中，企业与银行发生货币兑换，兑换所用汇率为银行的买入价，而通常记账所用的即期汇率为中间价，由于汇率变动而产生的汇兑差额计入当期财务费用。有关会计分录如下：

借：银行存款——人民币（50 000×6.60）　　　　　　330 000
　　财务费用——汇兑差额　　　　　　　　　　　　　　　3 500
　　贷：银行存款——美元（50 000×6.67）　　　　　　　　　333 500

（二）期末调整或结算

期末，企业应当分别外币货币性项目和外币非货币性项目进行处理。

1.货币性项目

货币性项目是企业持有的货币和将以固定或可确定金额的货币收取的资产或者偿付的负债。货币性项目分为货币性资产和货币性负债，货币性资产包括现金、银行存款、应收账款、其他应收款、长期应收款等，货币性负债包括应付账款、其他应付款、短期借款、应付债券、长期借款、长期应付款等。期末或结算货币性项目时，应以当日即期汇率折算外币货币性项目，该项目因当日即期汇率不同于该项目初始入账时或前一期末即期汇率而产生的汇兑差额计入当期损益。

企业为购建或生产符合资本化条件的资产而借入的专门借款为外币借款时，在借款费用资本化期间内，由于外币借款在取得日、使用日及结算日的汇率不同而产生的汇兑差额，应当予以资本化，计入固定资产成本。

【例1-5】某公司根据有关外币货币性账户的余额和资产负债表日的即期汇率等数据资料，编制的期末外币货币性账户余额调整计算表，见表1-1。

表1-1 期末外币货币性账户余额调整计算表

外币货币性账户名称	美元余额（美元）	期末即期汇率	调整后人民币余额（元）	调整前人民币余额（元）	差额（元）
银行存款	1 000	6.50	6 500	7 500	-1 000
应收账款	100	6.50	650	700	-50
应付账款	300	6.50	1 950	1 750	200
短期借款	2 000	6.50	13 000	15 000	-2 000

问题：如何根据这笔业务理解会计期末外币货币性项目余额的调整？

分析：根据上述计算结果，作调整外币货币性账户余额的会计分录如下：

借：短期借款——美元户   2 000

  贷：银行存款——美元户   1 000

    应收账款——美元户   50

    应付账款——美元户   200

    财务费用——汇兑损益   750

2.非货币性项目

非货币性项目是货币性项目以外的项目，如预付账款、预收账款、存货、长期股权投资、交易性金融资产（股票、基金）、固定资产、无形资产等。

（1）对于以历史成本计量的外币非货币性项目，已在交易发生日按当日即期汇率折算，资产负债表日不应改变其原记账本位币金额，不产生汇兑差额。

（2）对于以成本与可变现净值孰低计量的存货，如果其可变现净值以外币确定，则在确定存货的期末价值时，应先将可变现净值折算为记账本位币，再与以记账本位币反映的存货成本进行比较。

【例1-6】P上市公司以人民币为记账本位币。2022年11月2日，从英国W公司采购国内市场尚无的A商品10 000件，每件价格为1 000英镑，当日即期汇率为1英镑=8.32元人民币。2022年12月31日，尚有1 000件A商品未销售出去，国内市场仍无A商品供应，A商品在国际市场的价格降至900英镑。12月31日的即期汇率是1英镑=8.39元人民币。假定不考虑增值税等相关税费。

本例中，由于存货在资产负债表日采用成本与可变现净值孰低计量，因此，在以外币购入存货并且该存货在资产负债表日的可变现净值以外币反映时，计提存货跌价准备应当考虑汇率变动的影响。因此，该公司应作会计分录如下：

11月2日，购入A商品：

借：库存商品——A（10 000×1 000×8.32）　　　　　83 200 000
　　贷：银行存款——英镑　　　　　　　　　　　　　　　　　83 200 000

12月31日，计提存货跌价准备：

借：资产减值损失（1 000×1 000×8.32-1 000×900×8.39）　769 000
　　贷：存货跌价准备　　　　　　　　　　　　　　　　　　　769 000

对于以公允价值计量的股票、基金等非货币性项目，如果期末的公允价值以外币反映，则应当先将该外币按照公允价值确定当日的即期汇率折算为记账本位币金额，再与原记账本位币金额进行比较，其差额作为公允价值变动损益，计入当期损益。

【例1-7】国内甲公司的记账本位币为人民币。2022年12月2日以每股1.5美元的价格购入乙公司B股10 000股作为交易性金融资产，当日汇率为1美元=7.05元人民币，款项已付。2022年12月31日，由于市价变动，当月购入的乙公司B股的市价变为每股1美元，当日汇率为1美元=6.96元人民币。假定不考虑相关税费的影响。

2022年12月2日，该公司对上述交易应作以下处理：

借：交易性金融资产（1.5×10 000×7.05）　　　　　105 750
　　贷：银行存款——美元　　　　　　　　　　　　　　　　　105 750

根据《企业会计准则第22号——金融工具确认和计量》，交易性金融资产以公允价值计量。由于该项交易性金融资产是以外币计价，在资产负债表日，不仅应考虑股票市价的变动，还应一并考虑美元与人民币之间汇率变动的影响，上述交易性金融资产在资产负债表日的人民币金额为69 600元（即1×10 000×6.96），与原账面价值105 750元的差额为-36 150元人民币，计入公允价值变动损益。相应的会计分录为：

借：公允价值变动损益　　　　　　　　　　　　　　　36 150
　　贷：交易性金融资产　　　　　　　　　　　　　　　　　　36 150

36 150元人民币既包含甲公司所购乙公司B股股票公允价值变动的影响，又包含人民币与美元之间汇率变动的影响。

2023年1月10日，甲公司将所购乙公司B股股票按当日市价每股1.2美元全部售出，所得价款为12 000美元，按当日汇率1美元=6.77元人民币折算的人民币金额为81 240元，与其原账面价值人民币金额69 600元的差额为11 640元人民币，对于汇率的变动和股票市价的变动不进行区分，均作为投资收益进行处理。因此，售出当日，甲公司应作会计分录为：

借：银行存款——美元（1.2×10 000×6.77）　　　　81 240
　　贷：交易性金融资产（105 750-36 150）　　　　　　　　69 600
　　　　投资收益　　　　　　　　　　　　　　　　　　　　　11 640

（3）以公允价值计量且其变动计入其他综合收益的外币货币性金融资产形成的汇兑差额，应当计入当期损益；外币非货币性金融资产形成的汇兑差额，与其公允价值变动一并计入其他综合收益。但是，采用实际利率法计算的金融资产的外币利息产生的汇兑差额，应当计入当期损益；非交易性权益工具投资的外币现金股利产生的汇兑差额，应当计入当期损益。

【例1-8】国内甲公司的记账本位币为人民币。2022年2月10日以每股15港元的价格购入乙公司H股10 000股，指定为以公允价值计量且其变动计入其他综合收益的金融资产，当日汇率为1港元=0.81元人民币，款项已付。2022年12月31日，由于市价变动，购入的乙公司H股的市价变为每股18港元，当日汇率为1港元=0.89元人民币。假定不考虑相关税费的影响。

2022年2月10日，该公司对上述交易应作以下处理：

借：其他权益工具投资（15×10 000×0.81）　　　　　　　　　121 500

　　贷：银行存款——港元　　　　　　　　　　　　　　　　　　　　　121 500

根据《企业会计准则第22号——金融工具确认和计量》，指定为以公允价值计量且其变动计入其他综合收益的非交易性权益工具投资，除了获得的股利收入（作为投资成本部分收回的股利收入除外）计入当期损益，其他相关的利得和损失（包括汇兑损益）均计入其他综合收益，且后续不得转入损益。由于该项金融资产是以外币计价，在资产负债表日，不仅应考虑股票市价的变动，还应一并考虑港元与人民币之间汇率变动的影响，上述金融资产在资产负债表日的人民币金额为160 200元（18×10 000×0.89），与原账面价值121 500元的差额为38 700元人民币，计入其他综合收益。相应的会计分录为：

借：其他权益工具投资　　　　　　　　　　　　　　　　　　　　38 700

　　贷：其他综合收益　　　　　　　　　　　　　　　　　　　　　　38 700

38 700元人民币既包含甲公司所购乙公司H股股票公允价值变动的影响，又包含人民币与港元之间汇率变动的影响。

本节自测

第三节　外币财务报表折算

在将企业的境外经营通过合并、权益法核算等纳入到企业的财务报表中时，需要将企业境外经营的财务报表折算为以企业记账本位币反映的财务报表，这一过程就是外币财务报表的折算。可见，境外经营及其记账本位币的确定是进行财务报表折算的关键。有关境外经营记账本位币的确定见本章第一节。

一、境外经营财务报表的折算

（一）对外币报表的折算

对外币报表的折算，常见的方法一般有四种：流动和非流动法、货币性和非货币性法、时态法与现时汇率法。

1.流动和非流动法

境外经营的资产负债表中的流动资产和流动负债项目按资产负债表日的现时汇率折算，非流动资产和非流动负债及实收资本等项目按取得时的历史汇率折算，留存收益项目依资产负债表的平衡原理轧差计算而得。利润表上折旧与摊销费用按相应资产取得时的历史汇率折算，其他收入和费用项目按报告期的平均汇率折算，销货成本根据"期初存货+本期购货-期末存货"的关系确定。形成的折算损失，计入报告企业的合并损益中；形成的折算收益，已实现部分予以确认，未实现部分，须予以递延，抵销以后期间形成的损失。本方法的优点在于能够反映境外经营的营运资金的报告货币等值，不改变境外经营的流动性。本方法的缺点：一是流动性与非流动性的划分与汇率的变动无关；二是对折算结果的处理，掩盖了汇率变动对合并净收益的影响，平滑了各期收益，与实际情况不符。

2.货币性和非货币性法

货币性资产和负债按期末现时汇率折算，非货币性资产和负债按历史汇率折算，本方法的优点在于货币性与非货币性的分类恰当地考虑了汇率变动对资产和负债的影响，改正了流动性与非流动性法的缺点。本方法的缺点在于仍然是用分类来解决外币报表的折算，而没有考虑会计计量的问题，结果使得有些项目分类未必与所选的汇率相关，如存货项目，属非货币性项目，应采用历史汇率折算，但当存货采用成本与市价孰低计量时，对以市价计量的存货用历史汇率折算显然不合适。

3.时态法

资产负债表各项目以过去价值计量的，采用历史汇率，以现在价值计量的，采用现时汇率，产生的折算损益应计入当年的合并净收益。利润表各项目的折算与流动和非流动法下利润表的折算相同。本方法不仅考虑了会计计量基础，而且改正了上述货币性与非货币性方法的缺点。但是，该方法是从报告企业的角度考虑问题，境外的子公司、分支机构等均被认为是报告企业经营活动在境外的延伸，与报告企业本身的外币交易原则相一致（有人将这一观点称为母公司货币观），这样实际上忽视了境外经营作为相对独立的实体（即境外实体）的情况。另外，按此方法对外币报表进行折算，由于各项目使用的折算汇率不同，因而产生的折算结果不可能保持外币报表在折算前的原有比率关系。

4.现时汇率法

资产和负债项目均应按现时汇率折算，实收资本按历史汇率折算，利润表各项目按当期（年）平均汇率折算，产生的折算损益作为所有者权益的一个单独项目予以列示。这一折算方法考虑了境外经营作为相对独立的实体的情况（有人将这一观点称为子公司货币观），着重于汇率变动对报告企业在境外经营的投资净额的影响，折算的结果使境外经营的会计报表中原有的财务关系不因折算而改变，所改变的仅是其表现方式。该方法改正了时态法的缺点。但却产生了另外的问题，对所有的资产和负债均以现时汇率折算，如对以历史成本计价的固定资产等按现时汇率折算将显得不伦不类。

（二）我国会计准则采用的折算方法

在对企业境外经营财务报表进行折算前，应当调整境外经营的会计期间和会计政策，使之与企业会计期间和会计政策相一致，根据调整后会计政策及会计期间编制相应货币（记账本位币以外的货币）的财务报表，再按照以下方法对境外经营财务报表进行折算：

1.资产负债表中的资产和负债项目，采用资产负债表日的即期汇率折算，所有者权益项目除"未分配利润"项目外，其他项目采用发生时的即期汇率折算。

2.利润表中的收入和费用项目，采用交易发生日的即期汇率或即期汇率的近似汇率折算。

3.产生的外币财务报表折算差额，在编制合并会计报表时，应在合并资产负债表中"其他综合收益"项目列示。

比较财务报表的折算比照上述规定处理。

【例1-9】国内甲公司的记账本位币为人民币，该公司在境外有一子公司乙公司，乙公司确定的记账本位币为美元。根据合同约定，甲公司拥有乙公司70%的股权，并能够对乙公司的财务和经营政策施加重大影响。甲公司采用当期平均汇率折算乙公司利润表项目。乙公司的有关资料如下：

2022年12月31日的汇率为1美元=6.96元人民币，2022年的平均汇率为1美元=6.73元人民币，实收资本、资本公积发生日的即期汇率为1美元=7.15元人民币，2022年12月31日的股本为500万美元，折算为人民币为3 575万元；期初累计盈余公积为50万美元，折算为人民币为350万元，期初累计未分配利润为120万美元，折算为人民币为840万元，甲、乙公司均在年末提取盈余公积，乙公司当年提取的盈余公积为70万美元。

报表折算见表1-2、表1-3和表1-4。

表1-2

利润表（简表）

2022年度

单位：万元

项目	期末数（美元）	折算汇率	折算为人民币金额
一、营业收入	2 000	6.73	13 460
减：营业成本	1 500	6.73	10 095
税金及附加	40	6.73	269.2
管理费用	100	6.73	673
财务费用	10	6.73	67.3
加：投资收益	30	6.73	201.9
二、营业利润	380	—	2 557.4
加：营业外收入	40	6.73	269.2
减：营业外支出	20	6.73	134.6
三、利润总额	400	—	2 692
减：所得税费用	120	6.73	807.6
四、净利润	280	—	1 884.4
五、其他综合收益的税后净额			
六、综合收益总额			
七、每股收益			

表1-3　　　　　　　　　　所有者权益变动表（简表）

2022年度　　　　　　　　　　　　　　　　　　　　单位：万元

项目	实收资本			盈余公积			其他综合收益	未分配利润		股东权益合计
	美元	折算汇率	人民币	美元	折算汇率	人民币		美元	人民币	人民币
一、本年年初余额	500	7.15	3 575	50		350		120	840	4 765
二、本年增减变动金额										
（一）净利润								280	1 884.4	1 884.4
（二）其他综合收益										-37.4
其中：外币报表折算差额							-37.4			-37.4
（三）利润分配										0
提取盈余公积				70	6.73	471.1		-70	-471.1	0
三、本年年末余额	500	7.15	3 575	120		821.1	-37.4	330	2 253.3	6 612

当期计提的盈余公积采用当期平均汇率折算，期初盈余公积为以前年度计提的盈余公积按相应年度平均汇率折算后金额的累计，期初未分配利润记账本位币金额为以前年度未分配利润记账本位币金额的累计。

表1-4　　　　　　　　　　资产负债表

2022年12月31日　　　　　　　　　　　　　　　　单位：万元

资产	期末数（美元）	折算汇率	折算为人民币金额	负债和股东权益（或股东权益）	期末数（美元）	折算汇率	折算为人民币金额
流动资产：				流动负债：			
货币资金	190	6.96	1 322.4	短期借款	45	6.96	313.2
应收账款	190	6.96	1 322.4	应付账款	285	6.96	1 983.6
存货	240	6.96	1 670.4	其他流动负债	110	6.96	765.6
其他流动资产	200	6.96	1 392	流动负债合计	440	—	3 062.4
流动资产合计	820	—	5 707.2	非流动负债：			
非流动资产：				长期借款	140	6.96	974.4
长期应收款	120	6.96	835.2	应付债券	80	6.96	556.8

续表

资产	期末数（美元）	折算汇率	折算为人民币金额	负债和股东权益（或股东权益）	期末数（美元）	折算汇率	折算为人民币金额
固定资产	550	6.96	3 828	其他非流动负债	90	6.96	626.4
在建工程	80	6.96	556.8	非流动负债合计	310	—	2 157.6
无形资产	100	6.96	696	负债合计	750		5 220
其他非流动资产	30	6.96	208.8	股东权益：			
非流动资产合计	880	—	6 124.8	股本	500	7.15	3 575
				盈余公积	120		821.1
				未分配利润	330		2 253.3
				其他综合收益（外币报表折算差额）			−37.4
				股东权益合计	950		6 612
资产总计	1 700		11 832	负债和股东权益总计	1 700		11 832

外币报表折算差额为以记账本位币反映的净资产减去以记账本位币反映的实收资本、累计盈余公积及累计未分配利润后的余额。

（三）特殊项目的处理

1.少数股东应分担的外币报表折算差额

在企业境外经营为其子公司的情况下，企业在编制合并财务报表时，应按少数股东在境外经营所有者权益中所享有的份额计算少数股东应分担的外币报表折算差额，并入少数股东权益列示于合并资产负债表。

2.实质上构成对境外经营净投资的外币货币性项目产生的汇兑差额的处理

母公司含有实质上构成对子公司（境外经营）净投资的外币货币性项目的情况下，在编制合并财务报表时，应分别以下两种情况编制抵销分录：

（1）实质上构成对子公司净投资的外币货币性项目以母公司或子公司的记账本位币反映，则应在抵销长期应收应付项目的同时，将其产生的汇兑差额转入"其他综合收益"项目。借记或贷记"财务费用——汇兑差额"项目，贷记或借记"其他综合收益"项目。

（2）实质上构成对子公司净投资的外币货币性项目以母、子公司的记账本位币以外的货币反映，则应将母、子公司此项外币货币性项目产生的汇兑差额相互抵销，差额转入"其他综合收益"项目。

如果合并财务报表中各子公司之间也存在实质上构成对另一子公司（境外经营）净投资的外币货币性项目，在编制合并财务报表时应比照上述方法编制相应的抵销分录。

本节自测

本章自测

二、境外经营的处置

企业可能通过出售、清算、返还股本或放弃全部或部分权益等方式处置其在境外经营中的利益。在包含境外经营的财务报表中，将已列入其他综合收益的外币报表折算差额中与该境外经营相关部分，自所有者权益项目中转入处置当期损益；如果是部分处置境外经营，应当按处置的比例计算处置部分的外币报表折算差额，转入处置当期损益。

第二章

或有事项

本章重点关注内容

1.或有事项的概念和特征。或有事项是指过去的交易或者事项形成的，其结果须由某些未来事项的发生或不发生才能决定的不确定事项。

2.或有负债和或有资产。或有事项的结果可能会产生预计负债、或有负债或者或有资产等。其中，预计负债属于负债的范畴，一般符合负债的确认条件而应予确认；或有负债和或有资产不符合负债或资产的定义和确认条件，企业不应当确认负债和资产，而应当按照或有事项准则的规定进行相应的披露。

3.预计负债的确认和计量。与或有事项相关的义务同时满足三个条件的，应当确认为预计负债：该义务是企业承担的现时义务；履行该义务很可能导致经济利益流出企业；该义务的金额能够可靠地计量。预计负债应当按照履行相关现时义务所需支出的最佳估计数进行初始计量。

学习本章内容时应当认真阅读《企业会计准则第13号——或有事项》及相关指南和解释。

第一节 或有事项概述

一、或有事项的概念和特征

企业在经营活动中有时会面临一些具有较大不确定性的经济事项，这些不确定事项对企业的财务状况和经营成果可能会产生较大的影响，其最终结果须由某些未来事项的发生或不发生加以决定。比如，企业售出一批商品并对商品提供售后担保，承诺在商品发生质量问题时由企业无偿提供修理服务。销售商品并提供售后担保是企业过去发生的交易，由此形成的未来修理服务构成一项不确定事项，修理服务的费用是否会发生以及发生金额是多少将取决于未来是否发生修理请求以及修理工作量、费用等的大小。按照权责发生制原则，企业不能等到客户提出修理请求时，才确认因提供担保而发生的义务，而应当在资产负债表日对这一不确定事项作出判断，以决定是否在当期确认承担的修理义务。这种不确定事项在会计上被称为或有事项。

或有事项，是指过去的交易或者事项形成的，其结果须由某些未来事项的发生或不发生才能决定的不确定事项。常见的或有事项包括：未决诉讼或未决仲裁、产品质量保证（含产品安全保证）、亏损合同、重组义务、承诺、环境污染整治等。

或有事项具有以下特征：

第一，或有事项是因过去的交易或者事项形成的。或有事项作为一种不确定事项，是因企业过去的交易或者事项形成的。因过去的交易或者事项形成，是指或有事项的现存状况是过去交易或者事项引起的客观存在。例如，未决诉讼是企业因过去的经济行为导致起诉其他单位或被其他单位起诉，是现存的一种状况，而不是未来将要发生的事项。又如，产品质量保证是企业对已售出商品或已提供劳务的质量提供的保证，不是为尚未出售商品或尚未提供劳务的质量提供的保证。基于这一特征，未来可能发生的自然灾害、交通事故、经营亏损等事项，都不属于或有事项。

第二，或有事项的结果具有不确定性。首先，或有事项的结果是否发生具有不确定性。例如，企业为其他单位提供债务担保，如果被担保方到期无力还款，担保方将负连带责任，担保所引起的可能发生的连带责任构成或有事项。但是，担保方在债务到期时是否一定承担和履行连带责任，需要根据被担保方能否按时还款决定，其结果在担保协议达成时具有不确定性。又如，有些未决诉讼，被起诉的一方是否会败诉，在案件审理过程中是难以确定的，需要根据法院判决情况加以确定。其次，或有事项的结果预计将会发生，但发生的具体时间或金额具有不确定性。例如，某企业因生产排污治理不力并对周围环境造成污染而被起诉，如无特殊情况，该企业很可能败诉。但是，在诉讼成立时，该企业因败诉将支出多少金额，或者何时将发生这些支出，可能是难以确定的。

第三，或有事项的结果须由未来事项决定。或有事项的结果只能由未来不确定事项的发生或不发生才能决定。或有事项对企业会产生有利影响还是不利影响，或虽已知是有利影响或不利影响，但影响有多大，在或有事项发生时是难以确定的。这种不确定性的消失，只能由未来不确定事项的发生或不发生才能证实。例如，企业为其他单位提供债务担保，该担保事项最终是否会要求企业履行偿还债务的连带责任，一般只能看被担保方的未来经营情况和偿债能力。如果被担保方经营情况和财务状况良好且有较好的信用，按期还款，那么企业将不需要履行该连带责任。只有在被担保方到期无力还款时，担保方才承担偿还债务的连带责任。

在会计处理过程中存在不确定性的事项并不都是或有事项，企业应当按照或有事项的定义和特征进行判断。例如，对固定资产计提折旧虽然也涉及对固定资产预计净残值和使用寿命进行分析和判断，带有一定的不确定性，但是，固定资产折旧是已经发生的损耗，固定资产的原值是确定的，其价值最终会转移到成本或费用中也是确定的，该事项的结果是确定的，因此，对固定资产计提折旧不属于或有事项。

二、或有负债和或有资产

或有负债，是指过去的交易或事项形成的潜在义务，其存在须通过未来不确定事项的发生或不发生予以证实；或过去的交易或事项形成的现时义务，履行该义务不是很可能导致经济利益流出企业或该义务的金额不能可靠计量。

或有负债涉及两类义务：一类是潜在义务；另一类是现时义务。其中，潜在义务是指结果取决于不确定未来事项的可能义务。也就是说，潜在义务最终是否转变为现时义务，由某些未来不确定事项的发生或不发生才能决定。现时义务是指企业在现行条件下已承担的义务，该现时义务的履行不是很可能导致经济利益流出企业，或者该现时义务的金额不能可靠地计量。例如，甲公司涉及一桩诉讼案，根据以往的审判案例推断，甲公司很可能要败诉。但法院尚未判决，甲公司无法根据经验判断未来将要承担多少赔偿金额，因此该现时义务的金额不能可靠地计量，该诉讼案件即形成一项甲公司的或有负债。

履行或有事项相关义务导致经济利益流出的可能性，通常按照一定的概率区间加以判断。一般情况下，发生的概率分为四个层次，详见表2-1。

表2-1 　　　　　　　事项发生的概率层次及区间表

概率层次及区间
95%<基本确定<100%
50%<很可能≤95%
5%<可能≤50%
0<极小可能≤5%

或有资产，是指过去的交易或者事项形成的潜在资产，其存在须通过未来不确定事项的发生或不发生予以证实。或有资产作为一种潜在资产，其结果具有较大的不确定性，只有随着经济情况的变化，通过某些未来不确定事项的发生或不发生才能证实其是否会形成企业真正的资产。例如，甲企业向法院起诉乙企业侵犯了其专利权。法

院尚未对该案件进行公开审理，甲企业是否胜诉尚难判断。对于甲企业而言，将来可能胜诉而获得的赔偿属于一项或有资产，但这项或有资产是否会转化为真正的资产，要由法院的判决结果确定。如果终审判决结果是甲企业胜诉，那么这项或有资产就转化为甲企业的一项资产。如果终审判决结果是甲企业败诉，那么或有资产就消失了，更不可能形成甲企业的资产。

或有负债和或有资产不符合负债或资产的定义和确认条件，企业不应当确认或有负债和或有资产，而应当进行相应的披露。但是，影响或有负债和或有资产的多种因素处于不断变化之中，企业应当持续地对这些因素予以关注。随着时间的推移和事态的进展，或有负债对应的潜在义务可能转化为现时义务，原本不是很可能导致经济利益流出的现时义务也可能被证实将很可能导致经济利益流出企业，并且现时义务的金额也能够可靠计量。这时或有负债就转化为企业的负债，应当予以确认。或有资产也是一样，其对应的潜在资产最终是否能够流入企业会逐渐变得明确，如果某一时点企业基本确定能够收到这项潜在资产并且其金额能够可靠计量，则应当将其确认为企业的资产。

本节自测

第二节 或有事项的确认和计量

一、或有事项的确认

或有事项形成的或有资产只有在企业基本确定能够收到的情况下，才转变为真正的资产，从而予以确认。与或有事项有关的义务应当在同时符合以下三个条件时确认为负债，作为预计负债进行确认和计量：

（1）该义务是企业承担的现时义务。

（2）履行该义务很可能导致经济利益流出企业。

（3）该义务的金额能够可靠地计量。

第一，该义务是企业承担的现时义务，即与或有事项相关的义务是在企业当前条件下已承担的义务，企业没有其他现实的选择，只能履行该现时义务。通常情况下，过去的交易或事项是否导致现时义务是比较明确的，但也存在极少情况，如法律诉讼。特定事项是否已发生或这些事项是否已产生了一项现时义务可能难以确定，企业应当考虑包括资产负债表日后所有可获得的证据、专家意见等，以此确定资产负债表日是否存在现时义务。如果据此判断，资产负债表日很可能存在现时义务，且符合预计负债确认条件的，应当确认一项负债；如果资产负债表日现时义务很可能不存在，企业应披露一项或有负债，除非含有经济利益的资源流出企业的可能性极小。

这里所指的义务包括法定义务和推定义务。法定义务，是指因合同、法规或其他司法解释等产生的义务，通常是企业在经济管理和经济协调中，依照经济法律、法规的规定必须履行的责任。比如，企业与其他企业签订购货合同产生的义务就属于法定义务。推定义务，是指因企业的特定行为而产生的义务。企业的"特定行为"泛指企业以往的习惯做法、已公开的承诺或已公开宣布的经营政策。并且，由于以往的习惯做法，或通过这些承诺或公开的声明，企业向外界表明了它将承担特定的责任，从而使受影响的各方形成了其将履行那些责任的合理预期。例如，甲公司是一家化工企业，因扩大经营规模，到 A 国创办了一家分公司。假定 A 国尚未针对甲公司这类企业的生产经营可能产生的环境污染制定相关法律，因而甲公司的分公司对在 A 国生产经营可能产生的环境污染不承担法定义务。但是，甲公司为在 A 国树立良好的形象，自行向社会公告，宣称将对生产经营可能产生的环境污染进行治理。甲公司的分公司为此承担的义务就属于推定义务。

义务通常涉及指向的另一方，但很多时候没有必要知道义务指向的另一方的身份，实际上义务可能是对公众承担的。通常情况下，义务总是涉及对另一方的承诺，但是管理层或董事会的决定在资产负债表日并不一定形成推定义务，除非该决定在资产负债表日之前已经以一种相当具体的方式传达给受影响的各方，使各方形成了企业将履行其责任的合理预期。

第二，履行该义务很可能导致经济利益流出企业，即履行与或有事项相关的现时义务时，导致经济利益流出企业的可能性超过 50%，但尚未达到基本确定的程度。

企业因或有事项承担了现时义务，并不说明该现时义务很可能导致经济利益流出企业。例如，2022 年 5 月 1 日，甲企业与乙企业签订协议，承诺为乙企业的两年期银行借款提供全额担保。对于甲企业而言，由于担保事项而承担了一项现时义务，但这项义务的履行是否很可能导致经济利益流出企业，需依据乙企业的经营情况和财务状况等因素加以确定。假定 2022 年年末，乙企业的财务状况恶化，且没有迹象表明可能发生好转。此种情况出现，表明乙企业很可能违约，从而甲企业履行承担的现时义务将很可能导致经济利益流出企业。反之，如果乙企业财务状况良好，一般可以认定乙企业不会违约，从而甲企业履行承担的现时义务不是很可能导致经济利益流出。

存在很多类似义务，如产品保证或类似合同，履行时要求经济利益流出的可能性应通过总体考虑才能确定。对于某个项目而言，虽然经济利益流出的可能性较小，但包括该项目的该类义务很可能导致经济利益流出的，应当视同履行该项目义务很可能导致经济利益流出企业。

第三，该义务的金额能够可靠地计量，即与或有事项相关的现时义务的金额能够合理地估计。

由于或有事项具有不确定性，因或有事项产生的现时义务的金额也具有不确定性，需要估计。要对或有事项确认一项负债，相关现时义务的金额应当能够可靠估计。只有在其金额能够可靠地估计，并同时满足其他两个条件时，企业才能加以确认。例如，乙股份有限公司涉及一起诉讼案。根据以往的审判结果判断，公司很可能败诉，相关的赔偿金额也可以估算出一个区间。此时，就可以认为该公司因未决诉讼承担的现时义务的金额能够可靠地计量，如果同时满足其他两个条件，就可以将所形成的义务确认为一项负债。

预计负债应当与应付账款、应计项目等其他负债进行严格区分。因为与预计负债相关的未来支出的时间或金额具有一定的不确定性，所以预计负债应当与应付账款、应计项目等其他负债进行严格区分。应付账款是为已收到或已提供的，并且已开出发票或已与供应商达成正式协议的货物或劳务支付的负债，应计项目是为已收到或已提供的，但还未支付、未开出发票或未与供应商达成正式协议的货物或劳务支付的负债，尽管有时需要估计应计项目的金额或时间，但是其不确定性通常远小于预计负债。应计项目经常作为应付账款和其他应付款的一部分进行列报，而预计负债则单独进行列报。

二、预计负债的计量

当与或有事项有关的义务符合确认为负债的条件时应当将其确认为预计负债，预计负债应当按照履行相关现时义务所需支出的最佳估计数进行初始计量。此外，企业清偿预计负债所需支出还可能从第三方或其他方获得补偿。因此，或有事项的计量主要涉及两个问题：一是最佳估计数的确定；二是预期可获得补偿的处理。

（一）最佳估计数的确定

预计负债应当按照履行相关现时义务所需支出的最佳估计数进行初始计量。最佳估计数的确定应当分别两种情况处理：

第一，所需支出存在一个连续范围（或区间，下同），且该范围内各种结果发生的可能性相同，则最佳估计数应当按照该范围内的中间值，即上下限金额的平均数确定。

第二，所需支出不存在一个连续范围，或者虽然存在一个连续范围，但该范围内各种结果发生的可能性不相同，那么，如果或有事项涉及单个项目，最佳估计数按照最可能发生金额确定；如果或有事项涉及多个项目，最佳估计数按照各种可能结果及相关概率计算确定。"涉及单个项目"指或有事项涉及的项目只有一个，如一项未决诉讼、一项未决仲裁或一项债务担保等。"涉及多个项目"指或有事项涉及的项目不止一个，如产品质量保证。在产品质量保证中，提出产品保修要求的可能有许多客户，相应地，企业对这些客户负有保修义务。

【例2-1】2022年10月2日，乙股份有限公司涉及一起诉讼案。2022年12月31日，乙股份有限公司尚未接到法院的判决，在咨询了公司的法律顾问后，公司认为：胜诉的可能性为40%，败诉的可能性为60%。如果败诉，需要赔偿2 000 000元。此时，乙股份有限公司在资产负债表中确认的负债金额应为最可能发生的金额，即2 000 000元。

【例2-2】甲股份有限公司是生产并销售A产品的企业，2022年第一季度，共销售A产品60 000件，销售收入为360 000 000元。根据公司的产品质量保证条款，该产品售出后一年内，如发生正常质量问题，公司将负责免费维修。根据以前年度的维修记录，如果发生较小的质量问题，发生的维修费用为销售收入的1%；如果发生较大的质量问题，发生的维修费用为销售收入的2%。根据公司技术部门的预测，本季度销售的产品中，80%不会发生质量问题；15%可能发生较小质量问题；5%可能发生较大质量问题。

据此，2022年第一季度末，甲股份有限公司应在资产负债表中确认的负债金额为：

360 000 000×（0×80%+1%×15%+2%×5%）=900 000（元）

（二）预期可获得补偿的处理

如果企业清偿因或有事项而确认的负债所需支出全部或部分预期由第三方或其他方补偿，则此补偿金额只有在基本确定能收到时，才能作为资产单独确认，确认的补偿金额不能超过所确认负债的账面价值。预期可能获得补偿的情况通常有：发生交通事故等情况时，企业通常可从保险公司获得合理的赔偿；在某些索赔诉讼中，企业可对索赔人或第三方另行提出赔偿要求；在债务担保业务中，企业在履行担保义务的同时，通常可向被担保企业提出追偿要求。

企业预期从第三方获得的补偿，是一种潜在资产，其最终是否真的会转化为企业真正的资产（即企业是否能够收到这项补偿）具有较大的不确定性，企业只能在基本确定能够收到补偿时才能对其进行确认。根据资产和负债不能随意抵销的原则，预期可获得的补偿在基本确定能够收到时应当确认为一项资产，而不能作为预计负债金额的扣减。

【例2-3】2022年12月31日，乙股份有限公司因或有事项而确认了一笔金额为1 000 000元的负债；同时，公司因该或有事项，基本确定可从甲股份有限公司获得400 000元的赔偿。

本例中，乙股份有限公司应分别确认一项金额为1 000 000元的负债和一项金额为400 000元的资产，而不能只确认一项金额为600 000元（1 000 000-400 000）的负债。同时，公司所确认的补偿金额400 000元不能超过所确认的负债的账面价值1 000 000元。

（三）预计负债的计量需要考虑的其他因素

企业在确定最佳估计数时，应当综合考虑与或有事项有关的风险和不确定性、货币时间价值和未来事项等因素。

1.风险和不确定性

风险是对交易或事项结果的变化可能性的一种描述。企业在不确定的情况下进行判断需要谨慎，使得收益或资产不会被高估，费用或负债不会被低估。企业应当充分考虑与或有事项有关的风险和不确定性，既不能忽略风险和不确定性对或有事项计量的影响，也需要避免对风险和不确定性进行重复调整，从而在低估和高估预计负债金额之间寻找平衡点。

2.货币时间价值

预计负债的金额通常应当等于未来应支付的金额。但是，因货币时间价值的影响，资产负债表日后不久发生的现金流出，要比一段时间之后发生的同样金额的现金流出负有更大的义务。所以，如果预计负债的确认时点距离实际清偿有较长的时间跨度，货币时间价值的影响重大，那么在确定预计负债的确认金额时，应考虑采用现值计量，即通过对相关未来现金流出进行折现后确定最佳估计数。

将未来现金流出折算为现值时，需要注意以下三点：

（1）用来计算现值的折现率，应当是反映货币时间价值的当前市场估计和相关负债特有风险的税前利率。

（2）风险和不确定性既可以在计量未来现金流出时作为调整因素，也可以在确定折现率时予以考虑，但不能重复反映。

（3）随着时间的推移，即使在未来现金流出和折现率均不改变的情况下，预计负债的现值也将逐渐增长。企业应当在资产负债表日，对预计负债的现值进行重新计量。

3.未来事项

企业应当考虑可能影响履行现时义务所需金额的相关未来事项。也就是说，对于这些未来事项，如果有足够的客观证据表明它们将发生，如未来技术进步、相关法规出台等，则应当在预计负债计量中考虑相关未来事项的影响，但不应考虑预期处置相关资产形成的利得。

预期的未来事项可能对预计负债的计量较为重要。例如，某核电企业预计，在生产结束时清理核废料的费用将因未来技术的变化而显著降低。那么，该企业因此确认的预计负债金额应当反映有关专家对技术发展以及清理费用减少作出的合理预测。但是，这种预计需要取得相当客观的证据予以支持。

三、对预计负债账面价值的复核

企业应当在资产负债表日对预计负债的账面价值进行复核。有确凿证据表明该账面价值不能真实反映当前最佳估计数的，应当按照当前最佳估计数对该账面价值进行调整。

例如，某化工企业对环境造成了污染，按照当时的法律规定，只需要对污染进行清理。随着国家对环境保护越来越重视，按照现在的法律规定，该企业不但需要对污染进行清理，还很可能要对居民进行赔偿。这种法律要求的变化，会对企业预计负债的计量产生影响。企业应当在资产负债表日对为此确认的预计负债金额进行复核，相关因素发生变化表明预计负债金额不再能反映真实情况时，需要按照当前情况下企业清理和赔偿支出的最佳估计数对预计负债的账面价值进行相应的调整。

第三节　或有事项会计的具体应用

一、未决诉讼或未决仲裁

诉讼，是指当事人不能通过协商解决争议，因而在人民法院起诉、应诉，请求人民法院通过审判程序解决纠纷的活动。诉讼尚未裁决之前，对于被告来说，可能形成一项或有负债或者预计负债；对于原告来说，则可能形成一项或有资产。

仲裁，是指经济法的各方当事人依照事先约定或事后达成的书面仲裁协议，共同选定仲裁机构并由其对争议依法做出具有约束力的裁决的一种活动。作为当事人一方，仲裁的结果在仲裁决定公布以前是不确定的，会构成一项潜在义务或现时义务，或者潜在资产。

【例2-4】2022年11月1日，乙股份有限公司因合同违约而被丁公司起诉。2022年12月31日，公司尚未接到法院的判决。丁公司预计，如无特殊情况很可能在诉讼中获胜，假定丁公司估计将来很可能获得赔偿金额1 900 000元。在咨询了公司的法

分组讨论

弃置费用的会计核算

思政课堂

本节自测

拓展阅读

诉讼与仲裁的区别

律顾问后，乙公司认为最终的法律判决很可能对公司不利。假定乙公司预计将要支付的赔偿金额、诉讼费等费用为 1 600 000 元至 2 000 000 元之间的某一金额，而且这个区间内每个金额的可能性都大致相同，其中诉讼费为 30 000 元。

此例中，丁公司不应当确认或有资产，而应当在 2022 年 12 月 31 日的报表附注中披露或有资产 1 900 000 元。

乙股份有限公司应在资产负债表中确认一项预计负债，金额为：

（1 600 000+2 000 000）÷2=1 800 000（元）

同时在 2022 年 12 月 31 日的附注中进行披露。

乙公司的有关账务处理如下：

借：管理费用——诉讼费   30 000
  营业外支出   1 770 000
  贷：预计负债——未决诉讼   1 800 000

应当注意的是，对于未决诉讼，企业当期实际发生的诉讼损失金额与已计提的相关预计负债之间的差额，应分别情况处理：

第一，企业在前期资产负债表日，依据当时实际情况和所掌握的证据合理预计了预计负债，应当将当期实际发生的诉讼损失金额与已计提的相关预计负债之间的差额，直接计入或冲减当期营业外支出。

第二，企业在前期资产负债表日，依据当时实际情况和所掌握的证据，原本应当能够合理估计诉讼损失，但企业所作的估计却与当时的事实严重不符（如未合理预计损失或不恰当地多计或少计损失），应当按照重大会计差错更正的方法进行处理。

第三，企业在前期资产负债表日，依据当时实际情况和所掌握的证据，确实无法合理预计诉讼损失，因而未确认预计负债，则在该项损失实际发生的当期，直接计入当期营业外支出。

第四，资产负债表日后至财务报告批准报出日之间发生的需要调整或说明的未决诉讼，按照资产负债表日后事项的有关规定进行会计处理。

二、债务担保

债务担保在企业中是较为普遍的现象。作为提供担保的一方，在被担保方无法履行合同的情况下，常常承担连带责任。从保护投资者、债权人的利益出发，客观、充分地反映企业因担保义务而承担的潜在风险是十分必要的。

【例 2-5】2021 年 10 月，B 公司从银行贷款 20 000 000 元人民币，期限 2 年，由 A 公司全额担保；2022 年 4 月，C 公司从银行贷款 1 000 000 美元，期限 1 年，由 A 公司担保 50%；2022 年 6 月，D 公司通过银行从 G 公司贷款 10 000 000 元人民币，期限 2 年，由 A 公司全额担保。

截至 2022 年 12 月 31 日，各贷款单位的情况如下：B 公司贷款逾期未还，银行已起诉 B 公司和 A 公司，A 公司因连带责任需赔偿多少金额尚无法确定；C 公司由于受政策影响和内部管理不善等原因，经营效益不如以往，可能不能偿还到期美元债务；D 公司经营情况良好，预期不存在还款困难。

本例中，就B公司而言，A公司很可能需履行连带责任，但损失金额是多少，目前还难以预计；就C公司而言，A公司可能需履行连带责任；就D公司而言，A公司履行连带责任的可能性极小。这三项债务担保形成A公司的或有负债，不符合预计负债的确认条件，A公司在2022年12月31日编制财务报表时，应当在附注中作相应披露。

三、产品质量保证

产品质量保证，通常指销售商或制造商在销售产品或提供劳务后，对客户提供服务的一种承诺。在约定期内（或终身保修），若产品或劳务在正常使用过程中出现质量或与之相关的其他属于正常范围的问题，企业负有更换产品、免费或只收成本价进行修理等责任。为此，企业应当在符合确认条件的情况下，于销售成立时确认预计负债。

【例2-6】沿用【例2-3】的资料，甲公司2022年度第一季度实际发生的维修费为850 000元，"预计负债——产品质量保证"科目2021年年末余额为30 000元。

本例中，2022年度第一季度，甲公司的账务处理如下：

（1）确认与产品质量保证有关的预计负债：

借：销售费用——产品质量保证 900 000

  贷：预计负债——产品质量保证 900 000

（2）发生产品质量保证费用（维修费）：

借：预计负债——产品质量保证 850 000

  贷：银行存款或原材料等 850 000

"预计负债——产品质量保证"科目2022年第一季度末的余额为80 000元（900 000-850 000+30 000）。

在对产品质量保证确认预计负债时，需要注意的是：

第一，如果发现产品质量保证费用的实际发生额与预计数相差较大，应及时对预计比例进行调整。

第二，如果企业针对特定批次产品确认预计负债，则在保修期结束时，应将"预计负债——产品质量保证"科目余额冲销，不留余额。

第三，已对其确认预计负债的产品，如企业不再生产了，那么应在相应的产品质量保证期满后，将"预计负债——产品质量保证"科目余额冲销，不留余额。

四、亏损合同

待执行合同变为亏损合同，同时该亏损合同产生的义务满足预计负债的确认条件的，应当确认为预计负债。其中，待执行合同，是指合同各方未履行任何合同义务，或部分履行了同等义务的合同。企业与其他企业签订的商品销售合同、劳务提供合同、租赁合同等，均属于待执行合同，待执行合同不属于或有事项。但是，待执行合同变为亏损合同的，应当作为或有事项。亏损合同，是指履行合同义务不可避免会发生的成本超过预期经济利益的合同。预计负债的计量应当反映退出该合同的最低净成本，即履行该合同的成本与未能履行该合同而发生的补偿或处罚两者之中的较低者。

分组讨论

产品质量保证与单项履约义务

企业与其他单位签订的商品销售合同、劳务提供合同、租赁合同等，均可能变为亏损合同。

企业对亏损合同进行会计处理，需要遵循以下两点原则：

第一，如果与亏损合同相关的义务不需支付任何补偿即可撤销，企业通常就不存在现时义务，不应确认预计负债；如果与亏损合同相关的义务不可撤销，企业就存在了现时义务，同时满足该义务很可能导致经济利益流出企业且金额能够可靠地计量的，应当确认预计负债。

第二，待执行合同变为亏损合同时，合同存在标的资产的，应当对标的资产进行减值测试并按规定确认减值损失，在这种情况下，企业通常不需确认预计负债，如果预计亏损超过该减值损失，应将超过部分确认为预计负债；合同不存在标的资产的，亏损合同相关义务满足预计负债确认条件时，应当确认预计负债。

【例2-7】 2021年1月1日，甲公司租入一条生产线生产A产品，租赁期4年。甲公司利用该生产线生产的A产品每年可获利20万元。2022年12月31日，甲公司决定停产A产品，原租赁合同不可撤销，还要持续2年，且生产线无法转租给其他单位。

本例中，甲公司与其他公司签订了不可撤销的租赁合同，负有法定义务，必须继续履行租赁合同（交纳租金）。同时，甲公司决定停产A产品。因此，甲公司执行原租赁合同不可避免要发生的费用很可能超过预期获得的经济利益，属于亏损合同，应当在2022年12月31日，根据未来应支付的租金的最佳估计数确认预计负债。

五、重组义务

（一）重组义务的确认

重组是指企业制定和控制的，将显著改变企业组织形式、经营范围或经营方式的计划实施行为。属于重组的事项主要包括：

1.出售或终止企业的部分业务。

2.对企业的组织结构进行较大调整。

3.关闭企业的部分营业场所，或将营业活动由一个国家或地区迁移到其他国家或地区。

企业应当将重组与企业合并、债务重组区别开。因为重组通常是企业内部资源的调整和组合，谋求现有资产效能的最大化；企业合并是在不同企业之间的资本重组和规模扩张；而债务重组是指在不改变交易对手方的情况下，经债权人和债务人协定或法院裁定，就清偿债务的时间、金额或方式等重新达成协议的交易。

企业因重组而承担了重组义务，并且同时满足预计负债的三项确认条件时，才能确认预计负债。

首先，同时存在下列情况的，表明企业承担了重组义务：

1.有详细、正式的重组计划，包括重组涉及的业务、主要地点、需要补偿的职工人数、预计重组支出、计划实施时间等。

2.该重组计划已对外公告。

其次，需要判断重组义务是否同时满足预计负债的三个确认条件，即判断其承担的重组义务是否是现时义务、履行重组义务是否很可能导致经济利益流出企业、重组义务的金额是否能够可靠计量。只有同时满足这三个确认条件，才能将重组义务确认为预计负债。

例如，某公司董事会决定关闭一个事业部。如果有关决定尚未传达到受影响的各方，也未采取任何措施实施该项决定，该公司就没有开始承担重组义务，不应确认预计负债。如果有关决定已经传达到受影响的各方，并使各方对企业将关闭事业部形成合理预期，通常表明企业开始承担重组义务，同时满足该义务很可能导致经济利益流出企业和金额能够可靠地计量的，应当确认预计负债。

（二）重组义务的计量

企业应当按照与重组有关的直接支出确定预计负债金额，计入当期损益。其中，直接支出是企业重组必须承担的直接支出，不包括留用职工岗前培训、市场推广、新系统和营销网络投入等支出。

由于企业在计量预计负债时不应当考虑预期处置相关资产的利得或损失，在计量与重组义务相关的预计负债时，也不考虑处置相关资产（厂房、店面，有时是一个事业部整体）可能形成的利得或损失，即使资产的出售构成重组的一部分也是如此，这些利得或损失应当单独确认。

企业可以参照表2-2判断某项支出是否属于与重组有关的直接支出。

表2-2   **与重组有关支出的判断表**

支出项目	包括	不包括	不包括的原因
自愿遣散	√		
强制遣散（如果自愿遣散目标未满足）	√		
将不再使用的厂房的租赁费撤销	√		
将职工和设备从拟关闭的工厂转移到继续使用的工厂		√	支出与继续进行的活动相关
剩余职工的再培训		√	支出与继续进行的活动相关
新经理的招募成本		√	支出与继续进行的活动相关
推广公司新形象的营销成本		√	支出与继续进行的活动相关
对新分销网络的投资		√	支出与继续进行的活动相关
重组的未来可辨认经营损失（最新预计值）		√	支出与继续进行的活动相关
特定不动产、厂场和设备的减值损失		√	减值准备应当按照《企业会计准则第8号——资产减值》进行评估，并作为资产的抵减项

本节自测

第四节 或有事项的列报

一、预计负债的列报

在资产负债表中，因或有事项而确认的负债（预计负债）应与其他负债项目区别开来，单独反映。如果企业因多项或有事项确认了预计负债，在资产负债表上一般只需通过"预计负债"项目进行总括反映。在将或有事项确认为负债的同时，应确认一项支出或费用。这项费用或支出在利润表中不应单列项目反映，而应与其他费用或支出项目（如"销售费用""管理费用""营业外支出"等）合并反映。比如，企业因产品质量保证确认负债时所确认的费用，在利润表中应作为"销售费用"的组成部分予以反映；又如，企业因对其他单位提供债务担保确认负债时所确认的费用，在利润表中应作为"营业外支出"的组成部分予以反映。

同时，为了使会计报表使用者获得充分、详细的有关或有事项的信息，企业应在会计报表附注中披露以下内容：

第一，预计负债的种类、形成原因以及经济利益流出不确定性的说明。

第二，各类预计负债的期初、期末余额和本期变动情况。

第三，与预计负债有关的预期补偿金额和本期已确认的预期补偿金额。

二、或有负债的披露

或有负债无论作为潜在义务还是现时义务，均不符合负债的确认条件，因而不予确认。但是，除非或有负债极小可能导致经济利益流出企业，否则企业应当在附注中披露有关信息，具体包括：

第一，或有负债的种类及其形成原因，包括已贴现商业承兑汇票、未决诉讼、未决仲裁、对外提供担保等形成的或有负债。

第二，经济利益流出不确定性的说明。

第三，或有负债预计产生的财务影响，以及获得补偿的可能性；无法预计的，应当说明原因。

需要注意的是，在涉及未决诉讼、未决仲裁的情况下，如果披露全部或部分信息预期对企业会造成重大不利影响，企业无须披露这些信息，但应当披露该未决诉讼、未决仲裁的性质，以及没有披露这些信息的事实和原因。

三、或有资产的披露

或有资产作为一种潜在资产，不符合资产确认的条件，因而不予确认。企业通常不应当披露或有资产，但或有资产很可能会给企业带来经济利益的，应当披露其形成的原因、预计产生的财务影响等。

本节自测

本章自测

第三章

会计政策、会计估计变更和前期差错更正

本章重点关注内容

1.会计政策变更的追溯调整法及累积影响数的计算和列报，重点在于所有者权益变动表的调整。

2.会计估计变更与会计政策变更的区别方法，未来适用法的具体做法。

3.前期差错及其更正。对于重要的前期差错，企业应当采用追溯重述法进行更正，但确定前期差错累积影响数不切实可行的除外。

除了学习本章节的内容外，还应当认真阅读《企业会计准则第28号——会计政策、会计估计变更和差错更正》及相关指南和解释。

第一节 会计政策及其变更

一、会计政策概述

会计政策，是指企业在会计确认、计量和报告中所采用的原则、基础和会计处理方法。其中，原则，是指按照企业会计准则规定的、适合于企业会计核算的具体会计原则；基础，是指为了将会计原则应用于交易或者事项而采用的基础，主要是计量基础（即计量属性），包括历史成本、重置成本、可变现净值、现值和公允价值等；会计处理方法，是指企业在会计核算中按照法律、行政法规或者国家统一的会计制度等规定采用或者选择的、适合于本企业的具体会计处理方法。会计政策具有以下特点：

第一，会计政策的选择性。会计政策是在允许的会计原则、计量基础和会计处理方法中做出指定或具体选择。由于企业经济业务的复杂性和多样化，某些经济业务在符合会计原则和计量基础的要求下，可以有多种会计处理方法，即存在不止一种可供选择的会计政策。例如，确定发出存货的实际成本时可以在先进先出法、加权平均法或者个别计价法中进行选择。

第二，会计政策的强制性。在我国，会计准则和会计制度属于行政规章，会计政策所包括的具体会计原则、计量基础和具体会计处理方法由会计准则或会计制度规定，具有一定的强制性。企业必须在法规所允许的范围内选择适合本企业实际情况的会计政策，即企业在发生某项经济业务时，必须从允许的会计原则、计量基础和会计处理方法中选择出适合本企业特点的会计政策。

第三，会计政策的层次性。会计政策包括会计原则、计量基础和会计处理方法三个层次。其中，会计原则是指导企业会计核算的具体原则。例如，《企业会计准则第13号——或有事项》规定的以该义务是企业承担的现时义务、履行该义务很可能导致经济利益流出企业、该义务的金额能够可靠地计量作为预计负债的确认条件，就是预计负债确认的具体会计原则。计量基础是为将会计原则体现在会计核算中而采用的基础。例如，《企业会计准则第8号——资产减值》中涉及的公允价值就是计量基础。会计处理方法是按照会计原则和计量基础的要求，由企业在会计核算中采用或者选择的、适合于本企业的具体会计处理方法。例如，企业按照《企业会计准则第15号——建造合同》的规定采用的完工百分比法就是会计处理方法。会计原则、计量基础和会计处理方法三者是一个具有逻辑性的、密不可分的整体，通过这个整体，会计政策才能得以应用和落实。

原则、基础和会计处理方法构成了会计政策相互关联的有机整体，对会计政策的判断通常应当考虑从会计要素角度出发，根据各项资产、负债、所有者权益、收入、费用等要素的会计确认条件、计量属性以及两者相关的处理方法、列报要求等确定相应的会计政策。

在资产方面，存货的取得、发出和期末计价的处理方法，长期股权投资的取得及后续计量中的成本法和权益法，投资性房地产的确认及后续计量模式，固定资产、无形资产的确认条件及其减值政策，金融资产的分类等，属于资产要素的会计政策。

在负债方面，借款费用资本化的条件、债务重组的确认和计量、预计负债的确认条件、应付职工薪酬和股份支付的确认和计量、金融负债的分类等，属于负债要素的会计政策。

在所有者权益方面，权益工具的确认和计量、混合金融工具的分析等，属于所有者权益要素的会计政策。

在收入方面，商品销售收入和提供劳务收入的确认条件以及建造合同、租赁合同、保险合同、贷款合同等合同收入的确认与计量方法，属于收入要素的会计政策。

在费用方面，商品销售成本及劳务成本的结转、期间费用的划分等，属于费用要素的会计政策。

除会计要素相关会计政策外，财务报表列报方面所设计的编制现金流量表的直接法和间接法、合并财务报表合并范围的判断、分部报告中报告分部的确定，也属于会计政策。

企业应当披露采用的重要会计政策，不具有重要性的会计政策可以不予披露。判断会计政策是否重要，应当考虑与会计政策相关项目的性质和金额。企业应当披露的重要会计政策包括但不限于下列各项：

（1）发出存货成本的计量，是指企业确定发出存货成本所采用的会计处理。例如，企业发出存货成本的计量是采用先进先出法，还是采用其他计量方法。

（2）长期股权投资的后续计量，是指企业取得长期股权投资后的会计处理。例如，企业对被投资单位的长期股权投资是采用成本法，还是采用权益法核算。

（3）投资性房地产的后续计量，是指企业在资产负债表日对投资性房地产进行后续计量所采用的计量方法。例如，企业对投资性房地产的后续计量是采用成本模式，还是公允价值模式。

（4）固定资产的初始计量，是指对取得的固定资产初始成本的计量。例如，企业取得的固定资产初始成本是以购买价款，还是以购买价款的现值为基础进行计量。

（5）生物资产的初始计量，是指对取得的生物资产初始成本的计量。例如，企业为取得生物资产而产生的借款费用，是予以资本化，还是计入当期损益。

（6）无形资产的确认，是指对无形项目的支出是否确认为无形资产。例如，企业内部研究开发项目开发阶段的支出是确认为无形资产，还是在发生时计入当期损益。

（7）非货币性资产交换的计量，是指非货币性资产交换事项中对换入资产成本的计量。例如，非货币性资产交换是以换出资产的公允价值作为确定换入资产成本的基础，还是以换出资产的账面价值作为确定换入资产成本的基础。

（8）借款费用的处理，是指借款费用的会计处理方法，即是采用资本化，还是采用费用化。

（9）合并政策，是指编制合并财务报表所采纳的原则。例如，母公司与子公司的会计年度不一致的处理原则；合并范围的确定原则等。

二、会计政策变更

会计政策变更，是指企业对相同的交易或者事项由原来采用的会计政策改用另一会计政策的行为。为保证会计信息的可比性，使财务报表使用者在比较企业一个以上期间的财务报表时，能够正确判断企业的财务状况、经营成果和现金流量的趋势，一般情况下，企业采用的会计政策，在每一会计期间和前后各期应当保持一致，不得随意变更。否则，势必会削弱会计信息的可比性。但是，在下述两种情形下，企业可以变更会计政策：

第一，法律、行政法规或者国家统一的会计制度等要求变更。这种情况是指按照法律、行政法规以及国家统一的会计制度的规定，要求企业采用新的会计政策，则企业应当按照法律、行政法规以及国家统一的会计制度的规定改变原会计政策，按照新的会计政策执行。例如，《企业会计准则第 8 号——资产减值》规定，已计提的固定资产减值准备不允许转回，这就要求执行企业会计准则体系的企业按照新规定改变原允许固定资产减值准备转回的做法，变更原有会计政策。

第二，会计政策变更能够提供更可靠、更相关的会计信息。由于经济环境、客观情况的改变，使企业原采用的会计政策所提供的会计信息，已不能恰当地反映企业的财务状况、经营成果和现金流量等情况。在这种情况下，应改变原有会计政策，按变更后新的会计政策进行会计处理，以便对外提供更可靠、更相关的会计信息。例如，企业一直采用成本模式对投资性房地产进行后续计量，如果企业能够从房地产交易市场上持续地取得同类或类似房地产的市场价格及其他相关信息，从而能够对投资性房地产的公允价值作出合理的估计，此时，企业可以将投资性房地产的后续计量方法由成本模式变更为公允价值模式。

对会计政策变更的认定，直接影响会计处理方法的选择。因此，在会计实务中，企业应当正确认定属于会计政策变更的情形。下列两种情况不属于会计政策变更：

第一，本期发生的交易或者事项与以前相比具有本质差别而采用新的会计政策。这是因为，会计政策是针对特定类型的交易或事项，如果发生的交易或事项与其他交易或事项有本质区别，那么，企业实际上是为新的交易或事项选择适当的会计政策，并没有改变原有的会计政策。例如，企业购入厂房，以前是自用的，采用固定资产会计处理方法进行核算，而今年将厂房改为用于出租，则需采用投资性房地产会计处理方法进行核算。自用和出租具有本质的区别，因而不属于会计政策变更，而是采用新的会计政策。

第二，对初次发生的或不重要的交易或者事项采用新的会计政策。对初次发生的某类交易或事项采用适当的会计政策，并未改变原有的会计政策。例如，企业以前没有建造合同业务，当年签订一项建造合同为另一企业建造三栋厂房，对该项建造合同采用完工百分比法确认收入，不属于会计政策变更。至于对不重要的交易或事项采用新的会计政策，不按会计政策变更做出会计处理，并不影响会计信息的可比性，所以也不作为会计政策变更。例如，企业原在生产经营过程中使用少量的低值易耗品，并且价值较低，故企业在领用低值易耗品时一次计入费用；该企业于近期投产新产品，所需低值易耗品比较多，且价值较大，企业对领用的低值易耗品的处理方法改为分次摊销法。该企业低值易耗品在企业生产经营中所占的费用比例并不大，改变低值易耗品处理方法后，对损益的影响也不大，属于不重要的事项，会计政策在这种情况下的改变不属于会计政策变更。

三、会计政策变更与会计估计变更的划分

会计估计，是指财务报表中具有计量不确定性的货币金额。其中的计量不确定性，是指当财务报表中的货币金额不能直接观察取得而必须进行估计时，所产生的不确定性。由于会计估计不能直接观察取得，进行会计估计时，涉及以最近可利用的信息为基础所作的判断和假设，并可能会使用某些计量技术。

企业应当正确划分会计政策变更与会计估计变更，并按照不同的方法进行相关会计处理。企业应当以变更事项的会计确认、计量基础和列报项目是否发生变更作为判断该变更是会计政策变更还是会计估计变更的划分基础。

第一，以会计确认是否发生变更作为判断基础。《企业会计准则——基本准则》规定了资产、负债、所有者权益、收入、费用和利润等6项会计要素的确认标准，是会计处理的首要环节。一般地，对会计确认的指定或选择是会计政策，其相应的变更是会计政策变更。会计确认的变更一般会引起列报项目的变更。例如，企业在前期将某项内部研究开发项目开发阶段的支出计入当期损益，而当期按照《企业会计准则第6号——无形资产》的规定，该项支出符合无形资产的确认条件，应当确认为无形资产。该事项的会计确认发生变更，即前期将研发费用确认为一项费用，而当期将其确认为一项资产。该事项中会计确认发生了变化，所以该变更是会计政策变更。

第二，以计量基础是否发生变更作为判断基础。《企业会计准则——基本准则》规定了历史成本、重置成本、可变现净值、现值和公允价值等5项会计计量属性，是会计处理的计量基础。一般地，对计量基础的判定或选择是会计政策，其相应的变更是会计政策变更。例如，企业在前期对购入的价款超过正常信用条件延期支付的固定资产初始计量采用历史成本，而当期按照《企业会计准则第4号——固定资产》的规定，该类固定资产的初始成本应以购买价款的现值为基础确定。该事项的计量基础发生了变化，所以该变更是会计政策变更。

第三，以列报项目是否发生变更作为判断基础。《企业会计准则第30号——财务报表列报》规定了财务报表项目应采用的列报原则。一般地，对列报项目的指定或选择是会计政策，其相应的变更是会计政策变更。例如，某商业企业在前期将商品采购费用列入销售费用，当期根据《企业会计准则第1号——存货》的规定，将采购费用列入存货成本。因为列报项目发生了变化，所以该变更是会计政策变更。

第四，根据会计确认、计量基础和列报项目所选择的、为取得与资产负债表项目有关的金额或数值（如预计使用寿命、净残值等）所采用的处理方法，不是会计政策，而是会计估计，其相应的变更是会计估计变更。例如，企业需要对某项资产采用公允价值进行计量，而公允价值的确定需要根据市场情况选择不同的处理方法：在不存在销售协议和资产活跃市场的情况下，需要根据同行业类似资产的近期交易价格对

该项资产进行估计；在不存在销售协议但存在资产活跃市场的情况下，其公允价值应当按照该项资产的市场价格为基础进行估计。因为企业所确定的公允价值是与该项资产有关的金额，所以为确定公允价值所采用的处理方法是会计估计，不是会计政策。相应地，当企业面对的市场情况发生变化时，其采用的确定公允价值的方法变更是会计估计变更，不是会计政策变更。

企业可以采用以下具体方法划分会计政策变更与会计估计变更：分析并判断该事项是否涉及会计确认、计量基础选择或列报项目的变更，当至少涉及上述一项划分基础变更时，该事项是会计政策变更；不涉及上述划分基础变更时，该事项可以判断为会计估计变更。例如，企业在前期将购建固定资产相关的一般借款利息计入当期损益，当期根据会计准则的规定，将其予以资本化，企业因此将对该事项进行变更。该事项的计量基础未发生变更，即都是以历史成本作为计量基础；该事项的会计确认发生变更，即前期将借款费用确认为一项费用，而当期将其确认为一项资产；同时，会计确认的变更导致该事项在资产负债表和利润表相关项目的列报也发生变更。该事项涉及会计确认和列报的变更，所以属于会计政策变更。又如，企业原采用双倍余额递减法计提固定资产折旧，根据固定资产使用的实际情况，企业决定改用直线法计提固定资产折旧。该事项前后采用的两种计提折旧方法都是以历史成本作为计量基础，对该事项的会计确认和列报项目也未发生变更，只是固定资产折旧、固定资产净值等相关金额发生了变化。因此，该事项属于会计估计变更。

四、会计政策变更的会计处理

发生会计政策变更时，有两种会计处理方法，即追溯调整法和未来适用法，两种方法适用于不同情形。

(一) 追溯调整法

追溯调整法，是指对某项交易或事项变更会计政策，视同该项交易或事项初次发生时即采用变更后的会计政策，并以此对财务报表相关项目进行调整的方法。采用追溯调整法时，对于比较财务报表期间的会计政策变更，应调整各期间净损益各项目和财务报表其他相关项目，视同该政策在比较财务报表期间一直采用。对于比较财务报表可比期间以前的会计政策变更的累积影响数，应调整比较财务报表最早期间的期初留存收益，财务报表其他相关项目的数字也应一并调整。

追溯调整法通常由以下步骤构成：

第一步，计算会计政策变更的累积影响数。

第二步，编制相关项目的调整分录。

第三步，调整列报前期财务报表相关项目及其金额。

第四步，附注说明。

其中，会计政策变更累积影响数，是指按照变更后的会计政策对以前各期追溯计算的列报前期最早期初留存收益应有金额与现有金额之间的差额。根据上述定义的表述，会计政策变更的累积影响数可以分解为以下两个金额之间的差额：

(1) 在变更会计政策当期，按变更后的会计政策对以前各期追溯计算，所得到的列报前期最早期初留存收益金额；

（2）在变更会计政策当期，列报前期最早期初留存收益金额。上述留存收益金额，包括盈余公积和未分配利润等项目，不考虑由于损益的变化而应当补分的利润或股利。

例如，由于会计政策变化，增加了以前期间可供分配的利润，该企业通常按净利润的 20% 分派股利。但在计算调整会计政策变更当期期初的留存收益时，不应当考虑由于以前期间净利润的变化而需要分派的股利。

在财务报表只提供列报项目上一个可比会计期间比较数据的情况下，上述第（2）项，在变更会计政策当期，列报前期最早期初留存收益金额，即为上期资产负债表所反映的期初留存收益，可以从上年资产负债表项目中获得；需要计算确定的是第（1）项，即按变更后的会计政策对以前各期追溯计算，所得到的上期期初留存收益金额。

会计政策变更累积影响数，是指按照变更后的会计政策对以前各期追溯计算的列报前期最早期初留存收益应有金额与现有金额之间的差额。

累积影响数通常可以通过以下各步计算获得：

第一步，根据新会计政策重新计算受影响的前期交易或事项。

第二步，计算两种会计政策下的差异。

第三步，计算差异的所得税影响金额。会计政策变更的追溯调整不会影响以前年度应交所得税的变动，也就是说不会涉及应交所得税的调整；但追溯调整时如果涉及暂时性差异，则应考虑递延所得税的调整，这种情况应考虑前期所得税费用的调整。

第四步，确定前期中的每一期的税后差异。

第五步，计算会计政策变更的累积影响数。

需要注意的是，对以前年度损益进行追溯调整或财务报表追溯重述的，应当重新计算各列报期间的每股收益。

【例 3-1】红星公司 2020 年、2021 年分别以 5 000 000 元和 1 200 000 元的价格从股票市场购入 A、B 两只以交易为目的的股票（假设不考虑购入股票发生的交易费用），市价一直高于购入成本。公司采用成本与市价孰低法对购入股票进行后续计量。公司从 2022 年起对其以交易为目的购入的股票由成本与市价孰低法改为公允价值法进行计量，公司保存的会计资料比较齐备，可以通过会计资料追溯计算。假设企业所得税税率为 25%，公司按净利润的 10% 提取法定盈余公积，按净利润的 5% 提取任意盈余公积。公司发行的股票份额为 5 000 万股。两种方法计量的交易性金融资产账面价值见表 3-1。

表 3-1　　　　　　　　两种方法计量的交易性金融资产账面价值　　　　　　　　单位：元

项目	成本与市价孰低	2020 年年末公允价值	2021 年年末公允价值
A 股票	5 000 000	5 500 000	5 500 000
B 股票	1 200 000	—	1 500 000

根据上述资料，红星公司的会计处理如下：

1.计算改变交易性金融资产计量方法后的累积影响数，见表3-2。

表3-2 　　　　　改变交易性金融资产计量方法后的累积影响数　　　　　单位：元

时　间	公允价值	成本与市价孰低	税前差异	所得税影响	税后差异
2020年年末	5 500 000	5 000 000	500 000	125 000	375 000
2021年年末	1 500 000	1 200 000	300 000	75 000	225 000
合　计	7 000 000	6 200 000	800 000	200 000	600 000

红星公司2022年12月31日的比较财务报表列报前期最早期初为2021年1月1日。

红星公司在2020年年末按公允价值计量的账面价值为5 500 000元，按成本与市价孰低计量的账面价值为5 000 000元，两者的所得税影响合计为125 000元，两者差异的税后净影响额为375 000元，即为该公司2021年期初由成本与市价孰低计量改为公允价值计量的累积影响数。

红星公司在2021年年末按公允价值计量的账面价值为7 000 000元，按成本与市价孰低计量的账面价值为6 200 000元，两者差异的所得税影响金额为200 000元，两者差异的税后净影响额为600 000元，其中，375 000元是调整2021年年初累积影响数，225 000元是调整2021年当期金额。

红星公司按照公允价值重新计量2021年年末B股票账面价值，其结果为公允价值变动收益少计了300 000元，所得税费用少计了75 000元，净利润少计了225 000元。

2.编制有关项目的调整分录。

（1）对2020年有关事项的调整分录：

①调整交易性金融资产：

借：交易性金融资产——公允价值变动　　　　　　　　　　　　　500 000
　贷：利润分配——未分配利润　　　　　　　　　　　　　　　　　375 000
　　　递延所得税负债　　　　　　　　　　　　　　　　　　　　　125 000

②调整利润分配：

按照净利润的10%提取法定盈余公积，按照净利润的5%提取任意盈余公积，共计提取盈余公积56 250元（375 000×15%）。

借：利润分配——未分配利润　　　　　　　　　　　　　　　　　56 250
　贷：盈余公积　　　　　　　　　　　　　　　　　　　　　　　　56 250

（2）对2021年有关事项的调整分录：

①调整交易性金融资产：

借：交易性金融资产——公允价值变动　　　　　　　　　　　　　300 000
　贷：利润分配——未分配利润　　　　　　　　　　　　　　　　　225 000
　　　递延所得税负债　　　　　　　　　　　　　　　　　　　　　75 000

②调整利润分配：

按照净利润的10%提取法定盈余公积，按照净利润的5%提取任意盈余公积，共计提取盈余公积 33 750 元（225 000×15%）。

　　借：利润分配——未分配利润　　　　　　　　　　　　　33 750
　　　贷：盈余公积　　　　　　　　　　　　　　　　　　　　　　33 750

　　3.财务报表调整和重述（财务报表略）。

　　红星公司在列报 2022 年财务报表时，应调整 2022 年资产负债表有关项目的年初余额、利润表有关项目的上期金额，所有者权益变动表有关项目的上年金额和本年金额也应进行调整。

　　①资产负债表项目的调整：

　　调增交易性金融资产年初余额 800 000 元；调增递延所得税负债年初余额 200 000 元；调增盈余公积年初余额 90 000 元；调增未分配利润年初余额 510 000 元。

　　②利润表项目的调整：

　　调增公允价值变动收益上年金额 300 000 元；调增所得税费用上年金额 75 000 元；调增净利润上年金额 225 000 元；调增基本每股收益上年金额 0.0045 元。

　　③所有者权益变动表项目的调整：

　　调增会计政策变更项目中盈余公积上年年初金额 56 250 元，未分配利润上年金额 318 750 元，所有者权益合计上年年初金额 375 000 元。

　　调增会计政策变更项目中盈余公积上年金额 33 750 元，未分配利润本年金额 191 250 元，所有者权益合计本年金额 225 000 元。

　　（二）未来适用法

　　未来适用法，是指将变更后的会计政策应用于变更日及以后发生的交易或者事项，或者在会计估计变更当期和未来期间确认会计估计变更影响数的方法。

　　在未来适用法下，不需要计算会计政策变更产生的累积影响数，也无须重编以前年度的财务报表。企业会计账簿记录及财务报表上反映的金额，变更之日仍保留原有的金额，不因会计政策变更而改变以前年度的既定结果，而是在现有金额的基础上再按新的会计政策进行核算。

　　【例 3-2】 红星公司对发出存货原来采用后进先出法，由于采用新准则，按其规定，公司从 2023 年 1 月 1 日起改用先进先出法。2023 年 1 月 1 日存货的价值为 2 000 000 元，公司当年购入存货的实际成本为 18 000 000 元，2023 年 12 月 31 日按先进先出法计算确定的存货价值为 4 300 000 元，当年销售额为 22 000 000 元，假设该年度其他费用为 1 000 000 元，企业所得税税率为 25%。2023 年 12 月 31 日按后进先出法计算的存货价值为 2 000 000 元。

　　红星公司由于法律环境变化而改变会计政策，假定对其采用未来适用法进行处理，即对存货采用先进先出法从 2023 年及以后才适用，不需要计算 2023 年 1 月 1 日以前按先进先出法计算存货应有的余额，以及对留存收益的影响金额。

　　计算确定会计政策变更对当期净利润的影响数见表 3-3。

　　公司由于会计政策变更使当期净利润增加了 1 725 000 元。其中，采用先进先出法的销售成本为：期初存货+购入存货实际成本-期末存货=2 000 000+18 000 000-4 300 000=15 700 000（元）。采用后进先出法的销售成本为：期初存货+购入存货实际成本-期末存货=2 000 000+18 000 000-2 000 000=18 000 000（元）。

表3-3　　　　　　　　　　　当期净利润的影响数计算表　　　　　　　　单位：元

项目	先进先出法	后进先出法
营业收入	22 000 000	22 000 000
减：营业成本	15 700 000	18 000 000
减：其他费用	1 000 000	1 000 000
利润总额	5 300 000	3 000 000
减：所得税	1 325 000	750 000
净利润	3 975 000	2 250 000
差额	1 725 000	

（三）会计政策变更的会计处理方法的选择

对于会计政策变更，企业应当根据具体情况，分别采用不同的会计处理方法：

1.法律、行政法规或者国家统一的会计制度等要求变更的，企业应当分别以下情况进行处理：

（1）国家发布相关的会计处理办法，则按照国家发布的相关会计处理规定进行会计处理；

（2）国家没有发布相关的会计处理办法，则采用追溯调整法进行会计处理。

2.会计政策变更能够提供更可靠、更相关的会计信息的，企业应当采用追溯调整法进行会计处理，将会计政策变更累积影响数调整列报前期最早期初留存收益，其他相关项目的期初余额和列报前期披露的其他比较数据也应当一并调整。

3.确定会计政策变更对列报前期影响数不切实可行的，应当从可追溯调整的最早期间期初开始应用变更后的会计政策；在当期期初确定会计政策变更对以前各期累积影响数不切实可行的，应当采用未来适用法处理。

其中，不切实可行，是指企业在采取所有合理的方法后，仍然不能获得采用某项规定所必需的相关信息，而导致无法采用该项规定，则该项规定在此时是不切实可行的。

对于以下特定前期，对某项会计政策变更应用追溯调整法是不切实可行的：

（1）应用追溯调整法的累积影响数不能确定；

（2）应用追溯调整法要求对管理层在该期当时的意图作出假定；

（3）应用追溯调整法要求对有关金额进行重大估计，并且不可能将提供有关交易发生时存在状况的证据（例如，有关金额确认、计量或披露日期存在事实的证据，以及在受变更影响的当期和未来期间确认会计估计变更影响的证据）和该期间财务报表批准报出时能够取得的信息与其他信息客观地加以区分。

在某些情况下，调整一个或者多个前期比较信息以获得与当期会计信息的可比性是不切实可行的。例如，企业因账簿、凭证超过法定保存期限而销毁，或因不可抗力而毁坏、遗失，如火灾、水灾等，或因人为因素，如盗窃、故意毁坏等，可能使当期期初确定会计政策变更对以前各期累积影响数无法计算，即不切实可行，此时，会计政策变更应当采用未来适用法进行处理。

对根据某项交易或者事项确认、披露的财务报表项目应用会计政策时常常需要进行估计。本质上，估计是根据现有状况所作出的最佳判断，而且可能在资产负债表日后才作出。当追溯调整会计政策变更或者追溯重述前期差错更正时，要作出切实可行的估计更加困难，因为有关交易或者事项已经发生较长一段时间，要获得作出切实可行的估计所需要的相关信息往往比较困难。

当在前期采用一项新会计政策时，不论是对管理层在某个前期的意图作出假定，还是估计在前期确认、计量或者披露的金额，都不应当使用"后见之明"。

五、会计政策变更的披露

企业应当在附注中披露与会计政策变更有关的下列信息：

1.会计政策变更的性质、内容和原因

其包括对会计政策变更的简要阐述、变更的日期、变更前采用的会计政策和变更后所采用的新会计政策及会计政策变更的原因。

2.当期和各个列报前期财务报表中受影响的项目名称和调整金额

其包括采用追溯调整法时，计算出的会计政策变更的累积影响数；当期和各个列报前期财务报表中需要调整的净损益及其影响金额，以及其他需要调整的项目名称和调整金额。

3.无法进行追溯调整的，说明该事实和原因以及开始应用变更后会计政策的时点、具体应用情况

其包括无法进行追溯调整的事实；确定会计政策变更对列报前期影响数不切实可行的原因；在当期期初确定会计政策变更对以前各期累积影响数不切实可行的原因；开始应用新会计政策的时点和具体应用情况。

需要注意的是，在以后期间的财务报表中，不需要重复披露在以前期间的附注中已披露的会计政策变更的信息。

【例3-3】沿用【例3-1】，应在财务报表附注中作如下说明：

本公司2022年按照会计准则的规定，对交易性金融资产的后续计量由成本与市价孰低法改为以公允价值法进行计量。此项会计政策变更采用追溯调整法，2022年比较财务报表已重新表述。2021年期初运用新会计政策追溯计算的会计政策变更累积影响数为375 000元，调增2021年的期初留存收益375 000元，其中，调增未分配利润318 750元，调增盈余公积56 250元。会计政策变更对2021年度财务报表本年金额的影响为调增未分配利润191 250元，调增盈余公积33 750元，调增净利润225 000元。

【例3-4】沿用【例3-2】，应在财务报表附注中作如下说明：

本公司对存货原来采用后进先出法计价，由于施行新会计准则改用先进先出法计价。按照《企业会计准则第38号——首次执行企业会计准则》的规定，对该项会计

政策变更应当采用未来适用法。由于该项会计政策变更，当期净利润增加 1 725 000 元。

第二节 会计估计及其变更

一、会计估计概述

会计估计，是指企业对其结果不确定的交易或者事项以最近可利用的信息为基础所作的判断。会计估计具有如下特点：

第一，会计估计的存在是由于经济活动中内在的不确定性因素的影响。在会计核算中，企业总是力求保持会计核算的准确性，但有些经济业务本身具有不确定性。例如，坏账、固定资产折旧年限、固定资产残余价值、无形资产摊销年限等，因而需要根据经验作出估计。可以说，在进行会计核算和相关信息披露的过程中，会计估计是不可避免的。

第二，进行会计估计时，往往以最近可利用的信息或资料为基础。企业在会计核算中，由于经营活动中内在的不确定性，不得不经常进行估计。一些估计的主要目的是确定资产或负债的账面价值，如坏账准备、担保责任引起的负债；另一些估计的主要目的是确定将在某一期间记录的收益或费用的金额，如某一期间的折旧、摊销的金额。企业在进行会计估计时，通常应根据当时的情况和经验，以一定的信息或资料为基础进行。但是，随着时间的推移、环境的变化，进行会计估计的基础可能会发生变化。因此，进行会计估计所依据的信息或者资料不得不经常发生变化。由于最新的信息是最接近目标的信息，以其为基础所作的估计最接近实际，所以进行会计估计时，应以最近可利用的信息或资料为基础。

第三，进行会计估计并不会削弱会计确认和计量的可靠性。企业为了定期、及时地提供有用的会计信息，将延续不断的经营活动人为划分为一定的期间，并在权责发生制的基础上对企业的财务状况和经营成果进行定期确认和计量。例如，在会计分期的情况下，许多企业的交易跨越若干会计年度，以至于需要在一定程度上作出决定：某一年度发生的开支，哪些可以合理地预期能够产生其他年度以收益形式表示的利益，从而全部或部分向后递延；哪些可以合理地预期在当期能够得到补偿，从而确认为费用。由于会计分期和货币计量的前提，在确认和计量过程中，不得不对许多尚在延续中、其结果尚未确定的交易或事项予以估计入账。

企业应当披露重要的会计估计，不具有重要性的会计估计可以不披露。判断会计估计是否重要，应当考虑与会计估计相关项目的性质和金额。企业应当披露的重要会计估计包括：

（1）存货可变现净值的确定。

（2）采用公允价值模式下的投资性房地产公允价值的确定。

（3）固定资产的预计使用寿命与净残值；固定资产的折旧方法。

（4）生产性生物资产的预计使用寿命与净残值；各类生产性生物资产的折旧方法。

（5）使用寿命有限的无形资产的预计使用寿命与净残值。

（6）可收回金额按照资产组的公允价值减去处置费用后的净额确定的，确定公允价值减去处置费用后的净额的方法。

可收回金额按照资产组的预计未来现金流量的现值确定的，预计未来现金流量的确定。

（7）投入法或产出法的确定。

（8）权益工具公允价值的确定。

（9）债务人债务重组中转让的非现金资产的公允价值、由债务转成的股份的公允价值和修改其他债务条件后债务的公允价值的确定。

债权人债务重组中受让的非现金资产的公允价值、由债权转成的股份的公允价值和修改其他债务条件后债权的公允价值的确定。

（10）预计负债初始计量的最佳估计数的确定。

（11）金融资产公允价值的确定。

（12）承租人对未确认融资费用的分摊；出租人对未实现融资收益的分配。

（13）探明矿区权益、井及相关设施的折耗方法。与油气开采活动相关的辅助设备及设施的折旧方法。

（14）非同一控制下企业合并成本的公允价值的确定。

（15）其他重要的会计估计。

二、会计估计变更

会计估计变更，是指由于资产和负债的当前状况及预期经济利益和义务发生了变化，从而对资产或负债的账面价值或者资产的定期消耗金额进行调整。

由于企业经营活动中内在的不确定因素，许多财务报表项目不能准确地计量，只能加以估计，估计过程涉及以最近可以得到的信息为基础所作的判断。但是，估计毕竟是就现有资料对未来所作的判断，随着时间的推移，如果赖以进行估计的基础发生变化，或者由于取得了新的信息、积累了更多的经验或后来的发展可能不得不对估计进行修订，但会计估计变更的依据应当真实、可靠。会计估计变更的情形包括：

第一，赖以进行估计的基础发生了变化。企业进行会计估计，总是依赖于一定的基础。如果其所依赖的基础发生了变化，则会计估计也应相应发生变化。例如，企业的某项无形资产摊销年限原定为10年，以后发生的情况表明，该资产的受益年限已不足10年，而相应调减摊销年限。

第二，取得了新的信息、积累了更多的经验。企业进行会计估计是就现有资料对未来所作的判断，随着时间的推移，企业有可能取得新的信息、积累更多的经验，在这种情况下，企业可能不得不对会计估计进行修订，即发生会计估计变更。例如，企业原先根据当时能够得到的信息，对应收账款每年按其余额的5%计提坏账准备。现在掌握了新的信息，判定不能收回的应收账款比例已达15%，企业改按15%的比例计提坏账准备。

会计估计变更，并不意味着以前期间会计估计是错误的，只是由于情况发生变化，或者掌握了新的信息，积累了更多的经验，使得变更会计估计能够更好地反映企业的财务状况和经营成果。如果以前期间的会计估计是错误的，则属于会计差错，按会计差错更正的会计处理办法进行处理。

三、会计估计变更的会计处理

企业对会计估计变更应当采用未来适用法处理，即在会计估计变更当期及以后期间采用新的会计估计而不改变以前期间的会计估计，也不调整以前期间的报告结果。

第一，会计估计变更仅影响变更当期的，其影响数应当在变更当期予以确认。例如，企业原按应收账款余额的5%提取坏账准备，由于企业不能收回应收账款的比例已达10%，则企业改按应收账款余额的10%提取坏账准备。这类会计估计的变更，只影响变更当期，因此，应于变更当期确认。

第二，既影响变更当期又影响未来期间的，其影响数应当在变更当期和未来期间予以确认。例如，企业的某项可计提折旧的固定资产，其有效使用年限或预计净残值的估计发生的变更，常常影响变更当期及以后使用年限内各个期间的折旧费用，这类会计估计的变更，应于变更当期及以后各期确认。

会计估计变更的影响数应计入变更当期与前期相同的项目中。为了保证不同期间的财务报表具有可比性，如果以前期间的会计估计变更的影响数计入企业日常经营活动损益，则以后期间也应计入日常经营活动损益；如果以前期间的会计估计变更的影响数计入特殊项目，则以后期间也应计入特殊项目。

【例3-5】红星公司有一台管理用设备，原始价值为81 000元，预计使用寿命为8年，净残值为1 000元，自2019年1月1日起按直线法计提折旧。2023年1月，由于新技术发展等原因，需要对原预计的使用寿命和净残值做出修正，修改后的预计使用寿命为6年，净残值为2 000元。假定税法允许按变更后的折旧额在税前扣除。

1.分析：

红星公司对上述会计估计变更的处理如下：

（1）不调整以前各期折旧，也不计算累积影响数；

（2）变更日以后改按新的估计提取折旧。

2.计算：

按原估计，每年折旧额为10 000元，已提折旧4年，共计40 000元，该项固定资产净值为41 000元，则第5年相关科目年初余额见表3-4。

表3-4　　　　　　　　　　　　　相关科目年初余额表　　　　　　　　　　　　单位：元

项　目	金　额
固定资产	81 000
减：累计折旧	40 000
固定资产净值	41 000

改变预计使用寿命后，2023年1月1日起每年计提的折旧费用为19 500元（（41 000-2 000）÷（6-4））。2023年不必对以前年度已提折旧进行调整，只需按

重新预计的尚可使用寿命和净残值计算确定年折旧费用。

3.编制会计分录如下：

借：管理费用 19 500

　　贷：累计折旧 19 500

第三，企业应当正确划分会计政策变更和会计估计变更，并按不同的方法进行相关会计处理。企业通过判断会计政策变更和会计估计变更划分基础仍然难以对某项变更进行区分的，应当将其作为会计估计变更处理。

四、会计估计变更的披露

企业应当在附注中披露与会计估计变更有关的下列信息：

（1）会计估计变更的内容和原因。包括变更的内容、变更日期，以及为什么要对会计估计进行变更。

（2）会计估计变更对当期和未来期间的影响数。包括会计估计变更对当期和未来期间损益的影响金额以及对其他各项目的影响金额。

（3）会计估计变更的影响数不能确定的，披露这一事实和原因。

【例3-6】沿用【例3-5】，应在财务报表附注中作如下说明：

本公司一台管理用设备，原始价值为81 000元，原预计使用寿命为8年，预计净残值为1 000元，按直线法计提折旧。由于新技术的发展，该设备已不能按原预计使用寿命计提折旧，本公司于2023年年初变更该设备的使用寿命为6年，预计净残值为2 000元，以反映该设备的真实耐用寿命和净残值。此估计变更对本年度净利润的减少数为7 125元（（19 500-10 000）×（1-25%））。

第三节　前期差错及其更正

一、前期差错概述

前期差错，是指由于没有运用或错误运用下列两种信息，而对前期财务报表造成省略或错报：

（1）编报前期财务报表时预期能够取得并加以考虑的可靠信息；

（2）前期财务报告批准报出时能够取得的可靠信息。

前期差错通常包括计算错误、应用会计政策错误、疏忽或曲解事实以及舞弊产生的影响等。没有运用或错误运用上述两种信息而形成前期差错的情形主要有：

（1）计算以及账户分类错误。例如，企业购入的五年期国债，意图长期持有，但在记账时记入了交易性金融资产，导致账户分类上的错误，并导致在资产负债表上流动资产和非流动资产的分类也有误。

（2）采用法律、行政法规或者国家统一的会计制度等不允许的会计政策。例如，按照《企业会计准则第17号——借款费用》的规定，为购建固定资产的专门借款而发生的借款费用，满足一定条件的，在固定资产达到预定可使用状态前发生的，应予资本化，计入所购建固定资产的成本；在固定资产达到预定可使用状态后发生的，计入当期损益。如果企业固定资产已达到预定可使用状态后发生的借款费用，也计入该固定资产的价值，予以资本化，则属于采用法律或会计准则等行政法规、规章所不允许的会计政策。

（3）对事实的疏忽或曲解，以及舞弊。例如，企业对某项建造合同应按建造合同规定的方法确认营业收入，但该企业却按确认商品销售收入的原则确认收入。

（4）在期末对应计项目与递延项目未予调整。例如，企业应在本期摊销的费用在期末未予摊销。

（5）漏记已完成的交易。例如，企业销售一批商品，商品已经发出，开出增值税专用发票，商品销售收入确认条件均已满足，但企业在期末时未将已实现的销售收入入账。

（6）提前确认尚未实现的收入或不确认已实现的收入。例如，在采用委托代销商品的销售方式下，应以收到代销单位的代销清单时，确认商品销售收入的实现，如果企业在发出委托代销商品时即确认为收入，则为提前确认尚未实现的收入。

需要注意的是，就会计估计的性质来说，它是个近似值，随着更多信息的获得，估计可能需要进行修正，但是会计估计变更不属于前期差错更正。

二、前期差错更正的会计处理

如果财务报表项目的遗漏或错误表述可能影响财务报表使用者根据财务报表所作出的经济决策，则该项目的遗漏或错误是重要的。重要的前期差错，是指足以影响财务报表使用者对企业财务状况、经营成果和现金流量作出正确判断的前期差错。不重要的前期差错，是指不足以影响财务报表使用者对企业财务状况、经营成果和现金流量作出正确判断的会计差错。

前期差错的重要性取决于在相关环境下对遗漏或错误表述的规模和性质的判断。前期差错所影响的财务报表项目的金额或性质，是判断该前期差错是否具有重要性的决定性因素。一般来说，前期差错所影响的财务报表项目的金额越大、性质越严重，其重要性水平越高。

企业应当采用追溯重述法更正重要的前期差错，但确定前期差错累积影响数不切实可行的除外。追溯重述法，是指在发现前期差错时，视同该项前期差错从未发生过，从而对财务报表相关项目进行更正的方法。

（一）不重要的前期差错的会计处理

对于不重要的前期差错，企业不需调整财务报表相关项目的期初数，但应调整发现当期与前期相同的相关项目。属于影响损益的，应直接计入本期与上期相同的净损益项目，属于不影响损益的，应调整本期与前期相同的相关项目。

【例3-7】红星公司在2023年12月31日发现，一台价值8 400元、应计入固定资产并于2022年1月1日开始计提折旧的管理用设备，在2022年计入了当期费用。该公司固定资产折旧采用直线法，该资产预计使用年限为4年，假设不考虑净残值因素。则在2023年12月31日更正此差错的会计分录为：

借：固定资产   8 400
　　贷：管理费用   8 400
借：管理费用   4 200
　　贷：累计折旧   4 200

假设该项差错直到2026年1月后才发现，则不需要做任何分录，因为该项差错已经抵销了。

（二）重要的前期差错的会计处理

对于重要的前期差错，企业应当在其发现当期的财务报表中，调整前期比较数据。具体地说，企业应当在重要的前期差错发现当期的财务报表中，通过下述处理对其进行追溯更正：

（1）追溯重述差错发生期间列报的前期比较金额。

（2）如果前期差错发生在列报的最早前期之前，则追溯重述列报的最早前期的资产、负债和所有者权益相关项目的期初余额。

对于发生的重要的前期差错，如果影响损益，应将其对损益的影响数调整发现当期的期初留存收益，财务报表其他相关项目的期初数也应一并调整；如果不影响损益，应调整财务报表相关项目的期初数。

在编制比较财务报表时，对于比较财务报表期间的重要的前期差错，应调整各该期间的净损益和其他相关项目，视同该差错在产生的当期已经更正；对于比较财务报表期间以前的重要的前期差错，应调整比较财务报表最早期间的期初留存收益，财务报表其他相关项目的数字也应一并调整。

确定前期差错影响数不切实可行的，可以从可追溯重述的最早期间开始调整留存收益的期初余额，财务报表其他相关项目的期初余额也应当一并调整，也可以采用未来适用法。当企业确定前期差错对列报的一个或者多个前期比较信息的特定期间的累积影响数不切实可行时，应当追溯重述切实可行的最早期间的资产、负债和所有者权益相关项目的期初余额（可能是当期）；当企业在当期期初确定前期差错对所有前期的累积影响数不切实可行时，应当从确定前期差错影响数切实可行的最早日期开始采用未来适用法追溯重述比较信息。

需要注意的是，为了保证经营活动的正常进行，企业应当建立健全内部稽核制度，保证会计资料的真实、完整。但是，在日常会计核算中也可能由于各种原因造成会计差错，如抄写差错、可能对事实的疏忽和误解，以及对会计政策的误用。企业发现会计差错时，应当根据差错的性质及时纠正。对于当期发现的、属于当期的会计差错，应调整本期相关项目。例如，企业将本年度在建工程人员的工资计入了管理费用，则应将计入管理费用的在建工程人员工资调整计入工程成本。对于年度资产负债表日至财务报告批准报出日之间发现的报告年度的会计差错及报告年度前不重要的前期差错，应按照《企业会计准则第29号——资产负债表日后事项》的规定进行处理。

【例3-8】红星公司在2023年发现，2022年公司漏记一项固定资产的折旧费用200 000元，所得税申报表中未扣除该项费用。假设2022年适用的企业所得税税率为

25%，无其他纳税调整事项。该公司按净利润的10%、5%提取法定盈余公积和任意盈余公积。公司发行股票份额为1 800 000股。

1.分析前期差错的影响数

2022年少计折旧费用200 000元；多计所得税费用50 000元（200 000×25%）；多计净利润150 000元；多计应交税费50 000元（200 000×25%）；多提法定盈余公积和任意盈余公积15 000元（150 000×10%）和7 500元（150 000×5%）。

2.编制有关项目的调整分录

（1）补提折旧：

借：以前年度损益调整　　　　　　　　　　　　　　　200 000
　　贷：累计折旧　　　　　　　　　　　　　　　　　　　　　200 000

（2）调整应交所得税：

借：应交税费——应交所得税　　　　　　　　　　　　50 000
　　贷：以前年度损益调整　　　　　　　　　　　　　　　　　50 000

（3）将"以前年度损益调整"科目余额转入利润分配：

借：利润分配——未分配利润　　　　　　　　　　　　150 000
　　贷：以前年度损益调整　　　　　　　　　　　　　　　　　150 000

（4）调整利润分配有关数字：

借：盈余公积　　　　　　　　　　　　　　　　　　　22 500
　　贷：利润分配——未分配利润　　　　　　　　　　　　　　22 500

3.财务报表调整和重述（财务报表略）

红星公司在列报2023年财务报表时，应调整2023年资产负债表有关项目的年初余额、利润表有关项目及所有者权益变动表的上年金额。

（1）资产负债表项目的调整：

调减固定资产200 000元；调减应交税费50 000元；调减盈余公积22 500元；调减未分配利润127 500元。

（2）利润表项目的调整：

调增营业成本上年金额200 000元；调减所得税费用上年金额50 000元；调减净利润上年金额150 000元；调减基本每股收益上年金额0.0833元。

（3）所有者权益变动表项目的调整：

调减前期差错更正项目中盈余公积上年金额22 500元，未分配利润上年金额127 500元，所有者权益合计上年金额150 000元。

三、前期差错更正中所得税的会计处理

1.应交所得税的调整

按税法的规定执行。具体来说，当会计准则和税法对涉及的损益类调整事项处理的口径相同时，则应考虑应交所得税和所得税费用的调整；当会计准则和税法对涉及的损益类调整事项处理的口径不同时，则不应考虑应交所得税的调整。

2.递延所得税资产和递延所得税负债的调整

若调整事项涉及暂时性差异，则应调整递延所得税资产或递延所得税负债。

四、前期差错更正的披露

企业应当在附注中披露与前期差错更正有关的下列信息：

1.前期差错的性质。

2.各个列报前期财务报表中受影响的项目名称和更正金额。

本节自测

3.无法进行追溯重述的，说明该事实和原因以及对前期差错开始进行更正的时点、具体更正情况。

在以后期间的财务报表中，不需要重复披露在以前期间的附注中已披露的前期差错更正的信息。

本章自测

【例3-9】沿用【例3-8】，应在财务报表附注中作如下说明：

本年度发现2022年漏记固定资产折旧200 000元，在编制2022年与2023年比较财务报表时，已对该项差错进行了更正。更正后，调减2022年净利润150 000元，调增累计折旧200 000元。

第四章

资产负债表日后事项

本章重点关注内容

1.资产负债表日后事项的定义。资产负债表日后事项是指资产负债表日至财务报告批准报出日之间发生的有利或不利但对报表使用者有重要影响的事项。

2.调整事项与非调整事项的区别。

3.调整事项的内容及其会计处理方法。

4.非调整事项的内容及其会计处理方法。

除了学习本章节的内容外，还应当认真阅读《企业会计准则第29号——资产负债表日后事项》及相关指南和解释。

第一节　资产负债表日后事项概述

一、资产负债表日后事项的定义

资产负债表日后事项，是指资产负债表日至财务报告批准报出日之间发生的有利或不利事项。理解这一定义，需要注意以下三个方面：

（一）资产负债表日

资产负债表日是指会计年度末和会计中期期末。中期是指短于一个完整的会计年度的报告期间，包括半年度、季度和月度。按照《会计法》的规定，我国会计年度采用公历年度，即1月1日至12月31日。因此，年度资产负债表日是指每年的12月31日；中期资产负债表日是指各会计中期期末。例如，提供第一季度财务报告时，资产负债表日是该年度的3月31日；提供半年度财务报告时，资产负债表日是该年度的6月30日。

如果母公司或者子公司在国外，无论该母公司或子公司如何确定会计年度和会计中期，其向国内提供的财务报告都应根据我国《会计法》和会计准则的要求确定资产负债表日。

（二）财务报告批准报出日

财务报告批准报出日是指董事会或类似机构批准财务报告报出的日期，通常是指对财务报告的内容负有法律责任的单位或个人批准财务报告对外公布的日期。

财务报告的批准者包括所有者、所有者中的多数、董事会或类似的管理单位、部门和个人。根据《公司法》的规定，董事会有权制订公司的年度财务预算方案、决算方案、利润分配方案和弥补亏损方案，因此，对于设置董事会的公司制企业，财务报告批准报出日是指董事会批准财务报告报出的日期。对于其他企业，财务报告批准报出日是指经理（厂长）会议或类似机构批准财务报告报出的日期。

（三）有利事项和不利事项

资产负债表日后事项包括有利事项和不利事项。"有利或不利事项"的含义是指，资产负债表日后事项肯定对企业财务状况和经营成果等具有一定影响（既包括有利影响也包括不利影响）。如果某些事项的发生对企业并无任何影响，那么，这些事项既不是有利事项，也不是不利事项，也就不属于这里所说的资产负债表日后事项。

对于资产负债表日后的有利或不利事项，其会计处理原则是相同的。如果属于调整事项，则对有利和不利的调整事项均应进行处理，并调整报告年度或报告中期的财务报表；如果属于非调整事项，则对有利和不利的非调整事项均应在报告年度或中期报告的附注中进行披露。

二、资产负债表日后事项涵盖的期间

资产负债表日后事项涵盖的期间是自资产负债表日次日起至财务报告批准报出日止的一段时间。对上市公司而言，这一期间内涉及几个日期，包括完成财务报告编制日、注册会计师出具审计报告日、董事会批准财务报告可以对外公布日和实际对外公布日等。具体而言，资产负债表日后事项涵盖的期间应当包括：

1.报告年度次年的1月1日或报告期间下一期间的第一天至董事会或类似机构批准财务报告对外公布的日期。

2.财务报告批准报出以后、实际报出之前又发生与资产负债表日或其后事项有关的事项，并由此影响财务报告对外公布日期的，应以董事会或类似机构再次批准财务报告对外公布的日期为截止日期。

如果公司管理层由此修改了财务报告，注册会计师应当根据具体情况实施必要的审计程序并针对修改后的财务报告出具新的审计报告。

【例4-1】某上市公司2022年的年度财务报告于2023年2月20日编制完成，注册会计师完成年度财务报表审计工作并签署审计报告的日期为2023年4月16日，董事会批准财务报告对外公布的日期为2023年4月17日，财务报告实际对外公布的日期为2023年4月23日，股东大会召开日期为2023年5月10日。

根据资产负债表日后事项涵盖期间的规定，本例中，该公司2022年年报资产负债表日后事项涵盖的期间为2023年1月1日至2023年4月17日。如果在4月17日至23日之间发生了重大事项，需要调整财务报表相关项目的数字或需要在财务报表附注中披露，经调整或说明后的财务报告再经董事会批准报出的日期为2023年4月25日，实际报出的日期为2023年4月30日，则资产负债表日后事项涵盖的期间为2023年1月1日至2023年4月25日。

三、资产负债表日后事项的内容

资产负债表日后事项包括资产负债表日后调整事项（以下简称"调整事项"）和资产负债表日后非调整事项（以下简称"非调整事项"）。

（一）调整事项

资产负债表日后调整事项，是指对资产负债表日已经存在的情况提供了新的或进一步证据的事项。

如果资产负债表日及所属会计期间已经存在某种情况，但当时并不知道其存在或者不能知道确切结果，资产负债表日后发生的事项能够证实该情况的存在或者确切结果，则该事项属于资产负债表日后事项中的调整事项。调整事项能对资产负债表日的情况提供进一步的证据，并会影响编制财务报表过程中的内在估计。

企业发生的调整事项，通常包括下列各项：

（1）资产负债表日后诉讼案件结案，法院判决证实了企业在资产负债表日已经存在现时义务，需要调整原先确认的与该诉讼案件相关的预计负债，或确认一项新负债；

（2）资产负债表日后取得确凿证据，表明某项资产在资产负债表日发生了减值或者需要调整该项资产原先确认的减值金额；

（3）资产负债表日后进一步确定了资产负债表日前购入资产的成本或售出资产的收入；

（4）资产负债表日后发现了财务报表舞弊或差错。

【例4-2】三新公司因产品质量问题被消费者起诉。2022年12月31日法院尚未判决，考虑到消费者胜诉要求三新公司赔偿的可能性较大，三新公司为此确认了 500 万元的预计负债。2023 年 2 月 20 日，在三新公司 2022 年度财务报告对外报出之前，法院判决消费者胜诉，要求三新公司支付赔偿款 700 万元。

本例中，三新公司在 2022 年 12 月 31 日结账时已经知道消费者胜诉的可能性较大，但不知道法院判决的确切结果，因此确认了 500 万元的预计负债。2023 年 2 月 20日法院判决结果为三新公司预计负债的存在提供了进一步的证据。此时，按照 2022年 12 月 31 日存在状况编制的财务报告所提供的信息已不能真实反映企业的实际情况，应据此对财务报表相关项目的数字进行调整。

（二）非调整事项

资产负债表日后非调整事项，是指表明资产负债表日后发生的情况的事项。非调整事项的发生不影响资产负债表日企业的财务报表数字，只说明资产负债表日后发生了某些情况。对于财务报告使用者而言，非调整事项说明的情况有的重要，有的不重要。其中重要的非调整事项虽然不影响资产负债表日的财务报表数字，但可能影响资产负债表日以后的财务状况和经营成果，不加以说明将会影响财务报告使用者作出正确估计和决策，因此需要适当披露。

企业发生的资产负债表日后非调整事项，通常包括下列各项：

（1）资产负债表日后发生重大诉讼、仲裁、承诺；

（2）资产负债表日后资产价格、税收政策、外汇汇率发生重大变化；

（3）资产负债表日后因自然灾害导致资产发生重大损失；

（4）资产负债表日后发行股票、债券以及其他巨额举债；

（5）资产负债表日后资本公积转增资本；

（6）资产负债表日后发生巨额亏损；

（7）资产负债表日后发生企业合并或处置子公司。

【例 4-3】 三新公司 2022 年度财务报告于 2023 年 3 月 20 日经董事会批准对外公布。2023 年 2 月 27 日，三新公司与银行签订了 5 000 万元的贷款合同，用于生产项目的技术改造，贷款期限自 2023 年 3 月 1 日起至 2024 年 12 月 31 日止。

本例中，三新公司向银行贷款的事项发生在 2023 年度，且在公司 2022 年度财务报告尚未批准对外公布前，即该事项发生在资产负债表日后事项所涵盖的期间内。该事项在 2022 年 12 月 31 日尚未发生，与资产负债表日存在的状况无关，不影响资产负债表日公司的财务报表数字。但是，该事项属于重要事项，会影响公司以后期间的财务状况和经营成果，因此，需要在附注中予以披露。

（三）调整事项与非调整事项的区别

资产负债表日后发生的某一事项究竟是调整事项还是非调整事项，取决于该事项表明的情况在资产负债表日或资产负债表日以前是否已经存在。若该情况在资产负债表日或之前已经存在，则属于调整事项；反之，则属于非调整事项。

【例 4-4】 三新公司 2022 年 10 月向红星公司出售原材料 2 000 万元，根据销售合同，红星公司应在收到原材料后 3 个月内付款。至 2022 年 12 月 31 日，乙公司尚未付款。假定三新公司在编制 2022 年度财务报告时有两种情况：（1）2022 年 12 月 31 日三新公司根据掌握的资料判断，红星公司有可能破产清算，估计该应收账款将有 20%

无法收回，故按20%的比例计提坏账准备；2023年1月20日，三新公司收到通知，红星公司已被宣告破产清算，三新公司估计有70%的债权无法收回。（2）2022年12月31日红星公司的财务状况良好，三新公司预计应收账款可按时收回；2023年1月20日，红星公司发生重大火灾，导致三新公司50%的应收账款无法收回。2023年3月15日，三新公司的财务报告经批准对外公布。

本例中的两种情况：

（1）导致三新公司应收账款无法收回的事实是红星公司财务状况恶化，该事实在资产负债表日已经存在，红星公司被宣告破产只是证实了资产负债表日红星公司财务状况恶化的情况。因此，红星公司破产导致三新公司应收款项无法收回的事项属于调整事项。

（2）导致三新公司应收账款损失的因素是火灾，火灾是不可预计的，应收账款发生损失这一事实在资产负债表日以后才发生。因此，红星公司发生火灾导致三新公司应收款项发生坏账的事项属于非调整事项。

（四）表明持续经营假设不再适用的事项

通常情况下，企业会计确认、计量和报告应当以持续经营为前提。如果资产负债表日后事项表明持续经营假设不再适用的，企业不应当在持续经营的基础上编制财务报表，即企业不得在原有基础上调整会计报表金额，也不得仅仅在会计报表附注中做出说明。例如，某企业在资产负债表日后被法院宣告破产清算，这一事项表明该企业已不能再持续经营，对外提供的财务报告也不能再在持续经营的基础上编制。

在理解资产负债表日后事项的会计处理时，还需要明确以下两个问题：

第一，如何确定资产负债表日后某一事项是调整事项还是非调整事项，是对资产负债表日后事项进行会计处理的关键。调整和非调整事项是一个广泛的概念，就事项本身而言，可以有各种各样的性质，只要符合企业会计准则中对这两类事项的判断原则即可。另外，同一性质的事项可能是调整事项，也可能是非调整事项，这取决于该事项表明的情况是在资产负债表日或资产负债表日以前已经存在或发生，还是在资产负债表日后才发生的。

第二，企业会计准则以列举的方式说明了资产负债表日后事项中，哪些属于调整事项，哪些属于非调整事项，但并没有列举详尽。在实务中，会计人员应按照资产负债表日后事项的判断原则，确定资产负债表日后发生的事项中哪些属于调整事项，哪些属于非调整事项。

案例分析

谨慎的独立董事：日后事项的实务判断

本节自测

第二节　资产负债表日后调整事项的会计处理

一、资产负债表日后调整事项的处理原则

企业发生的资产负债表日后调整事项，应当调整资产负债表日的财务报表。对于年度财务报告而言，由于资产负债表日后事项发生在报告年度的次年，报告年度的有关账目已经结转，特别是损益类科目在结账后已无余额。因此，年度资产负债表日后发生的调整事项，应具体分别以下情况进行处理：

1.涉及损益的事项，通过"以前年度损益调整"科目核算。调整增加以前年度利润或调整减少以前年度亏损的事项，记入"以前年度损益调整"科目的贷方；调整减少以前年度利润或调整增加以前年度亏损的事项，记入"以前年度损益调整"科目的借方。

涉及损益的调整事项，如果发生在资产负债表日所属年度（即报告年度）所得税汇算清缴前的，应调整报告年度应纳税所得额、应纳所得税税额；如果发生在报告年度所得税汇算清缴后的，应调整本年度（即报告年度的次年）应纳所得税税额。

由于以前年度损益调整增加的所得税费用，记入"以前年度损益调整"科目的借方，同时贷记"应交税费——应交所得税"等科目；由于以前年度损益调整减少的所得税费用，记入"以前年度损益调整"科目的贷方，同时借记"应交税费——应交所得税"等科目。

调整完成后，将"以前年度损益调整"科目的贷方或借方余额，转入"利润分配——未分配利润"科目。

2.涉及利润分配调整的事项，直接在"利润分配——未分配利润"科目核算。

3.不涉及损益及利润分配的事项，调整相关科目。

4.通过上述账务处理后，还应同时调整财务报表相关项目的数字，包括：

（1）资产负债表日编制的财务报表相关项目的期末数或本年发生数；

（2）当期编制的财务报表相关项目的期初数或上年数；

（3）经过上述调整后，如果涉及报表附注内容的，还应当调整报表附注相关项目的数字。

二、资产负债表日后调整事项的具体会计处理方法

为简化处理，如无特殊说明，本章所有的例子均假定如下：财务报告批准报出日是次年3月31日，企业所得税税率为25%，按净利润的10%提取法定盈余公积，提取法定盈余公积后不再作其他分配；调整事项按税法规定均可调整应交纳的所得税；涉及递延所得税资产的，均假定未来期间很可能取得用来抵扣暂时性差异的应纳税所得额；不考虑报表附注中有关现金流量表项目的数字。

（1）资产负债表日后诉讼案件结案，法院判决证实了企业在资产负债表日已经存在现时义务，需要调整原先确认的与该诉讼案件相关的预计负债，或确认一项新负债。

这一事项是指导致诉讼的事项在资产负债表日已经发生，但尚不具备确认负债的条件而未确认，资产负债表日后至财务报告批准报出日之间获得了新的或进一步的证据（法院判决结果），表明符合负债的确认条件，因此，应在财务报告中确认为一项新负债；或者在资产负债表日虽已确认，但需要根据判决结果调整已确认负债的金额。

【例4-5】A公司与B公司签订一项销售合同，合同中订明A公司应在2022年10月销售给B公司一批物资。由于A公司未能按照合同发货，致使B公司发生重大经济损失。2022年12月，B公司将A公司告上法庭，要求A公司赔偿500万元。2022年12月31日法院尚未判决，A公司按或有事项准则对该诉讼事项确认预计负债400万元。2023年2月15日，经法院判决A公司应赔偿B公司450万元，A、B双方均服从判决。

判决当日，A公司向B公司支付赔偿款450万元。A、B两公司2022年所得税汇算清缴均在2023年3月25日完成（假定该项预计负债产生的损失不允许在预计时税前抵扣，只有在损失实际发生时，才允许税前抵扣）。公司适用的所得税税率为25%。

本例中，2023年2月15日的判决证实了A、B两公司在资产负债表日（即2022年12月31日）分别存在现实赔偿义务和获赔权利，因此，两公司都应将"法院判决"这一事项作为调整事项进行处理。A公司和B公司2022年所得税汇算清缴均在2023年3月25日完成，因此，应根据法院判决结果调整报告年度应纳税所得额和应纳所得税税额。

A公司的账务处理如下：

（1）2023年2月15日，记录支付的赔款，并调整递延所得税资产：

借：以前年度损益调整　　　　　　　　　　　　　　　500 000
　　贷：其他应付款　　　　　　　　　　　　　　　　　　500 000
借：应交税费——应交所得税　　　　　　　　　　　　125 000
　　贷：以前年度损益调整（500 000×25%）　　　　　　　125 000
借：应交税费——应交所得税（4 000 000×25%）　　1 000 000
　　贷：以前年度损益调整　　　　　　　　　　　　　　1 000 000
借：以前年度损益调整　　　　　　　　　　　　　　1 000 000
　　贷：递延所得税资产　　　　　　　　　　　　　　　1 000 000
借：预计负债　　　　　　　　　　　　　　　　　　4 000 000
　　贷：其他应付款　　　　　　　　　　　　　　　　　4 000 000
借：其他应付款　　　　　　　　　　　　　　　　　4 500 000
　　贷：银行存款　　　　　　　　　　　　　　　　　　4 500 000

注：①资产负债表日后事项如果涉及货币资金收支项目，均不调整报告年度资产负债表的货币资金项目和现金流量表各项目的数字。本例中，虽然当日已经支付了赔偿款，但在调整财务报表相关数字时只需调整上述前五笔分录，第六笔分录应作为2023年的会计事项处理。

②2022年年末因确认预计负债400万元时已确认相应的递延所得税资产，资产负债表日后事项发生后递延所得税资产不复存在，故应冲销相应记录。

（2）将"以前年度损益调整"科目余额转入未分配利润：

借：利润分配——未分配利润　　　　　　　　　　　　375 000
　　贷：以前年度损益调整　　　　　　　　　　　　　　　375 000

（3）因净利润变动，调整盈余公积：

借：盈余公积（375 000×10%）　　　　　　　　　　　　37 500
　　贷：利润分配——未分配利润　　　　　　　　　　　　37 500

（4）调整报告年度财务报表：

① 资产负债表项目的调整。调减递延所得税资产100万元；调增其他应付款450万元，调减应交税费112.5万元，调减预计负债400万元；调减盈余公积3.75万元，调减未分配利润33.75万元。

② 利润表项目的调整。调增营业外支出50万元，调减所得税费用12.5万元，调减净利润37.5万元。

③ 所有者权益变动表项目的调整。调减净利润37.5万元，调减提取盈余公积3.75万元。

（5）调整2023年2月份资产负债表相关项目的年初数：

A公司在编制2023年1月份的资产负债表时，按照调整前2022年12月31日的资产负债表的数字作为资产负债表的年初数，由于发生了资产负债表日后调整事项，A公司除了调整2022年年度资产负债表相关项目的数字外，还应当调整2023年2月份资产负债表相关项目的年初数，其年初数按照2022年12月31日调整后的数字填列。

（2）资产负债表日后取得确凿证据，表明某项资产在资产负债表日发生了减值或者需要调整该项资产原先确认的减值金额。

这一事项是指在资产负债表日，根据当时的资料判断某项资产可能发生了损失或减值，但没有最后确定是否会发生，因而按照当时的最佳估计金额反映在财务报表中；但在资产负债表日至财务报告批准报出日之间，所取得的确凿证据能证明该事实成立，即某项资产已经发生了损失或减值，则应对资产负债表日所作的估计予以修正。

【例4-6】A公司2022年7月销售给B公司一批产品，货款为200万元（含增值税）。B公司于8月份收到所购物资并验收入库。按合同规定，B公司应于收到所购物资后3个月内付款。由于B公司财务状况不佳，到2022年12月31日仍未付款。A公司于2022年12月31日编制2022年财务报表时，已为该项应收账款提取坏账准备10万元。2022年12月31日资产负债表上"应收账款"项目的金额为300万元，其中190万元为该项应收账款。A公司于2023年1月30日（所得税汇算清缴前）收到法院通知，B公司已宣告破产清算，无力偿还所欠部分货款，A公司预计可收回应收账款的50%。适用的企业所得税税率为25%。

本例中，根据资产负债表日后事项的判断原则，A公司在收到法院通知后，首先可判断该事项属于资产负债表日后调整事项。A公司原对应收B公司账款提取了10万元的坏账准备，按照新的证据应提取的坏账准备为100万元（200×50%），差额90万元应当调整2022年度财务报表相关项目的数字。A公司的账务处理如下：

（1）补提坏账准备：

应补提的坏账准备=2 000 000×50%-100 000=900 000（元）

借：以前年度损益调整		900 000
贷：坏账准备		900 000

（2）调整递延所得税资产：

借：递延所得税资产		225 000
贷：以前年度损益调整（900 000×25%）		225 000

（3）将"以前年度损益调整"科目的余额转入利润分配：

借：利润分配——未分配利润		675 000
贷：以前年度损益调整		675 000

（4）调整利润分配有关数字：

借：盈余公积		67 500

    贷：利润分配——未分配利润（675 000×10%）   67 500

（5）调整报告年度财务报表相关项目的数字（财务报表略）：

① 资产负债表项目的调整。调减应收账款净值90万元，调增递延所得税资产22.5万元；调减盈余公积6.75万元，调减未分配利润60.75万元。

② 利润表项目的调整。调增信用减值损失90万元，调减所得税费用22.5万元，调减净利润67.5万元。

③ 所有者权益变动表项目的调整。调减净利润67.5万元，调减提取盈余公积6.75万元，未分配利润调减60.75万元。

（3）资产负债表日后进一步确定了资产负债表日前购入资产的成本或售出资产的收入。

这类调整事项包括两方面的内容：

①若资产负债表日前购入的资产已经按暂估金额等入账，资产负债表日后获得证据，可以进一步确定该资产的成本，则应对已入账的资产成本进行调整。例如，购建固定资产已达到预定可使用状态，但尚未办理竣工决算，企业已按估计价值入账；资产负债表日后办理决算，再根据竣工决算的金额调整暂估入账的固定资产成本等。

②企业在资产负债表日已根据收入确认条件确认资产销售收入，但资产负债表日后获得关于资产收入的进一步证据，如发生销售退回等，此时也应调整财务报表相关项目的金额。需要说明的是，资产负债表日后发生的销售退回，既包括报告年度或报告中期销售的商品在资产负债表日后发生的销售退回，也包括以前期间销售的商品在资产负债表日后发生的销售退回。

资产负债表所属期间或以前期间所售商品在资产负债表日后退回的，应作为资产负债表日后调整事项处理。发生于资产负债表日后至财务报告批准报出日之间的销售退回事项，可能发生于年度所得税汇算清缴之前，也可能发生于年度所得税汇算清缴之后，其会计处理分别为：

①涉及报告年度所属期间的销售退回发生于报告年度所得税汇算清缴之前的，应调整报告年度利润表的收入、成本等，并相应调整报告年度的应纳税所得额和报告年度应缴的所得税等。

【例4-7】A公司2022年10月10日销售一批商品给B公司，取得收入100万元（不含税，增值税税率13%）。A公司发出商品后，按照正常情况已确认收入，并结转成本80万元。2022年12月31日，该笔货款尚未收到，A公司对应收账款计提了坏账准备5万元。2023年1月20日，由于产品质量问题，本批货物被退回。假定本年度除应收B公司账款计提的坏账准备外，无其他纳税调整事项，A公司于2023年2月25日完成2022年所得税汇算清缴。

本例中，销售退回业务发生在资产负债表日后事项涵盖期间内，属于资产负债表日后调整事项。由于销售退回发生在报告年度所得税汇算清缴之前，因此，在所得税汇算清缴时，应扣除该部分销售退回所实现的应纳税所得额。

A公司的账务处理如下：

（1）2023年1月20日，调整销售收入：

借：以前年度损益调整 1 000 000

应交税费——应交增值税（销项税额） 130 000

贷：应收账款 1 130 000

（2）调整坏账准备余额：

借：坏账准备 50 000

贷：以前年度损益调整 50 000

（3）调整销售成本：

借：库存商品 800 000

贷：以前年度损益调整 800 000

（4）调整应缴纳的所得税：

借：应交税费——应交所得税 50 000*

贷：以前年度损益调整 50 000

*50 000=（1 000 000-800 000）×25%

（5）调整已确认的递延所得税资产：

借：以前年度损益调整 12 500*

贷：递延所得税资产 12 500

*12 500=50 000×25%

（6）将"以前年度损益调整"科目的余额转入利润分配：

借：利润分配——未分配利润 112 500*

贷：以前年度损益调整 112 500

*112 500=1 000 000-800 000-50 000-50 000+12 500

（7）调整盈余公积：

借：盈余公积 11 250

贷：利润分配——未分配利润（112 500×10%） 11 250

（8）调整相关财务报表（略）

②资产负债表日后事项中涉及报告年度所属期间的销售退回发生于报告年度所得税汇算清缴之后，应调整报告年度会计报表的收入、成本等，但按照税法规定在此期间的销售退回所涉及的应缴所得税，应作为本年的纳税调整事项。

【例4-8】沿用【例4-7】的资料，假定销售退回的时间改为2023年3月10日（即报告年度所得税汇算清缴后）。

A公司的账务处理如下：

（1）2023年3月10日，调整销售收入：

借：以前年度损益调整 1 000 000

应交税费——应交增值税（销项税额） 130 000

贷：应收账款 1 130 000

（2）调整坏账准备余额：

借：坏账准备 50 000

贷：以前年度损益调整 50 000

（3）调整销售成本：

借：库存商品 800 000

   贷：以前年度损益调整 800 000

（4）调整所得税费用：

借：应交税费——应交所得税 50 000

   贷：所得税费用 50 000

（5）调整已确认的递延所得税资产：

借：以前年度损益调整 12 500

   贷：递延所得税资产 12 500

（6）将"以前年度损益调整"科目的余额转入利润分配：

借：利润分配——未分配利润 162 500

   贷：以前年度损益调整 162 500

（7）调整盈余公积：

借：盈余公积 16 250

   贷：利润分配——未分配利润（162 500×10%） 16 250

（8）调整相关财务报表（略）。

（4）资产负债表日后发现了财务报表舞弊或差错。

这一事项是指资产负债表日后发现报告期或以前期间存在的财务报表舞弊或差错。企业发生这一事项后，应当将其作为资产负债表日后调整事项，调整报告年度的财务报告或中期财务报告相关项目的数字。具体会计处理可以参见第三章"会计政策、会计估计变更和差错更正"。

拓展阅读

销售退回惹的祸：日后事项错误判定的处罚

本节自测

第三节 资产负债表日后非调整事项的会计处理

一、资产负债表日后非调整事项的处理原则

资产负债表日后发生的非调整事项，是表明资产负债表日后发生的情况的事项，与资产负债表日存在状况无关，不应当调整资产负债表日的财务报表。但有的非调整事项对财务报告使用者具有重大影响，如不加以说明，将不利于财务报告使用者作出正确估计和决策，因此，应在附注中加以披露。

二、资产负债表日后非调整事项的具体会计处理办法

资产负债表日后发生的非调整事项，应当在报表附注中披露每项重要的资产负债表日后非调整事项的性质、内容及其对财务状况和经营成果的影响。无法作出估计的，应当说明原因。

资产负债表日后非调整事项主要有以下几种情况：

（一）资产负债表日后发生重大诉讼、仲裁、承诺

资产负债表日后发生的重大诉讼等事项，对企业影响较大，为防止误导投资者和

其他财务报告使用者，应当在报表附注中披露。

（二）资产负债表日后资产价格、税收政策、外汇汇率发生重大变化

资产负债表日后发生的资产价格、税收政策和外汇汇率的重大变化，虽然不会影响资产负债表日财务报表相关项目的数据，但对企业资产负债表日后期间的财务状况和经营成果有重大影响，应当在报表附注中予以披露。

【例4-9】 甲公司2022年8月采用租赁方式从美国购入某重型机械设备，租赁合同规定，该重型机械设备的租赁期为15年，年租金40万美元。甲公司在编制2022年度财务报表时已按2022年12月31日的汇率对该笔长期应付款进行了折算（假设2022年12月31日的汇率为1美元兑6.85元人民币）。假设我国规定从2023年1月1日起进行外汇管理体制改革，外汇管理体制改革后，人民币对美元的汇率发生重大变化。

本例中，甲公司在资产负债表日已经按照规定的资产计量方式进行处理，并按规定的汇率对有关账户进行调整，因此，无论资产负债表日后汇率如何变化，均不影响资产负债表日的财务状况和经营成果。但是，如果资产负债表日后外汇汇率发生重大变化，应对由此产生的影响在报表附注中进行披露。

（三）资产负债表日后因自然灾害导致资产发生重大损失

【例4-10】 甲公司2022年12月购入商品一批，共计8 000万元，至2022年12月31日该批商品已全部验收入库，货款也已通过银行支付。2023年1月7日，甲公司所在地发生水灾，该批商品全部被冲毁。

自然灾害导致资产重大损失对企业资产负债表日后财务状况的影响较大，如果不加以披露，有可能使财务报告使用者做出错误的决策，因此应作为非调整事项在报表附注中进行披露。本例中水灾发生于2023年1月7日，属于资产负债表日后才发生或存在的事项，应当作为非调整事项在2022年度报表附注中进行披露。

（四）资产负债表日后发行股票、债券和其他巨额举债

企业发行股票、债券和向银行或非银行金融机构举借巨额债务都是比较重大的事项，虽然这一事项与企业资产负债表日的存在状况无关，但这一事项的披露能使财务报告使用者了解与此有关的情况及可能带来的影响，因此，应当在报表附注中进行披露。

（五）资产负债表日后资本公积转增资本

企业以资本公积转增资本将会改变企业的资本（或股本）结构，影响较大，应当在报表附注中进行披露。

（六）资产负债表日后发生巨额亏损

企业资产负债表日后发生巨额亏损将会对企业报告期以后的财务状况和经营成果产生重大影响，应当在报表附注中及时披露该事项，以便为投资者或其他财务报告使用者作出正确决策提供信息。

（七）资产负债表日后发生企业合并或处置子公司

企业合并或者处置子公司的行为可以影响股权结构、经营范围等方面，对企业未来的生产经营活动能产生重大影响，应当在报表附注中进行披露。

（八）资产负债表日后，企业利润分配方案中拟分配的和经审议批准宣告发放的股利或利润

资产负债表日后，企业制订利润分配方案，拟分配或经审议批准宣告发放现金股利或利润的行为，并不会导致企业在资产负债表日形成现时义务，虽然该事项的发生可导致企业负有支付股利或利润的义务，但支付义务在资产负债表日尚不存在，不应该调整资产负债表日的财务报告，因此，该事项为非调整事项。不过，该事项对企业资产负债表日后的财务状况有较大影响，可能导致现金大规模流出、企业股权结构变动等，为便于财务报告使用者更充分地了解相关信息，企业需要在财务报告中适当披露该信息。

本节自测

本章自测

第五章

租　赁

本章重点关注内容

1. 租赁的定义与识别。租赁是指在一定期间内，出租人将资产的使用权让与承租人以获取对价的合同。一项租赁应当包含三要素：存在一定期间；存在已识别资产；资产供应方向客户转移对已识别资产使用权的控制。

2. 承租人的会计处理。在租赁期开始日，承租人应当对租赁确认使用权资产和租赁负债，应用短期租赁和低价值租赁简化处理的除外。租赁期内的会计处理主要包括对租赁负债和使用权资产的后续处理，具体包括租赁付款额的支付、未确认融资费用的摊销、使用权资产折旧和减值准备的计提等。

3. 出租人的会计处理。出租人的租赁业务分为融资租赁和经营租赁。其中，融资租赁包括初始确认计量和后续确认计量。

学习本章内容时应当认真阅读《企业会计准则第21号——租赁》及相关指南和解释。

第一节 租赁概述

2006年2月15日，在会计准则国际化背景下，财政部借鉴国际会计准则委员会（IASC）发布的《国际会计准则第17号——租赁会计》（IAS17），制定并发布了《企业会计准则第21号——租赁》（CAS21）。CAS21（2006）将租赁定义为"在约定的期间内，出租人将资产的使用权让与承租人，以获取租金的协议"。此定义与IAS17中租赁的定义"租赁是在约定的期间内，出租人将资产的使用权让与承租人，以获取一项或一系列租金的协议"基本相同。

2016年，根据不断变化的租赁市场环境，国际会计准则理事会（IASB）发布了《国际财务报告准则第16号——租赁》（IFRS16），取代了原租赁准则IAS17。随后，我国财政部根据《中国企业会计准则与国际财务报告准则持续趋同路线图》（2010）的规定，启动了修改我国CAS21（2006）的工作，并于2018年12月7日发布了新的《企业会计准则第21号——租赁》（以下简称现行租赁准则或新租赁准则），取代了原租赁准则CAS21（2006）。

CAS21（2018）将租赁定义为：在一定期间内，出租人将资产的使用权让与承租人以获取对价的合同。该定义与IFRS16对租赁的定义"租赁是让渡在一定期间内使用资产（标的资产）的权利以换取对价的合同或合同的一部分"基本相同。2018年修订印发的新租赁准则与原准则相比，承租人会计处理不再区分经营租赁和融资租赁，而是采用单一的会计处理模型，也就是说，除采用简化处理的短期租赁和低价值资产租赁外，对所有租赁均确认使用权资产和租赁负债，参照固定资产准则对使用权资产计提折旧，采用固定的周期性利率确认每期利息费用。出租人租赁仍分为融资租赁和经营租赁两大类，并分别采用不同的会计处理方法。

头脑风暴

租赁准则修订的背景和现实意义

分组讨论

我国企业会计准则国际化趋同的中国特色

一、租赁的识别

（一）租赁的定义

在合同开始日，企业应当评估合同是否为租赁或者包含租赁。如果合同一方让渡了在一定期间内控制一项或多项已识别资产使用的权利以换取对价，则该合同为租赁或者包含租赁。

一项合同要被分类为租赁，必须满足三要素：一是存在一定期间；二是存在已识别资产；三是资产供应方向客户转移对已识别资产使用权的控制。

在合同中，"一定期间"也可以表述为已识别资产的使用量，例如，某项设备的产出量。如果客户有权在部分合同期内控制已识别资产的使用，则合同包含一项在该部分合同期间的租赁。

企业应当就合同进行评估，判断其是否为租赁或包含租赁。同时符合下列条件的使用已识别资产的权利构成一项单独租赁：

（1）承租人可从单独使用该资产或将其与易于获得的其他资源一起使用中获利；

（2）该资产与合同中的其他资产不存在高度依赖或高度关联关系。

另外，接受商品或服务的合同可能由合营安排或合营安排的代表签订。在这种情况下，企业评估合同是否包含一项租赁时，应将整个合营安排视为该合同中的客户，评估该合营安排是否在使用期间有权控制已识别资产的使用。

除非合同条款或条件发生变化，企业无须重新评估合同是否为租赁或者是否包含租赁。

（二）已识别资产

1.对资产的指定

已识别资产通常由合同明确指定，也可以在资产可供客户使用时隐性指定。

【例5-1】A公司（客户）与B公司（供应方）签订了使用B公司一节火车车厢的10年期合同。该车厢专门为运输A公司生产过程中使用的特殊材料而设计，如未经重大改造，不适合其他客户使用。合同中没有明确指定轨道车辆（例如，通过序列号），但是B公司仅拥有一节适合客户A使用的火车车厢。如果车厢不能正常工作，合同要求B公司修理或更换车厢。

分析：具体是哪节火车车厢虽未在合同中明确指定，但是其已被隐含指定，因为B公司仅拥有一节适合客户A使用的火车车厢，必须使用其来履行合同，B公司无法自由替换该车厢。因此，火车车厢是一项已识别资产。

2.物理可区分

如果资产的部分产能在物理上可区分（例如，建筑物的一层），则该部分产能属于已识别资产。如果资产的某部分产能与其他部分在物理上不可区分（例如，光缆的部分容量），则该部分不属于已识别资产，除非其实质上代表该资产的全部产能，从而使客户获得因使用该资产所产生的几乎全部经济利益的权利。

3.实质性替换权

即使合同已对资产进行指定，如果资产供应方在整个使用期间拥有对该资产的实质性替换权，则该资产不属于已识别资产。其原因在于，如果资产供应方在整个使用期间均能自由替换合同资产，那么实际上，合同只规定了满足客户需求的一类资产，而不是被唯一识别出的一项或几项资产。也就是说，在这种情况下，合同规定的资产并未和资产供应方的同类其他资产明确区分开来，并未被识别出来。

同时符合下列条件时，表明资产供应方拥有资产的实质性替换权：

（1）资产供应方拥有在整个使用期间替换资产的实际能力。例如，客户无法阻止供应方替换资产，且用于替换的资产对于资产供应方而言易于获得或者可以在合理期间内取得。

（2）资产供应方通过行使替换资产的权利将获得经济利益。即，替换资产的预期经济利益将超过替换资产所需成本。需要注意的是，如果合同仅赋予资产供应方在特定日期或者特定事件发生日或之后拥有替换资产的权利或义务，考虑到资产供应方没有在整个使用期间替换资产的实际能力，资产供应方的替换权不具有实质性。

企业在评估资产供应方的替换权是否为实质性权利时，应基于合同开始日的事实和情况，而不应考虑在合同开始日企业认为不可能发生的未来事件，例如：

①未来某个客户为使用该资产同意支付高于市价的价格；

②引入了在合同开始日尚未实质开发的新技术；

③客户对资产的实际使用或资产实际性能与在合同开始日认为可能的使用或性能存在重大差异，使用期间资产市价与合同开始日认为可能的市价存在重大差异。

与资产位于资产供应方所在地相比，如果资产位于客户所在地或其他位置，替换资产所需要的成本更有可能超过其所能获取的利益。资产供应方在资产运行结果不佳或者进行技术升级的情况下，因修理和维护而替换资产的权利或义务不属于实质性替换权。企业难以确定资产供应方是否拥有实质性替换权的，应视为资产供应方没有对该资产的实质性替换权。

（三）客户是否控制已识别资产使用权的判断

为确定合同是否让渡了在一定期间内控制已识别资产使用的权利，企业应当评估合同中的客户是否有权获得在使用期间因使用已识别资产所产生的几乎全部经济利益，并有权在该使用期间主导已识别资产的使用。

1.客户是否有权获得因使用资产所产生的几乎全部经济利益

在评估客户是否有权获得因使用已识别资产所产生的几乎全部经济利益时，企业应当在约定的客户权利范围内考虑其所产生的经济利益。例如：

（1）如果合同规定汽车在使用期间仅限在某一特定区域使用，则企业应当仅考虑在该区域内使用汽车所产生的经济利益，而不包括在该区域外使用汽车所产生的经济利益；

（2）如果合同规定客户在使用期间仅能在特定里程范围内驾驶汽车，则企业应当仅考虑在允许的里程范围内使用汽车所产生的经济利益，而不包括超出该里程范围使用汽车所产生的经济利益。

为了控制已识别资产的使用，客户应当有权获得整个使用期间使用该资产所产生的几乎全部经济利益（例如，在整个使用期间独家使用该资产）。客户可以通过多种方式直接或间接获得使用资产所产生的经济利益，例如，通过使用、持有或转租资产。使用资产所产生的经济利益包括资产的主要产出和副产品（包括来源于这些项目的潜在现金流量）以及通过与第三方之间的商业交易实现的其他经济利益。

如果合同规定客户应向资产供应方或另一方支付因使用资产所产生的部分现金流量作为对价，该现金流量仍应视为客户因使用资产而获得的经济利益的一部分。例如，如果客户因使用零售区域需向供应方支付零售收入的一定比例作为对价，该条款本身并不妨碍客户拥有获得使用零售区域所产生的几乎全部经济利益的权利。因为零售收入所产生的现金流量是客户使用零售区域而获得的经济利益，而客户支付给零售区域供应方的部分现金流量是使用零售区域的权利的对价。

2.客户是否有权主导资产的使用

存在下列情形之一的，可视为客户有权主导对已识别资产在整个使用期间的使用：

（1）客户有权在整个使用期间主导已识别资产的使用目的和使用方式；

（2）已识别资产的使用目的和使用方式在使用期间前已预先确定，并且客户有权在整个使用期间自行或主导他人按照其确定的方式运营该资产，或者客户设计了已识别资产（或资产的特定方面）并在设计时已预先确定了该资产在整个使用期间的使用目的和使用方式。

关于上述第一种情况，如果客户有权在整个使用期间在合同界定的使用权范围内改变资产的使用目的和使用方式，则视为客户有权在该使用期间主导资产的使用目的和使用方式。在判断客户是否有权在整个使用期间主导已识别资产的使用目的和使用方式时，企业应当考虑在该使用期间与改变资产的使用目的和使用方式最为相关的决策权。相关决策权是指对使用资产所产生的经济利益产生影响的决策权。最为相关的决策权可能因资产性质、合同条款和条件的不同而不同。此类例子包括：

①变更资产的产出类型的权利。例如，决定将集装箱用于运输商品还是储存商品，或者决定在零售区域销售的产品组合。

②变更资产的产出时间的权利。例如，决定机器或发电厂的运行时间。

③变更资产的产出地点的权利。例如，决定卡车或船舶的目的地，或者决定设备的使用地点。

④变更资产是否产出以及产出数量的权利。例如，决定是否使用发电厂发电以及发电量的多少。

某些决策权并未授予客户改变资产的使用目的和使用方式的权利，例如，在资产的使用目的和使用方式未预先确定的情况下，客户仅拥有运行或维护资产的权利。这些决策权对于资产的高效使用通常是必要的，但它们往往取决于有关资产使用目的和使用方式，而并非主导资产的使用目的和使用方式的权利。

关于上述第二种情况，与资产使用目的和使用方式相关的决策可以通过很多方式预先确定，例如，通过设计资产或在合同中对资产的使用作出限制来预先确定相关决策。

在评估客户是否有权主导资产的使用时，除非资产（或资产的特定方面）由客户设计，企业应当仅考虑在使用期间对资产使用作出决策的权利。例如，如果客户仅能在使用期间之前指定资产的产出而没有与资产使用相关的任何其他决策权，则该客户享有的权利与任何购买该项商品或服务的其他客户享有的权利并无不同。

合同可能包含一些旨在保护资产供应方在已识别资产或其他资产中的权益、保护资产供应方的工作人员，或者确保资产供应方不因客户使用租赁资产而违反法律法规的条款和条件。例如，合同可能规定资产使用的最大工作量，限制客户使用资产的地点或时间，要求客户遵守特定的操作惯例，或者要求客户在变更资产使用方式时通知资产供应方。这些权利虽然对客户使用资产权利的范围作出了限定，但是其本身不足以否定客户拥有主导资产使用的权利。

分组讨论

租赁合同的识别

二、租赁的分拆与合并

（一）租赁的分拆

合同中同时包含多项单独租赁的，承租人和出租人应当将合同予以分拆，并分别各项单独租赁进行会计处理。合同中同时包含租赁和非租赁部分的，承租人和出租人应当将租赁和非租赁部分进行分拆，除非企业适用新租赁准则的简化处理。分拆时，各租赁部分应当分别按照新租赁准则进行会计处理，非租赁部分应当按照其他适用的企业会计准则进行会计处理。

同时符合下列条件，使用已识别资产的权利构成合同中的一项单独租赁：

（1）承租人可从单独使用该资产或将其与易于获得的其他资源一起使用中获利。易于获得的资源是指出租人或其他供应方单独销售或出租的商品或服务，或者承租人已从出租人或其他交易中获得的资源。

（2）该资产与合同中的其他资产不存在高度依赖或高度关联关系。例如，若承租人租入资产的决定不会对承租人使用合同中的其他资产的权利产生重大影响，则表明该项资产与合同中的其他资产不存在高度依赖或高度关联关系。

1.承租人的处理

在分拆合同包含的租赁和非租赁部分时，承租人应当按照各项租赁部分单独价格及非租赁部分的单独价格之和的相对比例分摊合同对价。租赁和非租赁部分的相对单独价格，应当根据出租人或类似资产供应方就该部分或类似部分向企业单独收取的价格确定。如果可观察的单独价格不易于获得，承租人应当最大限度地利用可观察的信息估计单独价格。

为简化处理，承租人可以按照租赁资产的类别选择是否分拆合同包含的租赁和非租赁部分。承租人选择不分拆的，应当将各租赁部分及与其相关的非租赁部分分别合并为租赁，按照新租赁准则进行会计处理。但是，对于按照《企业会计准则第22号——金融工具确认和计量》（2017）应分拆的嵌入衍生工具，承租人不应将其与租赁部分合并进行会计处理。

【例5-2】A公司从B公司租赁一台推土机、一辆卡车和一台长臂挖掘机用于采矿业务，租赁期为4年。B公司同意在整个租赁期内维护各项设备。合同固定对价为6 000 000元，按年分期支付，每年支付1 500 000元。合同对价包含了各项设备的维护费用。分析：A公司未采用简化处理，而是将非租赁部分（维护服务）与租入的各项设备分别进行会计处理。A公司认为租入的推土机、卡车和长臂挖掘机分别属于单独租赁，原因如下：（1）A公司可从单独使用这三项设备中的每一项，或将其与易于获得的其他资源一起使用中获利（例如，A公司易于租入或购买其他卡车或挖掘机用于其采矿业务）；（2）尽管A公司租入这三项设备只有一个目的（即从事采矿业务），但这些设备不存在高度依赖或高度关联关系。因此，A公司得出结论，合同中存在三个租赁部分和对应的三个非租赁部分（维护服务）。A公司将合同对价分摊至三个租赁部分和对应的三个非租赁部分。市场上有多家供应方提供类似推土机和卡车的维护服务，因此这两项租入设备的维护服务存在可观察的单独价格。假设其他供应方的支付条款与A、B公司签订的合同条款相似，A公司能够确定推土机和卡车维护服务的可观察单独价格分别为320 000元和160 000元。长臂挖掘机是高度专业化机械，其他供应方不出租类似挖掘机或为其提供维护服务。B公司对从本公司购买相似长臂挖掘机的客户提供四年的维护服务，可观察对价为固定金额560 000元，分4年支付。因此，A公司估计长臂挖掘机维护服务的单独价格为560 000元。A公司观察到B公司在市场上单独出租租赁期为 4 年的推土机、卡车和长臂挖掘机的价格分别为 1 800 000 元、1 160 000 元和 2 400 000 元。A 公司将合同固定对价 6 000 000 元分摊至租赁和非租赁部分的情况见表 5-1。

表 5-1　　　　　　　　　　　　合同固定对价分摊情况表　　　　　　　　金额单位：元

项目		推土机	卡车	长臂挖掘机	合计
可观察的单独价格	租赁	1 800 000	1 160 000	2 400 000	5 360 000
	非租赁				1 040 000①
	合计				6 400 000
固定对价总额					6 000 000
分摊率②					93.75%

注：①320 000 +160 000 +560 000 =1 040 000 （元）；

②按照规定，承租人按照推土机、卡车、长臂挖掘机这三个租赁部分单独价格 1 800 000 元、1 160 000 元、2 400 000 元和非租赁部分的单独价格之和 1 040 000 元的相对比例，来分摊合同对价。分拆后，推土机、卡车和长臂挖掘机的租赁付款额（折现前）分别为 1 687 500 元、1 087 500 元和 2 500 000 元。

2.出租人的处理

出租人应当分拆租赁部分和非租赁部分，根据《企业会计准则第 14 号——收入》（2017）关于交易价格分摊的规定分摊合同对价。

（二）租赁的合并

企业与同一交易方或其关联方在同一时间或相近时间订立的两份或多份包含租赁的合同，在满足下列条件之一时，应当合并为一份合同进行会计处理：

（1）该两份或多份合同基于总体商业目的而订立并构成"一揽子交易"，若不作为整体考虑则无法理解其总体商业目的。

（2）该两份或多份合同中的某份合同的对价金额取决于其他合同的定价或履行情况。

（3）该两份或多份合同让渡的资产使用权合起来构成一项单独租赁。

两份或多份合同合并为一份合同进行会计处理的，仍然需要区分该一份合同中的租赁部分和非租赁部分。

三、租赁期

租赁期是指承租人有权使用租赁资产且不可撤销的期间；承租人有续租选择权，即有权选择续租该资产，且合理确定将行使该选择权的，租赁期还应当包含续租选择权涵盖的期间；承租人有终止租赁选择权，即有权选择终止租赁该资产，但合理确定将不会行使该选择权的，租赁期应当包含终止租赁选择权涵盖的期间。

（一）租赁期开始日

租赁期自租赁期开始日起计算。租赁期开始日，是指出租人提供租赁资产使其可供承租人使用的起始日期。如果承租人在租赁协议约定的起租日或租金起付日之前，已获得对租赁资产使用权的控制，则表明租赁期已经开始。租赁协议中对起租日或租金支付时间的约定，并不影响租赁期开始日的判断。

【例5-3】在某商铺的租赁安排中，出租人A于2022年1月1日将房屋钥匙交付承租人B，承租人B在收到钥匙后，就可以自主安排对商铺的装修布置，并安排搬迁。合同约定有6个月的免租期，起租日为2022年7月1日，承租人B自起租日开始支付租金。

分析：此交易中，由于承租人B自2022年1月1日起就已拥有对商铺使用权的控制，因此租赁期开始日为2022年1月1日，即租赁期包含出租人A给予承租人B的免租期。

（二）不可撤销期间

在确定租赁期和评估不可撤销租赁期间时，企业应根据租赁条款约定确定可强制执行合同的期间。

如果承租人和出租人双方均有权在未经另一方许可的情况下终止租赁，且罚款金额不重大，则该租赁不再可强制执行。如果只有承租人有权终止租赁，则在确定租赁期时，企业应将该项权利视为承租人可行使的终止租赁选择权予以考虑。如果只有出租人有权终止租赁，则不可撤销的租赁期包括终止租赁选择权所涵盖的期间。

（三）续租选择权和终止租赁选择权

在租赁期开始日，企业应当评估承租人是否合理确定将行使续租或购买标的资产的选择权，或者将不行使终止租赁选择权。在评估时，企业应当考虑对承租人行使续租选择权或不行使终止租赁选择权带来经济利益的所有相关事实和情况，包括自租赁期开始日至选择权行使日之间的事实和情况的预期变化。

需考虑的因素包括但不限于以下方面：

（1）与市价相比，选择权期间的合同条款和条件。例如，选择权期间内为使用租赁资产而需支付的租金；可变租赁付款额或其他或有款项，如因终止租赁罚款和余值担保导致的应付款项：初始选择权期间后可行使的其他选择权的条款和条件，如续租期结束时可按低于市价的价格行使购买选择权。

（2）在合同期内，承租人进行或预期进行重大租赁资产改良的，在可行使续租选择权、终止租赁选择权或者购买租赁资产选择权时，预期能为承租人带来的重大经济利益。

（3）与终止租赁相关的成本。例如，谈判成本、搬迁成本、寻找与选择适合承租人需求的替代资产所发生的成本、将新资产融入运营所发生的整合成本、终止租赁的罚款、将租赁资产恢复至租赁条款约定状态的成本、将租赁资产归还至租赁条款约定地点的成本等。

（4）租赁资产对承租人运营的重要程度。例如，租赁资产是否为一项专门资产，租赁资产位于何地以及是否可获得合适的替换资产等。

（5）与行使选择权相关的条件及满足相关条件的可能性。例如，租赁条款约定仅在满足一项或多项条件时方可行使选择权，此时还应考虑相关条件及满足相关条件的可能性。

租赁的不可撤销期间的长短会影响对承租人是否合理确定将行使或不行使选择权的评估。通常，租赁的不可撤销期间越短，承租人行使续租选择权或不行使终止租赁选择权的可能性就越大，原因在于不可撤销期间越短，获取替代资产的相对成本就越高。此外，评估承租人是否合理确定将行使或不行使选择权时，如果承租人以往曾经使用过特定类型的租赁资产或自有资产，则可以参考承租人使用该类资产的通常期限及原因。例如，承租人通常在特定时期内使用某类资产，或承租人时常对某类租赁资产行使选择权则承租人应考虑以往这些做法的原因，以评估是否合理确定将对此类租赁资产行使选择权。

续租选择权或终止租赁选择权可能与租赁的其他条款相结合。例如，无论承租人是否行使选择权，均保证向出租人支付基本相等的最低或固定现金，在此情形下，应假定承租人合理确定将行使续租选择权或不行使终止租赁选择权。又如，同时存在原租赁和转租赁时，转租赁期限超过原租赁期限，如原租赁包含5年的不可撤销期间和2年的续租选择权，而转租赁的不可撤销期限为7年，此时应考虑转租赁期限及相关租赁条款对续租选择权评估的可能影响。

购买选择权的评估方式应与续租选择权或终止租赁选择权的评估方式相同，购买选择权在经济上与将租赁期延长至租赁资产全部剩余经济寿命的续租选择权类似。

【例5-4】承租人A签订了一份建筑租赁合同，包括6年不可撤销期限和2年按照市价行使的续租选择权。在搬入该建筑之前，承租人A花费了大量资金对租赁建筑进行了改良，预计在6年结束时租赁资产改良仍将具有重大价值，且该价值仅可通过继续使用租赁资产实现。

分析：在此情况下，承租人A合理确定将行使续租选择权，因为如果在6年结束时放弃该租赁资产改良，将蒙受重大经济损失。因此，在租赁开始时，承租人A确定租赁期为8年。

【例5-5】某租赁合同约定，初始租赁期为2年，如有一方撤销租赁将支付重大罚金，2年期满后，如经双方同意租赁期可再延长3年，如有一方不同意将不再续期，没有罚金且预计对交易双方带来的经济损失不重大。按照上述租赁合同约定，租赁期开始日之后的2年内有强制的权利和义务，是不可撤销期间。对于此后3年的延长期，因为承租人和出租人均可单方面选择不续约而无须支付任何罚金且预计对交易双方带来的经济损失不重大，该租赁不再可强制执行，即后续3年延长期非不可撤销期间。因此，该租赁合同在初始确认时应将租赁期确定为2年。

（四）对租赁期和购买选择权的重新评估

发生承租人可控范围内的重大事件或变化，且影响承租人是否合理确定将行使相应选择权的，承租人应当对其是否合理确定将行使续租选择权、购买选择权或不行使终止租赁选择权进行重新评估，并根据重新评估结果修改租赁期。承租人可控范围内的重大事件或变化包括但不限于下列情形：

（1）在租赁期开始日未预计到的重大租赁资产改良，在可行使续租选择权、终止租赁选择权或购买选择权时，预期将为承租人带来重大经济利益；

（2）在租赁期开始日未预计到的租赁资产的重大改动或定制化调整；

（3）承租人作出的与行使或不行使选择权直接相关的经营决策。例如，决定续租互补性资产、处置可替代的资产或处置包含相关使用权资产的业务。

如果不可撤销的租赁期间发生变化，企业应当修改租赁期。例如，在下述情况下，不可撤销的租赁期将发生变化：一是承租人实际行使了选择权，但该选择权在之前企业确定租赁期时未涵盖：二是承租人未实际行使选择权，但该选择权在之前企业确定租赁期时已涵盖：三是某些事件的发生，导致根据合同规定承租人有义务行使选择权，但该选择权在之前企业确定租赁期时未涵盖：四是某些事件的发生，导致根据合同规定禁止承租人行使选择权，但该选择权在之前企业确定租赁期时已涵盖。

拓展阅读

新国际会计租赁准则与中国新租赁准则

本节自测

第二节　承租人的会计处理

在租赁期开始日，承租人应当对租赁确认使用权资产和租赁负债，应用短期租赁和低价值资产租赁简化处理的除外。

一、初始计量

（一）租赁负债的初始计量

租赁负债应当按照租赁期开始日尚未支付的租赁付款额的现值进行初始计量。识别应纳入租赁负债的相关付款项目是计量租赁负债的关键。

1.租赁付款额

租赁付款额，是指承租人向出租人支付的与在租赁期内使用租赁资产的权利相关的款项。

租赁付款额包括以下五项内容：

（1）固定付款额及实质固定付款额，存在租赁激励的，扣除租赁激励相关金额。租赁业务中的实质固定付款额是指在形式上可能包含变量但实质上无法避免的付款额。例如：

① 付款额设定为可变租赁付款额，但该可变条款几乎不可能发生，没有真正的经济实质。例如，付款额仅需在租赁资产经证实能够在租赁期间正常运行时支付，或者仅需在不可能不发生的事件发生时支付。又如，付款额初始设定为与租赁资产使用情况相关的可变付款额，但其潜在可变性将于租赁期开始日之后的某个时点消除，在可变性消除时，该类付款额成为实质固定付款额。

② 承租人有多套付款额方案，但其中仅有一套是可行的。在此情况下，承租人应采用该可行的付款额方案作为租赁付款额。

③ 承租人有多套可行的付款额方案，但必须选择其中一套。在此情况下，承租人应采用总折现金额最低的一套作为租赁付款额。

【例5-6】A公司是一家知名零售商，从B公司处租入已成熟开发的零售场所开设一家商店。根据租赁合同，A公司在正常工作时间内必须经营该商店，且A公司不得将商店闲置或进行分租。合同中关于租赁付款额的条款为：如果A公司开设的这家商店没有发生销售，则A公司应付的年租金为1 000元；如果这家商店发生了任何销售，则A公司应付的年租金为3 000 000元。

分析：本例中，该租赁包含每年3 000 000元的实质固定付款额。该金额不是取决于销售额的可变付款额。因为A公司是一家知名零售商，根据租赁合同，A公司应在正常工作时间内经营该商店，所以A公司开设的这家商店不可能不发生销售。

租赁激励，是指出租人为达成租赁向承租人提供的优惠，包括出租人向承租人支付的与租赁有关的款项、出租人为承租人偿付或承担的成本等。存在租赁激励的，承租人在确定租赁付款额时，应扣除租赁激励相关金额。

（2）取决于指数或比率的可变租赁付款额。

可变租赁付款额，是指承租人为取得在租赁期内使用租赁资产的权利，而向出租人支付的因租赁期开始日后的事实或情况发生变化（而非时间推移）而变动的款项。可变租赁付款额可能与下列各项指标或情况挂钩：

①由于市场比率或指数数值变动导致的价格变动。例如，基准利率或消费者价格指数变动可能导致租赁付款额调整。

②承租人源自租赁资产的绩效。例如，零售业不动产租赁可能会要求基于使用该不动产取得的销售收入的一定比例确定租赁付款额。

③租赁资产的使用。例如，车辆租赁可能要求承租人在超过特定里程数时支付额外的租赁付款额。

需要注意的是，可变租赁付款额中，仅取决于指数或比率的可变租赁付款额纳入租赁负债的初始计量中，包括与消费者价格指数挂钩的款项、与基准利率挂钩的款项和为反映市场租金费率变化而变动的款项等。此类可变租赁付款额应当根据租赁期开始日的指数或比率确定。除了取决于指数或比率的可变租赁付款额之外，其他可变租赁付款额均不纳入租赁负债的初始计量中。

（3）购买选择权的行权价格，前提是承租人合理确定将行使该选择权。

在租赁期开始日，承租人应评估是否合理确定将行使购买标的资产的选择权。在评估时，承租人应考虑对其行使或不行使购买选择权产生经济激励的所有相关事实和情况。如果承租人合理确定将行使购买标的资产的选择权，则租赁付款额中应包含购买选择权的行权价格。

（4）行使终止租赁选择权需支付的款项，前提是租赁期反映出承租人将行使终止租赁选择权。

在租赁期开始日，承租人应评估是否合理确定将行使终止租赁的选择权。在评估时，承租人应考虑对其行使或不行使终止租赁选择权产生经济激励的所有相关事实和情况。如果承租人合理确定将行使终止租赁选择权，则租赁付款额中应包含行使终止租赁选择权需支付的款项，并且租赁期不应包含终止租赁选择权涵盖的期间。

【例5-7】承租人A公司租入某办公楼的一层楼，为期20年。A公司有权选择在第10年后提前终止租赁，并以相当于12个月的租金作为罚金。每年的租赁付款额为固定金额500 000元。该办公楼是全新的，并且在周边商业园区的办公楼中处于技术领先水平。上述租赁付款额与市场租金水平相符。

分析：在租赁期开始日，A公司评估后认为，12个月的租金对于A公司而言金额重大，同等条件下，也难以按更优惠的价格租入其他办公楼，可以合理确定不会选择提前终止租赁，因此其租赁负债不应包括提前终止租赁时需支付的罚金，租赁期确定为20年。

（5）根据承租人提供的担保余值预计应支付的款项。

担保余值，是指与出租人无关的一方向出租人提供担保，保证在租赁结束时租赁资产的价值至少为某指定的金额。如果承租人提供了对余值的担保，则租赁付款额应包含该担保下预计应支付的款项，它反映了承租人预计将支付的金额，而不是承租人担保余值下的最大敞口。

2.折现率

租赁负债应当按照租赁期开始日尚未支付的租赁付款额的现值进行初始计量。在计算租赁付款额的现值时，承租人应当采用租赁内含利率作为折现率；无法确定租赁内含利率的，应当采用承租人增量借款利率作为折现率。

租赁内含利率，是指使出租人的租赁收款额的现值与未担保余值的现值之和等于租赁资产公允价值与出租人的初始直接费用之和的利率。

其中，未担保余值，是指租赁资产余值中，出租人无法保证能够实现或仅由与出租人有关的一方予以担保的部分。

初始直接费用，是指为达成租赁所发生的增量成本。增量成本是指若企业不取得该租赁，则不会发生的成本，如佣金、印花税等。无论是否实际取得租赁都会发生的支出，不属于初始直接费用，例如为评估是否签订租赁而发生的差旅费、法律费用等，此类费用应当在发生时计入当期损益。

【例5-8】承租人A公司与出租人B公司签订了一份车辆租赁合同，租赁期为5年。在租赁开始日，该车辆的公允价值为200 000元，B公司预计在租赁结束时其公允价值（即未担保余值）将为20 000元。租赁付款额为每年46 000元，于年末支付。B公司发生的初始直接费用为10 000元。B公司计算租赁内含利率r的方法如下：

46 000×（P/A，r，5）+20 000×（P/F，r，5）=200 000 +10 000

本例中，计算得出的租赁内含利率r为5.79%。

承租人增量借款利率，是指承租人在类似经济环境下为获得与使用权资产价值接近的资产，在类似期间以类似抵押条件借入资金须支付的利率。该利率与下列事项相关：

（1）承租人自身情况，即承租人的偿债能力和信用状况：

（2）"借款"的期限，即租赁期；

（3）"借入"资金的金额，即租赁负债的金额；

（4）"抵押条件"，即租赁资产的性质和质量；

（5）经济环境，包括承租人所处的司法管辖区、计价货币、合同签订时间等。

在具体操作时，承租人可以先根据所处经济环境，以可观察的利率作为确定增量借款利率的参考基础，然后根据承租人自身情况、标的资产情况、租赁期和租赁负债金额等租赁业务的具体情况对参考基础进行调整，得出适用的承租人增量借款利率。企业应当对确定承租人增量借款利率的依据和过程做好记录。

（二）使用权资产的初始计量

使用权资产，是指承租人可在租赁期内使用租赁资产的权利。在租赁期开始日，承租人应当按照成本对使用权资产进行初始计量。该成本包括下列四项：

（1）租赁负债的初始计量金额。

（2）在租赁期开始日或之前支付的租赁付款额，存在租赁激励的，应扣除已享受的租赁激励相关金额。

（3）承租人发生的初始直接费用。

（4）承租人为拆卸及移除租赁资产、复原租赁资产所在场地或将租赁资产恢复至租赁条款约定状态预计将发生的成本。前述成本属于为生产存货而发生的，适用《企业会计准则第1号——存货》。

关于上述第（4）项成本，承租人有可能在租赁期开始日就承担了上述成本的支付义务，也可能在特定期间内因使用标的资产而承担了相关义务。承租人应在其有义务承担上述成本时，将这些成本确认为使用权资产成本的一部分。但是，承租人由于在特定期间内将使用权资产用于生产存货而发生的上述成本，应按照《企业会计准则第1号——存货》进行会计处理。承租人应当按照《企业会计准则第13号——或有事项》对上述成本的支付义务进行确认和计量。承租人发生的租赁资产改良支出不属于使用权资产，应当记入"长期待摊费用"科目。

在某些情况下，承租人可能在租赁期开始前就发生了与标的资产相关的经济业务或事项。例如，租赁合同双方经协商在租赁合同中约定，标的资产需经建造或重新设计后方可供承租人使用；根据合同条款与条件，承租人需支付与资产建造或设计相关的成本。承租人如发生与标的资产建造或设计相关的成本，应适用其他相关准则（如《企业会计准则第4号——固定资产》）进行会计处理。同时，需要注意的是与标的资产建造或设计相关的成本不包括承租人为获取标的资产使用权而支付的款项，此类款项无论在何时支付，均属于租赁付款额。

【例5-9】承租人A公司就某栋建筑物的某一层楼与出租人B公司签订了为期10年的租赁协议，并拥有3年的续租选择权。有关资料如下：（1）初始租赁期内的不含税租金为每年100 000元，续租期间为每年110 000元，所有款项应于每年年初支付；（2）为获得该项租赁，A公司发生的初始直接费用为50 000元，其中，40 000元为向该楼层前任租户支付的款项，10 000元为向促成此租赁交易的房地产中介支付的佣金；（3）作为对A公司的激励，B公司同意补偿A公司10 000元的佣金；（4）在租赁期开始日，A公司评估后认为，不能合理确定将行使续租选择权，因此，将租赁期确定为10年；（5）A公司无法确定租赁内含利率，其增量借款利率为每年7%，该利率反映的是A公司以类似抵押条件借入期限为10年、与使用权资产等值的相同币种的借款而必须支付的利率。为简化处理，假设不考虑相关税费影响。

分析：承租人A公司的会计处理如下：

第一步，计算租赁期开始日租赁付款额的现值，并确认租赁负债和使用权资产。

在租赁期开始日，A公司支付第1年的租金100 000元，并以剩余9年租金（每年100 000元）按7%的年利率折现后的现值计量租赁负债。计算租赁付款额现值的过程如下：

剩余9期租赁付款额=100 000×9=900 000（元）

租赁负债=剩余9期租赁付款额的现值=100 000×（P/A，7%，9）=651 520（元）

未确认融资费用=剩余9期租赁付款额-剩余9期租赁付款额的现值=900 000-651 520=248 480（元）

借：使用权资产 751 520

  租赁负债——未确认融资费用 248 480

  贷：租赁负债——租赁付款额 900 000

    银行存款（第1年的租赁付款额） 100 000

第二步，将初始直接费用计入使用权资产的初始成本。

借：使用权资产 50 000

  贷：银行存款 50 000

第三步，将已收的租赁激励相关金额从使用权资产入账价值中扣除。

借：银行存款 10 000

  贷：使用权资产 10 000

A公司使用权资产的初始成本=751 520 +50 000-10 000=791 520（元）

二、后续计量

（一）租赁负债的后续计量

1.计量基础

在租赁期开始日后，承租人应当按以下原则对租赁负债进行后续计量：

（1）确认租赁负债的利息时，增加租赁负债的账面金额；

（2）支付租赁付款额时，减少租赁负债的账面金额；

（3）因重估或租赁变更等原因导致租赁付款额发生变动时，重新计量租赁负债的账面价值。

承租人应当按照固定的周期性利率计算租赁负债在租赁期内各期间的利息费用，并计入当期损益，但按照《企业会计准则第17号——借款费用》等其他准则规定应当计入相关资产成本的，从其规定。

此处的周期性利率，是指承租人对租赁负债进行初始计量时所采用的折现率，或者因租赁付款额发生变动或因租赁变更而需按照修订后的折现率对租赁负债进行重新计量时，承租人所采用的修订后的折现率。

【例5-10】承租人A公司与出租人B公司签订了为期7年的商铺租赁合同。每年的租赁付款额为500 000元，在每年年末支付。A公司无法确定租赁内含利率，其增量借款利率为6%。

分析：在租赁期开始日，A公司按租赁付款额的现值所确认的租赁负债为2 791 200元。在第1年年末，A公司向B公司支付第一年的租赁付款额500 000元，其中，167 472元（2 791 200×6%）是当年的利息，332 528元（500 000-167 472）是本金，即租赁负债的账面价值减少332 528元。A公司的账务处理为：

借：租赁负债——租赁付款额 500 000

  贷：银行存款 500 000

借：财务费用——利息费用 167 472

  贷：租赁负债——未确认融资费用 167 472

未纳入租赁负债计量的可变租赁付款额，即并非取决于指数或比率的可变租赁付款额，应当在实际发生时计入当期损益，但按照《企业会计准则第1号——存货》等其他准则规定应当计入相关资产成本的，从其规定。

2.租赁负债的重新计量

在租赁期开始日后，当发生下列四种情形时，承租人应当按照变动后的租赁付款额的现值重新计量租赁负债，并相应调整使用权资产的账面价值。使用权资产的账面价值已调减至零，但租赁负债仍需进一步调减的，承租人应当将剩余金额计入当期损益。

（1）实质固定付款额发生变动。

如果租赁付款额最初是可变的，但在租赁期开始日后的某一时点转为固定，那么在潜在可变性消除时，该付款额成为实质固定付款额，应纳入租赁负债的计量中。承租人应当按照变动后租赁付款额的现值重新计量租赁负债。在该情形下，承租人采用的折现率不变，即，采用租赁期开始日确定的折现率。

【例5-11】承租人A公司签订了一份为期10年的机器租赁合同。租金于每年年末支付，并按以下方式确定：第1年，租金是可变的，根据该机器在第1年下半年的实际产能确定；第2—10年，每年的租金根据该机器在第1年下半年的实际产能确定，即，租金将在第1年年末转变为固定付款额。在租赁期开始日，A公司无法确定租赁内含利率，其增量借款利率为5%。假设在第1年年末，根据该机器在第1年下半年的实际产能所确定的租赁付款额为每年50 000元。

分析：本例中，在租赁期开始时，由于未来的租金尚不确定，因此A公司的租赁负债为0。在第1年年末，租金的潜在可变性消除，成为实质固定付款额（即每年50 000元），因此A公司应基于变动后的租赁付款额重新计量租赁负债，并采用不变的折现率（即5%）进行折现。在支付第1年的租金之后，A公司后续年度需支付的租赁付款额为450 000元（50 000×9），租赁付款额在第1年年末的现值为355 390元[50 000×（P/A，5%，9）]，未确认融资费用为94 610元（450 000-355 390）。A公司在第1年年末的相关账务处理如下：

支付第1年租金：

借：制造费用等   50 000

  贷：银行存款   50 000

确认使用权资产和租赁负债：

借：使用权资产   355 390

    租赁负债——未确认融资费用   94 610

  贷：租赁负债——租赁付款额   450 000

（2）担保余值预计的应付金额发生变动。

在租赁期开始日后，承租人应对其在担保余值下预计支付的金额进行估计。该金额发生变动的，承租人应当按照变动后租赁付款额的现值重新计量租赁负债。在该情形下承租人采用的折现率不变。

（3）用于确定租赁付款额的指数或比率发生变动。

在租赁期开始日后，因浮动利率的变动而导致未来租赁付款额发生变动的，承租人应当按照变动后租赁付款额的现值重新计量租赁负债。在该情形下，承租人应采用反映利率变动的修订后的折现率进行折现。

在租赁期开始日后，因用于确定租赁付款额的指数或比率（浮动利率除外）的变动而导致未来租赁付款额发生变动的，承租人应当按照变动后租赁付款额的现值重新计量租赁负债。在该情形下，承租人采用的折现率不变。

需要注意的是，仅当现金流量发生变动时，即租赁付款额的变动生效时，承租人才应重新计量租赁负债，以反映变动后的租赁付款额。承租人应基于变动后的合同付款额确定剩余租赁期内的租赁付款额。

（4）购买选择权、续租选择权或终止租赁选择权的评估结果或实际行使情况发生变化。

租赁期开始日后，发生下列情形的，承租人应采用修订后的折现率对变动后的租赁付款额进行折现，以重新计量租赁负债：

① 发生承租人可控范围内的重大事件或变化，且影响承租人是否合理确定将行使续租选择权或终止租赁选择权的，承租人应当对其是否合理确定将行使相应选择权进行重新评估。上述选择权的评估结果发生变化的，承租人应当根据新的评估结果重新确定租赁期和租赁付款额。前述选择权的实际行使情况与原评估结果不一致等导致租赁期变化的，也应当根据新的租赁期重新确定租赁付款额。

② 发生承租人可控范围内的重大事件或变化，且影响承租人是否合理确定将行使购买选择权的，承租人应当对其是否合理确定将行使购买选择权进行重新评估。评估结果发生变化的，承租人应根据新的评估结果重新确定租赁付款额。

上述两种情形下，承租人在计算变动后租赁付款额的现值时，应当采用剩余租赁期间的租赁内含利率作为折现率；无法确定剩余租赁期间的租赁内含利率的，应当采用重估日的承租人增量借款利率作为折现率。

【例5-12】承租人A公司与出租人B公司签订了一份办公楼租赁合同，每年的租赁付款额为100 000元，于每年年末支付。A公司无法确定租赁内含利率，其增量借款利率为5%。不可撤销租赁期为5年，并且合同约定在第5年年末，A公司有权选择以每年100 000元续租5年，也有权选择以2 000 000元购买该房产。A公司在租赁期开始时评估认为，可以合理确定将行使续租选择权，而不会行使购买选择权，因此将租赁期确定为10年。分析：在租赁期开始日，A公司确认的租赁负债和使用权资产为772 000元，即100 000×（P/A，5%，10）=772 000（元）。租赁负债将按表5-2所述方法进行后续计量。

表5-2 未确认融资费用分摊表 单位：元

年度	租赁负债年初金额 ①	利息 ②=①×5%	租赁付款额 ③	租赁负债年末金额 ④=①+②-③
1	772 000*	38 600	100 000	710 600
2	710 600	35 530	100 000	646 130
3	646 130	32 306	100 000	578 436

年度	租赁负债年初金额 ①	利息 ②=①×5%	租赁付款额 ③	租赁负债年末金额 ④=①+②-③
4	578 436	28 922	100 000	507 358
5	507 358	25 368	100 000	432 726
6	432 726	21 636	100 000	354 362
7	354 362	17 718	100 000	272 080
8	272 080	13 604	100 000	185 684
9	185 684	9 284	100 000	94 968
10	94 968	5 032	100 000	—

注：*为便于计算，本题中，年金现值系数取两位小数。

在租赁期开始日，A公司的账务处理为：

借：使用权资产　　　　　　　　　　　　　　　　　　　　　772 000

　　租赁负债——未确认融资费用（1 000 000-772 000）　　228 000

　贷：租赁负债——租赁付款额　　　　　　　　　　　　　　　　　　1 000 000

在第4年，该房产所在地房价显著上涨，A公司预计租赁期结束时该房产的市价为4 000 000元，A公司在第4年年末重新评估后认为，能够合理确定将行使上述购买选择权，而不会行使上述续租选择权。该房产所在地区的房价上涨属于市场情况发生的变化，不在A公司的可控范围内。因此，虽然该事项导致购买选择权及续租选择权的评估结果发生变化，但A公司不需重新计量租赁负债。

在第5年年末，A公司实际行使了购买选择权。截至该时点，使用权资产的原值为772 000元，累计折旧为386 000元（772 000×5/10）；支付了第5年租赁付款额之后租赁负债的账面价值为432 726元，其中，租赁付款额为500 000元，未确认融资费用为67 274元（500 000-432 726）。A公司行使购买选择权的会计分录为：

借：固定资产——办公楼　　　　　　　　　　　　　　　　　1 953 274

　　使用权资产累计折旧　　　　　　　　　　　　　　　　　　386 000

　　租赁负债——租赁付款额　　　　　　　　　　　　　　　　500 000

　贷：使用权资产　　　　　　　　　　　　　　　　　　　　　　　772 000

　　租赁负债——未确认融资费用　　　　　　　　　　　　　　　　 67 274

　　银行存款　　　　　　　　　　　　　　　　　　　　　　　　2 000 000

如果某项租赁合同约定，承租人租赁设备用于生产A产品，租赁期为5年，每年的租赁付款额按照设备当年运营收入的80%计算，于每年年末支付给出租人，假定不考虑其他因素。在这种情况下，租赁付款额按照设备年运营收入的一定比例计算，属于可变租赁付款额，但该可变租赁付款额取决于设备的未来绩效而不是指数或比率，因而不纳入租赁负债的初始计量。在不存在其他租赁付款额的情况下，该租赁合同的租赁负债初始计量金额为0。后续计量时，承租人应将按照设备运营收入80%计算的可变租赁付款额计入 A 产品成本。

（二）使用权资产的后续计量

1.计量基础

在租赁期开始日后，承租人应当采用成本模式对使用权资产进行后续计量，即，以成本减累计折旧及累计减值损失计量使用权资产。

承租人按照新租赁准则有关规定重新计量租赁负债的，应当相应调整使用权资产的账面价值。

2.使用权资产的折旧

承租人应当参照《企业会计准则第 4 号——固定资产》有关折旧的规定，自租赁期开始日起对使用权资产计提折旧。使用权资产通常应自租赁期开始的当月计提折旧，当月计提确有困难的，为便于实务操作，企业也可以选择自租赁期开始的下月计提折旧，但应对同类使用权资产采取相同的折旧政策。计提的折旧金额应根据使用权资产的用途计入相关资产的成本或者当期损益。

承租人在确定使用权资产的折旧方法时，应当根据与使用权资产有关的经济利益的预期实现方式作出决定。通常，承租人按直线法对使用权资产计提折旧，其他折旧方法更能反映使用权资产有关经济利益预期实现方式的，应采用其他折旧方法。

承租人在确定使用权资产的折旧年限时，应遵循以下原则：承租人能够合理确定租赁期届满时取得租赁资产所有权的，应当在租赁资产剩余使用寿命内计提折旧；承租人无法合理确定租赁期届满时能够取得租赁资产所有权的，应当在租赁期与租赁资产剩余使用寿命两者孰短的期间内计提折旧。如果使用权资产的剩余使用寿命短于前两者，则应在使用权资产的剩余使用寿命内计提折旧。

3.使用权资产的减值

在租赁期开始日后，承租人应当按照《企业会计准则第 8 号——资产减值》的规定确定使用权资产是否发生减值，并对已识别的减值损失进行会计处理。使用权资产发生减值的，按应减记的金额，借记"资产减值损失"科目，贷记"使用权资产减值准备"科目。使用权资产减值准备一旦计提，不得转回。承租人应当按照扣除减值损失之后的使用权资产的账面价值，进行后续折旧。

企业执行新租赁准则后，《企业会计准则第 13 号——或有事项》有关亏损合同的规定仅适用于采用短期租赁和低价值资产租赁简化处理方法的租赁合同以及在租赁开始日前已是亏损合同的租赁合同，不再适用于其他租赁合同。

4.承租人发生的租赁资产改良支出及其导致的预计复原支出的会计处理

对于承租人为拆卸及移除租赁资产、复原租赁资产所在场地或将租赁资产恢复至租赁条款约定状态预计将发生的成本，属于为生产存货而发生的，适用《企业会计准则第 1 号——存货》，否则计入使用权资产的初始计量成本；承租人应当按照《企业会计准则第 13 号——或有事项》进行确认和计量。

承租人发生的租赁资产改良支出不属于使用权资产，应当记入"长期待摊费用"科目。对于由租赁资产改良导致的预计复原支出，属于为生产存货而发生的，适用《企业会计准则第 1 号——存货》，并按照《企业会计准则第 13 号——或有事项》进行确认和计量。

（三）租赁变更的会计处理

租赁变更是指原合同条款之外的租赁范围、租赁对价、租赁期限的变更，包括增加或终止一项或多项租赁资产的使用权，延长或缩短合同规定的租赁期等。租赁变更生效日，是指双方就租赁变更达成一致的日期。

1.租赁变更作为一项单独租赁处理

租赁发生变更且同时符合下列条件的，承租人应当将该租赁变更作为一项单独租赁进行会计处理：

（1）该租赁变更通过增加一项或多项租赁资产的使用权而扩大了租赁范围；

（2）增加的对价与租赁范围扩大部分的单独价格按该合同情况调整后的金额相当。

2.租赁变更未作为一项单独租赁处理

租赁变更未作为一项单独租赁进行会计处理的，在租赁变更生效日，承租人应当按照新租赁准则有关租赁分拆的规定对变更后合同的对价进行分摊；按照新租赁准则有关租赁期的规定确定变更后的租赁期；并采用变更后的折现率对变更后的租赁付款额进行折现，以重新计量租赁负债。在计算变更后租赁付款额的现值时，承租人应当采用剩余租赁期间的租赁内含利率作为折现率；无法确定剩余租赁期间的租赁内含利率的，应当采用租赁变更生效日的承租人增量借款利率作为折现率。

就上述租赁负债调整的影响，承租人应区分以下情形进行会计处理：

（1）租赁变更导致租赁范围缩小或租赁期缩短的，承租人应当调减使用权资产的账面价值，以反映租赁的部分终止或完全终止。承租人应将部分终止或完全终止租赁的相关利得或损失计入当期损益。

（2）其他租赁变更，承租人应当相应调整使用权资产的账面价值。

值得注意的是，租赁变更导致租赁期缩短至1年以内的，承租人应当调减使用权资产的账面价值，部分终止租赁的相关利得或损失记入"资产处置损益"科目。企业不得改按短期租赁进行简化处理或追溯调整。

三、短期租赁和低价值资产租赁

对于短期租赁和低价值资产租赁，承租人可以选择不确认使用权资产和租赁负债。作出该选择的，承租人应当将短期租赁和低价值资产租赁的租赁付款额，在租赁期内各个期间按照直线法或其他系统合理的方法计入相关资产成本或当期损益。其他系统合理的方法能够更好地反映承租人的受益模式的，承租人应当采用该方法。

（一）短期租赁

短期租赁，是指在租赁期开始日，租赁期不超过12个月（1年）的租赁。当承租人与出租人签订租赁期为1年的租赁合同时，不能简单认为该租赁的租赁期为1年，而应当基于所有相关事实和情况判断可强制执行合同的期间以及是否存在实质续租、终止等选择权以合理确定租赁期。如果历史上承租人与出租人之间存在逐年续签的惯例，或者承租人与出租人互为关联方，尤其应当谨慎确定租赁期。企业在考虑所有相关事实和情况后确定租赁期为1年的，其他会计估计应与此一致。例如，与该租赁相关的租赁资产改良支出、初始直接费用等应当在1年内以直线法或其他系统合理的方法进行摊销。包含购买选择权的租赁，即使租赁期不超过12个月，也不属于短期租赁。

对于短期租赁，承租人可以按照租赁资产的类别作出采用简化会计处理的选择。如果承租人对某类租赁资产作出了简化会计处理的选择，未来该类资产下所有的短期租赁都应采用简化会计处理。某类租赁资产是指企业运营中具有类似性质和用途的一组租赁资产。

按照简化会计处理的短期租赁发生租赁变更或者其他原因导致租赁期发生变化的，承租人应当将其视为一项新租赁，重新按照上述原则判断该项新租赁是否可以选择简化会计处理。

【例5-13】承租人A与出租人B签订了一份租赁合同，约定不可撤销期间为10个月，且承租人拥有7个月的续租选择权。在租赁期开始日，承租人A判断可以合理确定将行使续租选择权，因为续租期的月租赁付款额明显低于市场价格。在此情况下，承租人A确定租赁期为17个月，不属于短期租赁，承租人A不能选择上述简化会计处理。

（二）低价值资产租赁

低价值资产租赁，是指单项租赁资产为全新资产时价值较低的租赁。承租人在判断是否是低价值资产租赁时，应基于租赁资产的全新状态下的价值进行评估，不应考虑资产已被使用的年限。

对于低价值资产租赁，承租人可根据每项租赁的具体情况作出简化会计处理选择。低价值资产同时还应满足以下条件，即，只有承租人能够从单独使用该低价值资产或将其与承租人易于获得的其他资源一起使用中获利，且该项资产与其他租赁资产没有高度依赖或高度关联关系时，才能对该资产租赁选择进行简化会计处理。

低价值资产租赁的标准应该是一个绝对金额，即仅与资产全新状态下的绝对价值有关，不受承租人规模、性质等影响，也不考虑该资产对于承租人或相关租赁交易的重要性。常见的低价值资产的例子包括平板电脑、普通办公家具、电话等小型资产。但是，如果承租人已经或者预期要把相关资产进行转租赁，则不能将原租赁按照低价值资产租赁进行简化会计处理。值得注意的是，符合低价值资产租赁的，也并不代表承租人若采取购入方式取得该资产时该资产不符合固定资产确认条件。

本节自测

第三节　出租人的会计处理

一、出租人的租赁分类

（一）融资租赁和经营租赁

出租人应当在租赁开始日将租赁分为融资租赁和经营租赁。

租赁开始日，是指租赁合同签署日与租赁各方就主要租赁条款作出承诺日中的较早者。租赁开始日可能早于租赁期开始日，也可能与租赁期开始日重合。

一项租赁属于融资租赁还是经营租赁取决于交易的实质，而不是合同的形式。如果一项租赁实质上转移了与租赁资产所有权有关的几乎全部风险和报酬，出租人应当将该项租赁分类为融资租赁。出租人应当将除融资租赁以外的其他租赁分类为经营租赁。

出租人的租赁分类是以租赁转移与租赁资产所有权相关的风险和报酬的程度为依据的。风险包括由于生产能力的闲置或技术陈旧可能造成的损失，以及由于经济状况的改变可能造成的回报变动。报酬可以表现为在租赁资产的预期经济寿命期间经营的盈利以及因增值或残值变现可能产生的利得。

租赁开始日后，除非发生租赁变更，出租人无须对租赁的分类进行重新评估。租赁资产预计使用寿命、预计余值等会计估计变更或发生承租人违约等情况变化的，出租人不对租赁进行重分类。

租赁合同可能包括因租赁开始日与租赁期开始日之间发生的特定变化而需对租赁付款额进行调整的条款与条件（例如，出租人标的资产的成本发生变动，或出租人对该租赁的融资成本发生变动）。在此情况下，出于租赁分类目的，此类变动的影响均视为在租赁开始日已发生。

（二）融资租赁的分类标准

一项租赁存在下列一种或多种情形的，通常分类为融资租赁：

（1）在租赁期届满时，租赁资产的所有权转移给承租人。即，如果在租赁协议中已经约定，或者根据其他条件，在租赁开始日就可以合理地判断，租赁期届满时出租人会将资产的所有权转移给承租人，那么该项租赁通常分类为融资租赁。

（2）承租人有购买租赁资产的选择权，所订立的购买价款预计将远低于行使选择权时租赁资产的公允价值，因而在租赁开始日就可以合理确定承租人将行使该选择权。

（3）资产的所有权虽然不转移，但租赁期占租赁资产使用寿命的大部分。实务中，这里的"大部分"一般指租赁期占租赁开始日租赁资产使用寿命的75%以上（含75%）。

需要说明的是，这里的量化标准只是指导性标准，企业在具体运用时，必须以准则规定的相关条件进行综合判断。这条标准强调的是租赁期占租赁资产使用寿命的比例，而非租赁期占该项资产全部可使用年限的比例。如果租赁资产是旧资产，在租赁前已使用年限超过资产自全新时起算可使用年限的75%以上时，则这条判断标准不适用，不能使用这条标准确定租赁的分类。

（4）在租赁开始日，租赁收款额的现值几乎相当于租赁资产的公允价值。实务中，这里的"几乎相当于"，通常掌握在90%以上。需要说明的是，这里的量化标准只是指导性标准，企业在具体运用时，必须以准则规定的相关条件进行综合判断。

（5）租赁资产性质特殊，如果不作较大改造，只有承租人才能使用。租赁资产是由出租人根据承租人对资产型号、规格等方面的特殊要求专门购买或建造的，具有专购、专用性质。这些租赁资产如果不作较大的重新改制，其他企业通常难以使用。这种情况下，通常也分类为融资租赁。

一项租赁存在下列一项或多项迹象的，也可能分类为融资租赁：

（1）若承租人撤销租赁，撤销租赁对出租人造成的损失由承租人承担。

（2）资产余值的公允价值波动所产生的利得或损失归属于承租人。

例如，租赁结束时，出租人以相当于资产销售收益的绝大部分金额作为对租金的退还，说明承租人承担了租赁资产余值的几乎所有风险和报酬。

（3）承租人有能力以远低于市场水平的租金继续租赁至下一期间。

此经济激励政策与购买选择权类似，如果续租选择权行权价远低于市场水平，可以合理确定承租人将继续租赁至下一期间。

值得注意的是，出租人判断租赁类型时，上述情形和迹象并非总是决定性的，而是应综合考虑经济激励的有利方面和不利方面。若有其他特征充分表明，租赁实质上没有转移与租赁资产所有权相关的几乎全部风险和报酬，则该租赁应分类为经营租赁。例如，若租赁资产的所有权在租赁期结束时是以相当于届时其公允价值的可变付款额转让至承租人，或者因存在可变租赁付款额导致出租人实质上没有转移几乎全部风险和报酬，就可能出现这种情况。

二、出租人对融资租赁的会计处理

（一）初始计量

在租赁期开始日，出租人应当对融资租赁确认应收融资租赁款，并终止确认融资租赁资产。出租人对应收融资租赁款进行初始计量时，应当以租赁投资净额作为应收融资租赁款的入账价值。

租赁投资净额为未担保余值和租赁期开始日尚未收到的租赁收款额按照租赁内含利率折现的现值之和。租赁内含利率，是指使出租人的租赁收款额的现值与未担保余值的现值之和（即租赁投资净额）等于租赁资产公允价值与出租人的初始直接费用之和的利率。因此，出租人发生的初始直接费用包括在租赁投资净额中，也即包括在应收融资租赁款的初始入账价值中。

租赁收款额，是指出租人因让渡在租赁期内使用租赁资产的权利而应向承租人收取的款项，包括：

（1）承租人需支付的固定付款额及实质固定付款额。存在租赁激励的，应当扣除租赁激励相关金额。

（2）取决于指数或比率的可变租赁付款额。该款项在初始计量时根据租赁期开始日的指数或比率确定。

（3）购买选择权的行权价格，前提是合理确定承租人将行使该选择权。

（4）承租人行使终止租赁选择权需支付的款项，前提是租赁期反映出承租人将行使终止租赁选择权。

（5）由承租人、与承租人有关的一方以及有经济能力履行担保义务的独立第三方向出租人提供的担保余值。

【例5-14】2021年12月1日，甲公司与乙公司签订了一份租赁合同，从乙公司租入塑钢机一台。租赁合同主要条款如下：

（1）租赁资产：全新塑钢机。

（2）租赁期开始日：2022年1月1日。

（3）租赁期：2022年1月1日至2026年12月31日，共60个月。

（4）固定租金支付：自2022年1月1日，每年年末支付租金200 000元。如果甲公司能够在每年年末的最后一天及时付款，则给予减少租金20 000元的奖励。

（5）取决于指数或比率的可变租赁付款额：租赁期限内，如遇中国人民银行贷款基准利率调整时，出租人将对租赁利率作出同方向、同幅度的调整。基准利率调整日之前各期和调整日当期租金不变，从下一期租金开始按调整后的租金金额收取。

（6）租赁开始日租赁资产的公允价值：该机器在2021年12月31日的公允价值为600 000元，账面价值为500 000元。

（7）初始直接费用：签订租赁合同过程中乙公司发生可归属于租赁项目的手续费、佣金10 000元。

（8）承租人的购买选择权：租赁期届满时，甲公司享有优惠购买该机器的选择权，购买价为10 000元，估计该日租赁资产的公允价值为100 000元。

（9）取决于租赁资产绩效的可变租赁付款额：2023年，甲公司按该机器所生产的产品——塑钢窗户的年销售收入的10%向乙公司支付。

（10）承租人的终止租赁选择权：甲公司享有终止租赁选择权。在租赁期间，如果甲公司终止租赁，需支付的款项为剩余租赁期间的固定租金支付金额。

（11）担保余值和未担保余值均为0。

（12）全新塑钢机的使用寿命为6年。

分析：出租人乙公司的会计处理如下：

第一步，判断租赁类型。

本例存在优惠购买选择权，优惠购买价10 000元远低于行使选择权日租赁资产的公允价值100 000元，因此在2021年12月31日就可合理确定甲公司将会行使这种选择权。另外，在本例中，租赁期5年，占租赁开始日租赁资产使用寿命的83.33%（占租赁资产使用寿命的大部分）。同时，乙公司综合考虑其他各种情形和迹象，认为该租赁实质上转移了与该项设备所有权有关的几乎全部风险和报酬，因此将这项租赁认定为融资租赁。

第二步，确定租赁收款额。

（1）承租人的固定付款额为考虑扣除租赁激励后的金额。

承租人的固定付款额=（200 000-20 000）×5=900 000（元）

（2）取决于指数或比率的可变租赁付款额。

该款项在初始计量时根据租赁期开始日的指数或比率确定，因此本例题在租赁期开始日不做考虑。

（3）承租人购买选择权的行权价格。

租赁期届满时，甲公司享有优惠购买该机器的选择权，购买价为10 000元，估计该日租赁资产的公允价值为100 000元。优惠购买价10 000元远低于行使选择权日租赁资产的公允价值，因此在 2021 年 12 月 31 日就可合理确定甲公司将会行使这种选择权。

结论：租赁付款额中应包括承租人购买选择权的行权价格 10 000 元。

（4）终止租赁的罚款。

虽然甲公司享有终止租赁选择权，但若终止租赁，甲公司需支付的款项为剩余租赁期间的固定租金支付金额。

结论：根据上述条款，可以合理确定甲公司不会行使终止租赁选择权。

（5）由承租人向出租人提供的担保余值：甲公司向乙公司提供的担保余值为 0。

租赁收款额 = 900 000 + 10 000 = 910 000（元）

第三步，确认租赁投资总额。

租赁投资总额 = 在融资租赁下出租人应收的租赁收款额 + 未担保余值 = 910 000 + 0 = 910 000（元）

第四步，确认租赁投资净额的金额和未实现融资收益。

租赁投资净额 = 租赁资产在租赁期开始日的公允价值 + 出租人发生的租赁初始直接费用
= 600 000 + 10 000 = 610 000（元）

未实现融资收益 = 租赁投资总额 − 租赁投资净额 = 910 000 − 610 000 = 300 000（元）

第五步，计算租赁内含利率。

租赁内含利率是使租赁投资总额的现值（即租赁投资净额）等于租赁资产在租赁开始日的公允价值与出租人的初始直接费用之和的利率。

本例中列出公式 180 000 ×（P/A, r, 5）+ 10 000 ×（P/F, r, 5）= 610 000，计算得到租赁的内含利率为 14.89%。

第六步，账务处理。

2022 年 1 月 1 日：

借：应收融资租赁款——租赁收款额　　　　　　　　　　　　　910 000

　　贷：银行存款　　　　　　　　　　　　　　　　　　　　　　10 000

　　　　融资租赁资产　　　　　　　　　　　　　　　　　　　500 000

　　　　资产处置损益　　　　　　　　　　　　　　　　　　　100 000

　　　　应收融资租赁款——未实现融资收益　　　　　　　　　300 000

若某融资租赁合同必须以收到租赁保证金为生效条件，出租人收到承租人交来的租赁保证金，借记"银行存款"科目，贷记"其他应收款——租赁保证金"（或"其他应付款——租赁保证金"）科目。承租人到期不交租金，以保证金抵作租金时，借记"其他应收款——租赁保证金"（或"其他应付款——租赁保证金"）科目，贷记"应收融资租赁款"科目。承租人违约，按租赁合同或协议规定没收保证金时，借记"其他应收款——租赁保证金"（或"其他应付款——租赁保证金"）科目，贷记"营业外收入"等科目。

（二）融资租赁的后续计量

出租人应当按照固定的周期性利率计算并确认租赁期内各个期间的利息收入。

【例 5-15】承【例 5-14】，以下说明出租人如何确认计量租赁期内各期间的利息收入。

分析：

第一步，计算租赁期内各期的利息收入，见表 5-3。

表 5-3 未实现融资收益分摊表 单位：元

日期 ①	租金 ②	确认的利息收入 ③=期初④×14.89%	租赁投资金额余额 期末④=期初④-②+③
2022 年 1 月 1 日			610 000
2022 年 12 月 31 日	180 000	90 829	520 829
2023 年 12 月 31 日	180 000	77 551	418 380
2024 年 12 月 31 日	180 000	62 297	300 677
2025 年 12 月 31 日	180 000	44 771	165 448
2026 年 12 月 31 日	180 000	24 552*	10 000
2027 年 12 月 31 日	10 000		
合计	910 000	300 000	

注：*作尾数调整 24 552=180 000+10 000-165 448

第二步，会计分录：

2022 年 12 月 31 日收到第一期租金时：

借：银行存款　　　　　　　　　　　　　　　　　　　　　180 000
　　贷：应收融资租赁款——租赁收款额　　　　　　　　　　　　180 000
借：应收融资租赁款——未实现融资收益　　　　　　　　　　90 829
　　贷：租赁收入　　　　　　　　　　　　　　　　　　　　　　90 829

2023 年 12 月 31 日收到第二期租金时：

借：银行存款　　　　　　　　　　　　　　　　　　　　　180 000
　　贷：应收融资租赁款——租赁收款额　　　　　　　　　　　　180 000
借：应收融资租赁款——未实现融资收益　　　　　　　　　　77 551
　　贷：租赁收入　　　　　　　　　　　　　　　　　　　　　　77 551

纳入出租人租赁投资净额的可变租赁付款额只包含取决于指数或比率的可变租赁付款额。在初始计量时，应当采用租赁期开始日的指数或比率进行初始计量。出租人应定期复核计算租赁投资总额时所使用的未担保余值。若预计未担保余值降低，出租人应修改租赁期内的收益分配，并立即确认预计的减少额。

出租人取得的未纳入租赁投资净额计量的可变租赁付款额，如与资产的未来绩效或使用情况挂钩的可变租赁付款额，应当在实际发生时计入当期损益。

（三）融资租赁变更的会计处理

融资租赁发生变更且同时符合下列条件的，出租人应当将该变更作为一项单独租赁进行会计处理：

（1）该变更通过增加一项或多项租赁资产的使用权而扩大了租赁范围；

（2）增加的对价与租赁范围扩大部分的单独价格按该合同情况调整后的金额相当。

如果融资租赁的变更未作为一项单独租赁进行会计处理，且满足假如变更在租赁开始日生效，该租赁会被分类为经营租赁条件的，出租人应当自租赁变更生效日开始将其作为一项新租赁进行会计处理，并以租赁变更生效日前的租赁投资净额作为租赁资产的账面价值。

【例5-16】承租人就某套机器设备与出租人签订了一项为期5年的租赁，构成融资租赁。合同规定，每年年末承租人向出租人支付租金20 000元，租赁期开始日，出租资产公允价值为75 816元。按照公式20 000×（P/A，r，5）=75 816，计算得出租赁内含利率10%，租赁收款额为100 000元，未实现融资收益为24 184元。在第2年年初，承租人和出租人同意对原租赁进行修改，缩短租赁期限到第3年年末，每年支付租金时点不变，租金总额从100 000元变更到66 000元。假设本例中不涉及未担保余值、担保余值、终止租赁罚款等。

分析：本例中，如果原租赁期限设定为3年，在租赁开始日，租赁类别被分类为经营租赁，那么，在租赁变更生效日，即第2年年初，出租人将租赁投资净额余额63 398元（75 816+75 816×10%-20 000）作为该套机器设备的入账价值，并从第2年年初开始，作为一项新的经营租赁（2年租赁期，每年年末收取租金23 000元）进行会计处理。

第2年年初会计分录如下：

借：固定资产　　　　　　　　　　　　　　　　　　　　　63 398

　　应收融资租赁款——未实现融资收益（24 184-75 816×10%）　16 602

　　贷：应收融资租赁款——租赁收款额（100 000-20 000）　　　　　80 000

如果融资租赁的变更未作为一项单独租赁进行会计处理，且满足假如变更在租赁开始日生效，该租赁会被分类为融资租赁条件的，出租人应当按照《企业会计准则第22号——金融工具确认和计量》（2017）第四十二条关于修改或重新议定合同的规定进行会计处理。即，修改或重新议定租赁合同，未导致应收融资租赁款终止确认，但导致未来现金流量发生变化的，应当重新计算该应收融资租赁款的账面余额，并将相关利得或损失计入当期损益。重新计算应收融资租赁款账面余额时，应当根据重新议定或修改的租赁合同现金流量按照应收融资租赁款的原折现率或按照《企业会计准则第24号——套期会计》（2017）第二十三条规定重新计算的折现率（如适用）折现的现值确定。对于修改或重新议定租赁合同所产生的所有成本和费用，企业应当调整修改后的应收融资租赁款的账面价值，并在修改后的应收融资租赁款的剩余期限内进行摊销。

三、出租人对经营租赁的会计处理

（一）租金的处理

在租赁期内各个期间，出租人应采用直线法或者其他系统合理的方法将经营租赁的租赁收款额确认为租金收入。如果其他系统合理的方法能够更好地反映因使用租赁资产所产生经济利益的消耗模式的，则出租人应采用该方法。

（二）出租人对经营租赁提供激励措施

出租人提供免租期的，出租人应将租金总额在不扣除免租期的整个租赁期内，按直线法或其他合理的方法进行分配，免租期内应当确认租金收入。出租人承担了承租人某些费用的，出租人应将该费用自租金收入总额中扣除，按扣除后的租金收入余额在租赁期内进行分配。

（三）初始直接费用

出租人发生的与经营租赁有关的初始直接费用应当资本化至租赁标的资产的成本，在租赁期内按照与租金收入相同的确认基础分期计入当期损益。

（四）折旧和减值

对于经营租赁资产中的固定资产，出租人应当采用类似资产的折旧政策计提折旧；对于其他经营租赁资产，应当根据该资产适用的企业会计准则，采用系统合理的方法进行摊销。

出租人应当按照《企业会计准则第8号——资产减值》的规定，确定经营租赁资产是否发生减值，并对已识别的减值损失进行会计处理。

（五）可变租赁付款额

出租人取得的与经营租赁有关的可变租赁付款额，如果是与指数或比率挂钩的，应在租赁期开始日计入租赁收款额；除此之外的，应当在实际发生时计入当期损益。

（六）经营租赁的变更

经营租赁发生变更的，出租人应自变更生效日开始，将其作为一项新的租赁进行会计处理，与变更前租赁有关的预收或应收租赁收款额视为新租赁的收款额。

第四节　特殊租赁业务的会计处理

一、转租赁

转租情况下，原租赁合同和转租赁合同通常都是单独协商的，交易对手也是不同的企业，准则要求转租出租人对原租赁合同和转租赁合同分别根据承租人和出租人的会计处理要求，进行会计处理。

承租人在对转租赁进行分类时，转租出租人应基于原租赁中产生的使用权资产，而不是租赁资产（如作为租赁对象的不动产或设备）进行分类。原租赁资产不归转租出租人所有，原租赁资产也未计入其资产负债表。因此，转租出租人应基于其控制的资产（即使用权资产）进行会计处理。

原租赁为短期租赁，且转租出租人作为承租人已按照准则采用简化会计处理方法的，应将转租赁分类为经营租赁。

【例5-17】甲企业（原租赁承租人）与乙企业（原租赁出租人）就5 000平方米办公场所签订了一项为期5年的租赁（原租赁）。在第3年年初，甲企业将该5 000平方米办公场所转租给丙企业，期限为原租赁的剩余3年时间（转租赁）。假设不考虑初始直接费用。

分析：甲企业应基于原租赁形成的使用权资产对转租赁进行分类。本例中，转租赁的期限覆盖了原租赁的所有剩余期限，综合考虑其他因素，甲企业判断其实质上转移了与该项使用权资产有关的几乎全部风险和报酬，甲企业将该项转租赁分类为融资租赁。

甲企业的会计处理为：（1）终止确认与原租赁相关且转给丙企业（转租承租人）的使用权资产，并确认转租赁投资净额；（2）将使用权资产与转租赁投资净额之间的差额确认为损益；（3）在资产负债表中保留原租赁的租赁负债，该负债代表应付原租赁出租人的租赁付款额。在转租期间，中间出租人既要确认转租赁的融资收益，也要确认原租赁的利息费用。

二、生产商或经销商出租人的融资租赁会计处理

生产商或经销商通常为客户提供购买或租赁其产品或商品的选择。如果生产商或经销商出租其产品或商品构成融资租赁，则该交易产生的损益应相当于按照考虑适用的交易量或商业折扣后的正常售价直接销售标的资产所产生的损益。构成融资租赁的，生产商或经销商出租人在租赁期开始日应当按照租赁资产公允价值与租赁收款额按市场利率折现的现值两者孰低确认收入，并按照租赁资产账面价值扣除未担保余值的现值后的余额结转销售成本，收入和销售成本的差额作为销售损益。

由于取得融资租赁所发生的成本主要与生产商或经销商赚取的销售利得相关，生产商或经销商出租人应当在租赁期开始日将其计入损益。即，与其他融资租赁出租人不同，生产商或经销商出租人取得融资租赁所发生的成本不属于初始直接费用，不计入租赁投资净额。

【例5-18】甲公司是一家设备生产商，与乙公司（生产型企业）签订了一份租赁合同，向乙公司出租所生产的设备，合同主要条款如下：（1）租赁资产：设备A；（2）租赁期：2019年1月1日至2021年12月31日，共3年；（3）租金支付：自2019年起每年年末支付年租金100 000元；（4）租赁合同规定的利率：5%（年利率），与市场利率相同；（5）该设备于2019年1月1日的公允价值为270 000元，账面价值为200 000元；（6）甲公司取得该租赁发生的相关成本为500元；（7）该设备于2019年1月1日交付乙公司，预计使用寿命为8年，无残值；租赁期届满时，乙公司可以10元购买该设备，预计租赁到期日该设备的公允价值不低于150 000元，乙公司对此金额提供担保；租赁期内该设备的保险、维修等费用均由乙公司自行承担。假设不考虑其他因素和各项税费影响。

分析：

第一步，判断租赁类型。本例中租赁期满乙公司可以远低于租赁到期日租赁资产公允价值的金额购买租赁资产，甲公司认为其可以合理确定乙公司将行使购买选择权，综合考虑其他因素，与该项资产所有权有关的几乎所有风险和报酬已实质转移给乙公司，因此甲公司将该租赁认定为融资租赁。

第二步，计算租赁期开始日租赁收款额按市场利率折现的现值，确定收入金额。

租赁收款额=租金×期数+购买价格=100 000×3 +10 = 300 010 （元）

租赁收款额按市场利率折现的现值=100 000×（P/A，5%，3）+ 10×（P/F，5%，3）=272 329（元）

按照租赁资产公允价值与租赁收款额按市场利率折现的现值两者孰低的原则，确

认收入为 270 000 元。

第三步，计算租赁资产账面价值扣除未担保余值的现值后的余额，确定销售成本金额。

销售成本=账面价值-未担保余值的现值=200 000-0=200 000（元）

第四步，会计分录：

2019 年 1 月 1 日（租赁期开始日）：

借：应收融资租赁款——租赁收款额	300 010	
贷：营业收入		270 000
应收融资租赁款——未实现融资收益		30 010
借：营业成本	200 000	
贷：存货		200 000
借：销售费用	500	
贷：银行存款		500

由于甲公司在确定营业收入和租赁投资净额（即应收融资租赁款）时，是基于租赁资产的公允价值，因此，甲公司需要根据租赁收款额、未担保余值和租赁资产公允价值重新计算租赁内含利率。

即，100 000×（P/A，r，3）+10×（P/F，r，3）= 270 000，r = 5.4606%≈5.46%，计算租赁期内各期分摊的融资收益见表 5-4。

表 5-4   **未实现融资收益分摊表**   单位：元

日期	收取租赁款项 ①	确认的融资收入 ②=期初④×5.4606%	应收租赁款减少额 ③=①-②	应收租赁款净额 期末④= 期初④-③
2019 年 1 月 1 日				270 000
2019 年 12 月 31 日	100 000	14 744	85 256	184 744
2020 年 12 月 31 日	100 000	10 088	89 912	94 832
2021 年 12 月 31 日	100 000	5 178*	94 822*	10
2021 年 12 月 31 日	10		10	
合计	300 010	300 100	270 000	

注：* 作尾数调整：5 178=100 000-94 822；94 822=94 832-10

2019 年 12 月 31 日会计分录：

借：应收融资租赁款——未实现融资收益	14 744	
贷：租赁收入		14 744
借：银行存款	100 000	
贷：应收融资租赁款——租赁收款额		100 000

2020 年 12 月 31 日和 2021 年 12 月 31 日会计分录略。

为吸引客户，生产商或经销商出租人有时以较低利率报价。使用该利率会导致出租人在租赁期开始日确认的收入偏高。在这种情况下，生产商或经销商出租人应当将销售利得限制为采用市场利率所能取得的销售利得。

三、售后租回交易的会计处理

若企业（卖方兼承租人）将资产转让给其他企业（买方兼出租人），并从买方兼出租人租回该项资产，则卖方兼承租人和买方兼出租人均应按照售后租回交易的规定进行会计处理。企业应当按照《企业会计准则第14号——收入》（2017）的规定，评估确定售后租回交易中的资产转让是否属于销售，并区别进行会计处理。

在标的资产的法定所有权转移给出租人并将资产租赁给承租人之前，承租人可能会先获得标的资产的法定所有权。但是，是否具有标的资产的法定所有权本身并非会计处理的决定性因素。如果承租人在资产转移给出租人之前已经取得对标的资产的控制，则该交易属于售后租回交易。然而，如果承租人未能在资产转移给出租人之前取得对标的资产的控制，那么即便承租人在资产转移给出租人之前先获得标的资产的法定所有权，该交易也不属于售后租回交易。

（一）售后租回交易中的资产转让属于销售

卖方兼承租人应当按原资产账面价值中与租回获得的使用权有关的部分，计量售后租回所形成的使用权资产，并仅就转让至买方兼出租人的权利确认相关利得或损失。买方兼出租人根据其他适用的企业会计准则对资产购买进行会计处理，并根据新租赁准则对资产出租进行会计处理。

如果销售对价的公允价值与资产的公允价值不同，或者出租人未按市场价格收取租金，企业应当进行以下调整：

（1）销售对价低于市场价格的款项作为预付租金进行会计处理；

（2）销售对价高于市场价格的款项作为买方兼出租人向卖方兼承租人提供的额外融资进行会计处理。

同时，承租人按照公允价值调整相关销售利得或损失，出租人按市场价格调整租金收入。

在进行上述调整时，企业应当按以下二者中较易确定者进行：

（1）销售对价的公允价值与资产的公允价值的差异；

（2）合同付款额的现值与按市场租金计算的付款额的现值的差异。

（二）售后租回交易中的资产转让不属于销售

卖方兼承租人不终止确认所转让的资产，而应当将收到的现金作为金融负债，并按照《企业会计准则第22号——金融工具确认和计量》（2017）进行会计处理。买方兼出租人不确认被转让资产，而应当将支付的现金作为金融资产，并按照《企业会计准则第22号——金融工具确认和计量》（2017）进行会计处理。

（三）售后租回交易示例

1.售后租回交易中的资产转让不属于销售

【例5-19】甲公司（卖方兼承租人）以24 000 000元的价格向乙公司（买方兼出租人）出售一栋建筑物，款项已收存银行。交易前该建筑物的账面原值是24 000 000

元，累计折旧是 4 000 000 元。与此同时，甲公司与乙公司签订了合同，取得了该建筑物 18 年的使用权（全部剩余使用年限为 40 年），年租金为 2 000 000 元，于每年年末支付，租赁期满时，甲公司将以 100 元购买该建筑物。根据交易的条款和条件，甲公司转让建筑物不满足《企业会计准则第 14 号——收入》（2017）中关于销售成立的条件。假设不考虑初始直接费用和各项税费的影响。该建筑物在销售当日的公允价值为 36 000 000 元。

分析：在租赁期开始日，甲公司对该交易的会计处理如下：

借：银行存款　　　　　　　　　　　　　　　　　　　　24 000 000

　　贷：长期应付款　　　　　　　　　　　　　　　　　　　　24 000 000

在租赁期开始日，乙公司对该交易的会计处理如下：

借：长期应收款　　　　　　　　　　　　　　　　　　　24 000 000

　　贷：银行存款　　　　　　　　　　　　　　　　　　　　　24 000 000

2.售后租回交易中的资产转让属于销售

【例 5-20】甲公司（卖方兼承租人）以 40 000 000 元的价格向乙公司（买方兼出租人）出售一栋建筑物，款项已收存银行。交易前该建筑物的账面原值是 24 000 000 元，累计折旧是 4 000 000 元。与此同时，甲公司与乙公司签订了合同，取得了该建筑物 18 年的使用权（全部剩余使用年限为 40 年），年租金为 2 400 000 元，于每年年末支付。根据交易的条款和条件，甲公司转让建筑物符合《企业会计准则第 14 号——收入》（2017）中关于销售成立的条件。假设不考虑初始直接费用和各项税费的影响。该建筑物在销售当日的公允价值为 36 000 000 元。

分析：由于该建筑物的销售对价并非公允价值，甲公司和乙公司分别进行了调整，以按照公允价值计量销售收益和租赁应收款。超额售价 4 000 000 元（40 000 000-36 000 000）作为乙公司向甲公司提供的额外融资进行确认。

甲、乙公司均确定租赁内含年利率为 4.5%。年付款额现值为 29 183 980 元（年付款额 2 400 000 元，共 18 期，按每年 4.5% 进行折现），其中 4 000 000 元与额外融资相关，25 183 980 元与租赁相关（分别对应年付款额 328 948 元和 2 071 052 元），具体计算过程如下：年付款额现值=2 400 000×（P/A，4.5%，18）=29 183 980（元），额外融资年付款额=4 000 000÷29 183 980×2 400 000=328 948（元），租赁相关年付款额=2 400 000-328 948=2 071 052（元）。

（1）在租赁期开始日，甲公司对该交易的会计处理如下：

第一步，按与租回获得的使用权部分占该建筑物的原账面金额的比例计算售后租回所形成的使用权资产。

使用权资产=该建筑物的账面价值×18 年使用权资产的租赁付款额现值÷该建筑物的公允价值
　　　　　=（24 000 000-4 000 000）×25 183 980÷36 000 000
　　　　　=13 991 100（元）

第二步，计算与转让至乙公司的权利相关的利得。

出售该建筑物的全部利得=36 000 000-20 000 000=16 000 000（元），其中：

①与该建筑物使用权相关利得=16 000 000×（25 183 980÷36 000 000）=11 192 880（元）

②与转让至乙公司的权利相关的利得=16 000 000-11 192 880=4 807 120（元）

第三步，会计分录：

①与额外融资相关：

借：银行存款 4 000 000

　　贷：长期应付款 4 000 000

②与租赁相关：

借：银行存款 36 000 000

　　使用权资产 13 991 100

　　累计折旧——建筑物 4 000 000

　　租赁负债——未确认融资费用 12 094 956

　　贷：固定资产——建筑物（原值） 24 000 000

　　　　租赁负债——租赁付款额 37 278 936

　　　　资产处置损益 4 807 120

分录中"租赁负债——租赁付款额"的金额为甲公司年付款 2 400 000 元中的 2 071 052 元×18 年；后续甲公司支付的年付款额 2 400 000 元中的 2 071 052 元作为租赁付款额处理；328 948 元作为以下两项进行会计处理：结算金融负债 4 000 000 元而支付的款项；利息费用。以第 1 年年末为例：

借：租赁负债——租赁付款额 2 071 052

　　长期应付款 148 948

　　利息费用 1 313 279

　　贷：租赁负债——未确认融资费用 1 133 279

　　　　银行存款 2 400 000

其中：

利息费用=25 183 980×4.5% +4 000 000 ×4.5% = 1 133 279 + 180 000 =1 313 279 （元）

长期应付款减少额=328 948 −180 000 = 148 948 （元）

（2）综合考虑租期占该建筑物剩余使用年限的比例等因素，乙公司将该建筑物的租赁分类为经营租赁。

在租赁期开始日，乙公司对该交易的会计处理如下：

借：固定资产——建筑物 36 000 000

　　长期应收款 4 000 000

　　贷：银行存款 40 000 000

租赁期开始日之后，乙公司将从甲公司处年收款额 2 400 000 元中的 2 071 052 元作为租赁收款额进行会计处理。从甲公司处年收款额中的其余 328 948 元作为以下两项进行会计处理：结算金融资产 4 000 000 元而收到的款项；利息收入。以第 1 年年末为例：

借：银行存款 2 400 000

　　贷：租赁收入 2 071 052

　　　　利息收入 180 000

　　　　长期应收款 148 948

第六章

企业合并

本章重点关注内容

1.同一控制下企业合并的处理。合并日的会计处理方法为权益结合法。

2.非同一控制下企业合并的处理。合并日的会计处理方法为购买法。

3.购买子公司少数股权、不丧失控制权等情况下,处置部分对子公司投资的处理。这两类交易均应区别母公司个别财务报表层面与合并报表层面的会计处理。

除了学习本章节的内容外,还应当认真阅读《企业会计准则第20号——企业合并》及相关指南和解释。

第一节　企业合并概述

一、企业合并的界定

企业合并，是指将两个或者两个以上单独的企业合并形成一个报告主体的交易或事项。通俗地说，企业合并就是两个或者两个以上原本彼此独立的企业，通过联合，形成一个新企业的过程；或者是一个企业通过购买股份等方式，将另一个或几个企业置于本企业控制之下，使之成为本企业的一部分或者子公司的过程。从会计角度，交易是否能够按照企业合并准则进行会计处理，主要应关注两个方面：

1.被购买方是否构成业务。企业合并不同于单项资产的购买，而是一组有内在联系、为了某一既定的生产经营目的存在的多项资产组合或是多项资产、负债构成的净资产的购买。即，要形成会计意义上的"企业合并"，前提是被购买的资产或资产负债组合要形成"业务"。如果一个企业取得了对另一个或多个企业的控制权，而被购买方（或被合并方）并不构成业务，则该交易或事项不形成在会计意义上的企业合并。企业取得了不形成业务的一组资产或是资产、负债的组合时，应将购买成本基于购买日所取得各项可辨认资产、负债的相对公允价值的基础上进行分配，不按照企业合并准则进行处理。

业务是指企业内部某些生产经营活动或资产负债的组合，该组合具有投入、加工处理过程和产出能力，能够独立计算其成本费用或所产生的收入。但一般并不要求一定构成一个企业，也不要求一定具备独立的法人资格，例如，企业的分公司、独立的生产车间、不具有独立法人资格的分部等也会构成业务。

2.交易发生前后是否涉及对标的业务控制权的转移。从企业合并的定义看，是否形成企业合并，除要看取得的资产或资产、负债组合是否构成业务之外，关键还要看有关交易或事项发生前后，是否引起报告主体的变化。报告主体的变化产生于控制权的变化。在交易事项发生以后，一方能够对另一方的生产经营决策实施控制，形成母子公司关系，涉及控制权的转移，该交易或事项发生以后，子公司需要纳入母公司合并财务报表的范围中，从合并财务报告角度形成报告主体的变化；交易事项发生以后，一方能够控制另一方的全部净资产，被合并的企业在合并后失去其法人资格，也涉及控制权的变化及报告主体的变化，形成企业合并。

假定在企业合并前A、B两个企业为各自独立的法律主体，且均构成业务，企业合并准则中所界定的企业合并，包括但不限于以下情形：

1.企业A通过增发自身的普通股自企业B原股东处取得企业B的全部股权，该交易事项发生后，企业B仍持续经营。

2.企业A支付对价取得企业B的全部净资产，该交易事项发生后，撤销企业B的法人资格。

3.企业A以自身持有的资产作为出资投入企业B，取得对企业B的控制权，该交易事项发生后，企业B仍维持其独立法人资格继续经营。

二、企业合并的动因

企业合并的内在动因主要有以下几个方面:

1.谋求管理协同效应

管理协同效应又称差别效率理论,主要是指企业合并给企业管理活动在效率方面带来的变化及效率的提高所产生的效益。管理协同效应源自行业和企业专属管理资源的不可分性。如果两个公司的管理效率不同,在管理效率高的公司合并另一个管理效率较低的公司之后,低效率公司的管理效率会得以提高。

2.谋求经营协同效应

经营协同效应主要指的是合并给企业生产经营活动在效率方面带来的变化及效率的提高所产生的效益,主要表现为:

(1)横向一体化效应,即规模经济效应。规模经济是指随着生产规模的扩大,单位产品所负担的固定费用下降从而导致收益率提高。显然,规模经济效应的获取主要是针对横向合并而言的,两个产销相同(或相似)产品的企业合并后,有可能在经营过程的任何一个环节(供、产、销)和任何一个方面(人、财、物)获取规模经济效应。

(2)纵向一体化效应。纵向一体化效应主要是针对纵向合并而言的,通过纵向合并,可以减少商品流转的中间环节,节约交易成本、节约营销费用。

(3)市场力或垄断权。获取市场力或垄断权主要是针对横向合并而言的(某些纵向合并和混合合并也可能会增加企业的市场力或垄断权,但不明显)。两个产销同一产品的公司相合并,有可能导致该行业的自由竞争程度降低;合并后的大公司可以借机提高产品价格,获取垄断利润。因此,以获取市场力或垄断权为目的的合并往往对社会公众无益,也可能降低整个社会经济的运行效率。所以,对横向合并的管制历来都是各国反托拉斯法的重点。

(4)资源互补。合并可以达到资源互补从而优化资源配置的目的。比如,有这样两家公司A和B,A公司在研究与开发方面有很强的实力,但是在市场营销方面十分薄弱,而B公司在市场营销方面实力很强,但在研究与开发方面能力不足,如果我们将这样的两个公司进行合并,就会将整个组织机构好的部分同本公司各部门结合与协调起来,而去除那些不需要的部分,使两个公司的能力达到协调有效的利用。

3.谋求财务协同效应

财务协同效应是指企业合并在财务方面给企业带来收益。财务协同效应通常产生于混合合并,通过拥有许多内部现金流量但缺乏投资机会的企业与拥有较少现金但有许多投资机会的企业之间的合并,可以降低资金成本,实现资金在合并企业与被合并企业之间低成本的有效再配置,提高资金的使用效率。合并后由于企业的整体财务实力增强,能够提高企业的负债能力。通过盈利企业合并亏损企业,可以降低税负支出,起到合理避税的作用。另外,企业合并往往被视为利好消息,由于预期效应的作用,促使企业股票价格上涨,而这又反过来刺激企业合并行为的发生。

除此之外,企业合并还有宏观方面的因素。例如,从整个社会看,在政府鼓励政策的作用下,经营效益好的企业有可能去合并经济效益差的企业,至少可以做到现有资本的保全，终止亏损企业对经济资源的浪费；由企业产权转让引起的合并，促使有限的经济资源流向社会需要的产业，带来产业结构和产品结构的调整，使国民经济处于良性循环；企业合并并未破坏被合并企业的生产能力，而是将其生产要素进行重新整合，可以避免企业破产给社会带来的负面影响。

三、企业合并的方式

企业合并可按不同的标准加以分类，较为常见的是按照法律形式和是否存在相同的最终控制方加以分类。

（一）按照法律形式分类

企业合并按照法律形式的不同可分为：吸收合并、新设合并和控股合并。

1.吸收合并

吸收合并，是指两个或两个以上的企业按照法律规定合并成一家企业。合并方（或购买方）通过企业合并取得被合并方（或被购买方）的全部净资产，合并后注销被合并方（或被购买方）的法人资格，被合并方（或被购买方）原持有的资产、负债，在合并后成为合并方（或购买方）的资产、负债。

吸收合并一般通过以下两种方式进行：

（1）吸收方以货币资金购买被吸收方的全部资产或股份，被吸收方以所得货币资金付给原有公司股东，被吸收方公司股东因此失去其股东资格。

（2）吸收方发行新股以换取被吸收方的全部资产或股份，被吸收公司的股东获得存续公司（吸收方）的股份，从而成为存续公司的股东。存续的公司仍保持原有的公司名称，并承担被吸收公司的全部资产和负债。

2.新设合并

新设合并，又称创立合并，是指两个或两个以上的企业依法解散，重新组成一个新的企业。新设合并可以通过以下两种方式进行：

（1）由新设公司以货币资金购买部分参与合并公司的资产或股份，该部分参与合并公司的股东丧失其原有股东资格；

（2）新设公司发行新股，参与合并公司的股份可以全部转化为新公司的股份，成为新设公司的股东。

在新设合并中，新设立的公司具有新的公司名称，参与合并的公司均宣告解散，成为新公司的一个组成部分。

3.控股合并

控股合并，是指合并方（或购买方）在企业合并中取得对被合并方（或被购买方）的控制权，被合并方（或被购买方）在合并后仍保持其独立的法人资格并继续经营，合并方（或购买方）确认企业合并形成的对被合并方（或被购买方）的投资。在控股合并中，控股公司称为母公司，被控股公司称为该母公司的子公司，以母公司为中心，连同它所控股的子公司，称为企业集团。

吸收合并和新设合并由于涉及企业法人资格的变更，因此属于法律意义上的合并，而控股合并只是经济意义上的合并，企业集团中的母公司、子公司以及子公司的子公司仍然是独立的经济实体和法律实体。

头脑风暴

吸收合并、新设合并、控股合并下合并方的会计处理

（二）按是否存在同一控制方划分

我国的企业合并准则中将企业合并按照一定的标准划分为两大基本类型——同一控制下的企业合并与非同一控制下的企业合并。企业合并的类型划分不同，所遵循的会计处理原则也不同。

1.同一控制下的企业合并

同一控制下的企业合并，是指参与合并的企业在合并前后均受同一方或相同的多方最终控制且该控制并非暂时性的。

（1）能够对参与合并各方在合并前后均实施最终控制的一方通常指企业集团的母公司。同一控制下的企业合并一般发生于企业集团内部，如集团内母子公司之间、子公司与子公司之间等。因为该类合并从本质上是集团内部企业之间的资产或权益的转移，不涉及自集团外购入子公司或是向集团外其他企业出售子公司的情况，能够对参与合并企业在合并前后均实施最终控制的一方为集团的母公司。

（2）能够对参与合并的企业在合并前后均实施最终控制的相同多方，是指根据合同或协议的约定，拥有最终决定参与合并企业的财务和经营政策，并从中获取利益的投资者群体。

（3）实施控制的时间性要求，是指参与合并各方在合并前后较长时间内为最终控制方所控制。具体是指在企业合并之前（即合并日之前），参与合并各方在最终控制方的控制时间一般在1年以上（含1年），企业合并后所形成的报告主体在最终控制方的控制时间也应达到1年以上（含1年）。

（4）企业之间的合并是否属于同一控制下的企业合并，应综合构成企业合并交易的各方面情况，按照实质重于形式的原则进行判断。通常情况下，同一控制下的企业合并是指发生在同一企业集团内部企业之间的合并。同受国家控制的企业之间发生的合并，不应仅仅因为参与合并各方在合并前后均受国家控制而将其作为同一控制下的企业合并。

2.非同一控制下的企业合并

非同一控制下的企业合并，是指参与合并各方在合并前后不受同一方或相同的多方最终控制的合并交易，即除判断属于同一控制下企业合并的情况以外其他的企业合并。

企业之间的合并属于同一控制下的企业合并还是非同一控制下的企业合并，应综合构成企业合并交易的各方面情况，按照实质重于形式的原则进行判断。

第二节　同一控制下企业合并的处理

企业合并的会计处理，主要涉及合并方和合并日的确定、合并中取得的有关资产、负债的入账价值和合并差额的处理等问题。同一控制下的企业合并，在合并日取得对其他参与合并企业控制权的一方为合并方，参与合并的其他企业为被合并方。

合并日，是指合并方实际取得对被合并方控制权的日期，即被合并方的净资产或生产经营决策的控制权转移给合并方的日期。按照《企业会计准则第20号——企业合并》的规定，同时满足下列条件的，通常可认为实现了控制权的转移：

（1）企业合并合同或协议已获股东大会等通过；

（2）企业合并事项需要经过国家有关主管部门审批的，已获得批准；

（3）参与合并各方已办理了必要的财产权转移手续；

（4）合并方或购买方已支付了合并价款的大部分（一般应超过50%），并且有能力、有计划支付剩余款项；

（5）合并方或购买方实际上已经控制了被合并方或被购买方的财务和经营政策，并享有相应的利益、承担相应的风险。

一、同一控制下企业合并的处理原则

对于同一控制下的企业合并，企业合并准则中规定的会计处理方法类似于权益结合法。所谓权益结合法，是将企业合并视为股东权益的结合，而非购买行为。在同一控制下的企业合并中，合并前后最终控制方未发生改变，因此，从最终控制方的角度，该类企业合并一定程度上并不会造成构成企业集团整体的经济利益流入和流出，最终控制方在合并前后实际控制的经济资源并没有发生变化，有关交易事项不作为出售或购买。具体来说，同一控制下的企业合并，合并方应遵循以下原则进行相关处理：

1.合并方在企业合并中取得的资产和负债，应当按照合并日在被合并方的账面价值计量。合并中不产生新的资产和负债，被合并方在企业合并前账面价值上原已确认的商誉应作为合并中取得的资产确认，但合并过程中不产生新的商誉。若被合并方采用的会计政策与合并方不一致的，合并方在合并日应当按照本企业会计政策对被合并方的财务报表相关项目进行调整，并以调整后的账面价值作为有关资产、负债的入账价值。

2.合并方取得的净资产账面价值与支付的合并对价账面价值（或发行股份面值总额）的差额，不应当作为合并损益进行确认，不影响合并当期的利润表；而应当调整所有者权益项目，即调整资本公积（资本溢价或股本溢价），资本公积（资本溢价或股本溢价）不足冲减的，调整留存收益。

3.合并方为进行企业合并发生的各项直接相关费用，包括为进行企业合并而支付的审计费用、评估费用、法律服务费用等，应当于发生时计入当期损益。但是，以下两种情况除外：

（1）为企业合并发行的债券或承担其他债务支付的手续费、佣金等，应当计入所发行债券及其他债务的初始计量金额；

（2）企业合并中发行权益性证券发生的手续费、佣金等费用，应当抵减权益性证券的溢价收入，溢价收入不足冲减的，冲减留存收益。

4.对于同一控制下的控股合并，合并方在编制合并财务报表时，应视同合并后形成的报告主体自最终控制方开始实施控制时一直是一体化存续下来的，参与合并各方在合并以前期间实现的留存收益应体现为合并财务报表中的留存收益。合并财务报表中，应以合并方的资本公积（或经调整后的资本公积中的资本溢价部分）为限，在所有者权益内部进行调整，将被合并方在合并日以前实现的留存收益中按照持股比例计算归属于合并方的部分自资本公积转入留存收益。

二、同一控制下企业合并的会计处理

同一控制下的企业合并，视合并方式不同，应当分别按照有关规定进行会计处理。

（一）同一控制下的控股合并

在同一控制下的企业合并中，合并方在合并后取得对被合并方生产经营决策的控制权，并且被合并方在企业合并后仍然继续经营的，合并方在合并日涉及两个方面的问题：一是对于因该项企业合并形成的对被合并方的长期股权投资的确认和计量问题；二是合并日合并财务报表的编制问题。

1.长期股权投资的确认和计量

根据上述同一控制下企业合并的会计处理原则，合并方取得的资产和负债应当以其在被合并方的原账面价值入账。因此，同一控制下企业合并形成的长期股权投资的初始成本应当是合并方在合并日取得被合并方所有者权益账面价值的份额。被合并方与合并方采用的会计政策应当一致。长期股权投资的初始成本与支付合并对价的差额按如下方法进行处理：

（1）合并方以支付现金、转让非现金资产或承担债务方式作为合并对价的，应当在合并日按照取得被合并方所有者权益在最终控制方合并财务报表中的账面价值的份额作为长期股权投资的初始投资成本。长期股权投资的初始投资成本与支付的现金、转让的非现金资产及所承担债务账面价值之间的差额，应当调整资本公积（资本溢价或股本溢价）；资本公积（资本溢价或股本溢价）的余额不足冲减的，调整留存收益（盈余公积和未分配利润）。

具体进行会计处理时，合并方在合并日按取得被合并方所有者权益在最终控制方合并财务报表中的账面价值的份额，借记"长期股权投资"科目，按应享有被投资单位已宣告但尚未发放的现金股利或利润，借记"应收股利"科目，按支付的合并对价的账面价值，贷记有关资产或借记有关负债科目，如为贷方差额，贷记"资本公积——资本溢价或股本溢价"科目；如为借方差额，应借记"资本公积——资本溢价或股本溢价"科目，资本公积（资本溢价或股本溢价）不足冲减的，借记"盈余公积""利润分配——未分配利润"科目。

（2）合并方以发行权益性证券作为合并对价的，应按发行权益性证券的面值总额作为股本，长期股权投资初始投资成本与所发行权益性证券面值总额之间的差额，应当调整资本公积（资本溢价或股本溢价）；资本公积（资本溢价或股本溢价）不足冲减的，调整留存收益。

具体进行会计处理时，合并方在合并日应按取得被合并方所有者权益在最终控制方合并财务报表中的账面价值的份额，借记"长期股权投资"科目，按应享有被投资单位已宣告但尚未发放的现金股利或利润，借记"应收股利"科目，按发行权益性证券的面值，贷记"股本"科目，如为贷方差额，贷记"资本公积——资本溢价或股本溢价"科目；如为借方差额，应借记"资本公积——资本溢价或股本溢价"科目，资本公积（资本溢价或股本溢价）不足冲减的，借记"盈余公积""利润分配——未分配利润"科目。

企业合并前合并方与被合并方采用的会计政策不同的，应首先按照合并方的会计政策对被合并方资产、负债的账面价值进行调整，在此基础上计算确定形成长期股权投资的初始投资成本。

【例6-1】2022年5月31日，A公司向同一集团内B公司的原股东P公司（B公司是P公司设立的全资子公司）定向增发1 000万股普通股（每股面值为1元，市价为6.80元），取得B公司100%的股权，并于当日起能够对B公司实施控制。合并后B公司仍维持其独立法人资格继续经营。两公司在企业合并前采用的会计政策相同。合并日，A公司和B公司所有者权益见表6-1，其中B公司所有者权益在P公司合并报表中的账面价值为5 100万元。

表6-1　　　　　　　　　A公司和B公司所有者权益　　　　　　　　单位：万元

报表项目	A公司	B公司
股本	7 000	3 500
资本公积——股本溢价	1 000	800
盈余公积	800	550
未分配利润	500	250
合计	9 300	5 100

根据上述资料，该项合并为同一控制下的企业合并，A公司应以B公司净资产在最终合并方合并财务报表中的账面价值的份额来确认长期股权投资的初始成本，即A公司确认的长期股权投资的初始投资成本为：5 100×100%=5 100（万元），初始投资成本与所发行股份面值总额1 000万元之间的差额4 100万元，应当计入股本溢价。A公司的相关会计分录如下：

借：长期股权投资——B公司　　　　　　　　　51 000 000
　　贷：股本　　　　　　　　　　　　　　　　　　10 000 000
　　　　资本公积——股本溢价　　　　　　　　　　41 000 000

【例6-2】C公司和D公司同为P公司控制下的两家子公司，其中D公司是P公司通过非同一控制下企业合并取得的子公司，P公司在合并D公司时在合并财务报表中确认了商誉150万元。C公司于2021年3月1日以账面价值为500万元的固定资产（原价700万元，累计折旧150万元，减值准备50万元）和银行存款250万元为对价取得D公司90%的股权。2021年3月1日，P公司合并财务报表中D公司净资产的账面价值为1 500万元（包含商誉150万元），C公司和D公司的所有者权益见表6-2，它们的会计政策相同。

表6-2　　　　　　　　C公司和D公司的所有者权益　　　　　　　　单位：万元

项目	C公司	D公司
实收资本	1 000	580
资本公积——资本溢价	100	270
盈余公积	300	90
未分配利润	100	60
合计	1 500	1 000

根据上述资料，该项合并为同一控制下的企业合并，C公司长期股权投资的初始

投资成本应当以享有的 D 公司净资产在 P 公司合并财务报表中账面价值的份额来确定，而不能以 D 公司的净资产为基础来确定，即确认长期股权投资的初始成本为 1 350 万元（1 500×90%）；合并对价为 750 万元（500+250）；合并差额为 600 万元（1 350–750），应当调整资本溢价。C 公司的相关会计分录如下：

借：固定资产清理	5 000 000	
累计折旧	1 500 000	
固定资产减值准备	500 000	
贷：固定资产		7 000 000
借：长期股权投资——D 公司	13 500 000	
贷：固定资产清理		5 000 000
银行存款		2 500 000
资本公积——资本溢价		6 000 000

2.合并日合并财务报表的编制

（1）同一控制下合并日编制合并财务报表的基本原则。对于同一控制下的控股合并，应视同合并后形成的报告主体自最终控制方开始实施控制起一直是一体化存续下来的，体现在其合并财务报表上，即由合并后形成的母子公司构成的报告主体，无论是其资产规模还是其经营成果都应持续计算。无论该项合并发生在报告期的哪一时点，合并利润表、合并现金流量表反映的均是由母子公司构成的报告主体自合并当期期初至合并日实现的损益及现金流量情况。相对应地，合并资产负债表的留存收益项目，应当反映母子公司如果一直作为一个整体运行至合并日应实现的盈余公积和未分配利润的情况。

（2）同一控制下合并日编制合并财务报表的基本程序。合并方在合并日编制合并财务报表时，应当遵循合并财务报表编制的基本程序。

第一，当合并方与被合并方采用的会计政策、会计期间不同时，应统一按照合并方的会计政策和会计期间，在合并工作底稿中对被合并方有关资产、负债账面价值进行调整，然后再进行抵销处理。

第二，合并方与被合并方在合并日及以前期间发生的交易，应作为内部交易，按照合并财务报表的有关原则进行抵销处理。

第三，对于同一控制下的企业合并，在编制合并日的合并财务报表时，应视同合并后形成的报告主体自最终控制方开始实施控制起一直是一体化存续下来的，参与合并各方在合并以前期间实现的留存收益应体现为合并财务报表中的留存收益。

（3）合并日合并资产负债表的编制。合并方在编制合并日的合并资产负债表，反映合并方与被合并方作为一个企业集团的财务状况。在编制合并资产负债表时，应当遵循前述的报表编制程序。同时特别注意，同一控制下企业合并的基本处理原则是视同合并后形成的报告主体在合并日及以前期间一直存在，在合并资产负债表中，对于被合并方在企业合并前实现的留存收益（盈余公积和未分配利润之和）中归属于合并方的部分，应按以下规定，自合并方的资本公积转入留存收益。

① 确认企业合并形成的长期股权投资后，合并方账面资本公积（资本溢价或股本溢价）贷方余额大于被合并方在合并前实现的留存收益中归属于合并方的部分，在

合并资产负债表中，应将被合并方在合并前实现的留存收益中归属于合并方的部分自"资本公积"转入"盈余公积"和"未分配利润"。在合并工作底稿中，借记"资本公积"项目，贷记"盈余公积"和"未分配利润"项目。

② 确认企业合并形成的长期股权投资后，合并方账面资本公积（资本溢价或股本溢价）贷方余额小于被合并方在合并前实现的留存收益中归属于合并方的部分的，在合并资产负债表中，应以合并方资本公积（资本溢价或股本溢价）的贷方余额为限，将被合并方在企业合并前实现的留存收益中归属于合并方的部分自"资本公积"转入"盈余公积"和"未分配利润"。在合并工作底稿中，借记"资本公积"项目，贷记"盈余公积"和"未分配利润"项目。

因合并方资本公积（资本溢价或股本溢价）余额不足，被合并方在合并前实现的留存收益中归属于合并方的部分在合并资产负债表中未予全额恢复的，合并方应当在会计报表附注中对这一情况进行说明。

（4）合并利润表。合并方在编制合并日的合并利润表时，应包含合并方及被合并方自合并当期期初至合并日实现的净利润，双方在当期所发生的交易，应当按照合并财务报表的有关原则进行抵销。例如，同一控制下的企业合并发生于 2023 年 5 月 31 日，合并方当日编制合并利润表时，应包括合并方及被合并方自 2023 年 1 月 1 日至 2023 年 5 月 31 日实现的净利润。

为了帮助企业的会计信息使用者了解合并利润表中净利润的构成，在发生同一控制下企业合并的当期，合并方在合并利润表中的"净利润"项下应单列"其中：被合并方在合并前实现的净利润"项目，反映因同一控制下企业合并规定的编表原则，合并当期期初至合并日自被合并方带入的损益情况。

合并日合并现金流量表的编制与合并利润表的编制原则相同。

【例6-3】2023 年 6 月 30 日，A 公司向 B 公司的股东定向增发 1 000 万股普通股（每股面值为 1 元，每股市价 6.88 元）对 B 公司进行合并，并于当日取得 B 公司 100% 的股权。合并后，B 公司维持其法人资格继续经营。合并前后，A 公司、B 公司的最终控制方为中山公司。B 公司由中山公司通过非同一控制下的企业合并取得，中山公司取得 B 公司时，B 公司净资产的账面价值与公允价值相同，中山公司取得 B 公司时编制的合并财务报表中确认商誉 200 万元。2023 年 6 月 30 日，B 公司净资产在中山公司合并财务报表中的账面价值为 2 000 万元。合并前，A 公司、B 公司的会计政策相同，且未发生任何交易。参与合并企业在 2023 年 6 月 30 日企业合并前，有关资产、负债情况见表6-3。

表6-3　　　　　　　　　资产负债表（简表）

2023 年 6 月 30 日　　　　　　　　　　　　　单位：万元

项目	A公司	B公司
资产：		
货币资金	800	100
应收账款	200	300
存货	550	700

续表

项目	A公司	B公司
长期股权投资	1 900	200
固定资产	500	900
无形资产	600	100
商誉	0	0
资产总计	4 550	2 300
负债和所有者权益：		
短期借款	300	200
应付账款	500	200
其他负债	150	100
负债合计	950	500
股本	1 000	800
资本公积	900	500
盈余公积	800	200
未分配利润	900	300
所有者权益合计	3 600	1 800
负债和所有者权益总计	4 550	2 300

A公司及B公司2023年1月1日至6月30日的利润表见表6-4。

表6-4　　　　　　　　　　利润表（简表）

2023年1月1日至6月30日　　　　　　　　　　　　单位：万元

	A公司	B公司
一、营业收入	2 000	600
减：营业成本	1 000	400
税金及附加	10	2
销售费用	30	10
管理费用	90	30
财务费用	10	20
加：投资收益	20	10
二、营业利润	880	148
加：营业外收入	30	20
减：营业外支出	10	10
三、利润总额	900	158
减：所得税费用	250	30
四、净利润	650	128

该项合并中参与合并的企业在合并前及合并后均由中山公司最终控制，为同一控制下的企业合并。自2023年6月30日开始，A公司能够对B公司的净资产实施控制，该日即为合并日。

（1）A公司发行股票取得B公司控制权的处理：

借：长期股权投资   20 000 000

 贷：股本   10 000 000

   资本公积   10 000 000

（2）A公司在编制合并日的合并财务报表时，抵销分录为：

①借：实收资本   8 000 000

   资本公积   5 000 000

   盈余公积   2 000 000

   未分配利润   3 000 000

   商誉   2 000 000

  贷：长期股权投资   20 000 000

将被合并方在企业合并前实现的留存收益中归属于合并方的部分，自资本公积转入留存收益，合并调整分录为：

②借：资本公积   5 000 000

  贷：盈余公积   2 000 000

    未分配利润   3 000 000

（3）A公司控股合并B公司，在合并日的合并资产负债表和合并利润表分别见表6-5和表6-6。

表6-5   **合并资产负债表（简表）**

2023年6月30日   单位：万元

项目	A公司	B公司	抵销分录 借方	抵销分录 贷方	合并数
资产：					
货币资金	800	100			900
应收账款	200	300			500
存货	550	700			1 250
长期股权投资	1 900	200		①2 000	100
固定资产	500	900			1 400
无形资产	600	100			700
商誉	0	0	①200		200
资产总计	4 550	2 300			5 050
负债和所有者权益：					
短期借款	300	200			500

续表

项目	A公司	B公司	抵销分录 借方	抵销分录 贷方	合并数
应付账款	500	200			700
其他负债	150	100			250
负债合计	950	500			1 450
股本	1 000	800	①800		1 000
资本公积	900	500	①500		900
			②500		400
盈余公积	800	200	①200	②200	1 000
未分配利润	900	300	①300	②300	1 200
所有者权益合计	3 600	1 800			3 600
负债和所有者权益总计	4 550	2 300			5 050

表6-6 合并利润表（简表）

2023年1月1日至6月30日 单位：万元

项目	A公司	B公司	抵销分录 借方	抵销分录 贷方	合并数
一、营业收入	2 000	600			2 600
减：营业成本	1 000	400			1 400
税金及附加	10	2			12
销售费用	30	10			40
管理费用	90	30			120
财务费用	10	20			30
加：投资收益	20	10			30
二、营业利润	880	148			1 028
加：营业外收入	30	20			50
减：营业外支出	10	10			20
三、利润总额	900	158			1 058
减：所得税费用	250	30			280
四、净利润	650	128			778

（二）同一控制下的吸收合并

在同一控制下的吸收合并中，合并方主要涉及合并日取得被合并方资产、负债入账价值的确定，以及合并中取得有关净资产的入账价值与支付的合并对价账面价值之间差额的处理。

1.合并中取得资产、负债入账价值的确定

合并方对同一控制下吸收合并中取得的资产、负债应当按照相关资产、负债在被合并方的原账面价值入账。与控股合并相比，两者的主要区别在于，合并方应通过编制日常会计分录将被合并方的各项资产、负债登记入账，反映在合并方的个别报表之中，而不是通过工作底稿反映在合并报表之中。

需要说明的是，对于合并方与被合并方在企业合并前采用的会计政策不同的，在将被合并方的相关资产和负债并入合并方的账簿和报表进行核算之前，首先应基于重要性原则，统一被合并方的会计政策，即应当按照合并方的会计政策对被合并方的有关资产、负债的账面价值进行调整后，以调整后的账面价值确认。

2.合并差额的处理

（1）以发行权益性证券方式进行的该类合并，合并方在确认了合并中取得的被合并方的资产和负债的入账价值后，所确认的净资产入账价值与发行股份面值总额的差额，应计入资本公积（资本溢价或股本溢价），资本公积（资本溢价或股本溢价）的余额不足冲减的，相应冲减盈余公积和未分配利润。

（2）以支付现金、非现金资产或承担债务方式进行的该类合并，所确认的净资产入账价值与支付的现金、转让的非现金资产及所承担债务账面价值的差额，相应调整资本公积（资本溢价或股本溢价），资本公积（资本溢价或股本溢价）的余额不足冲减的，应冲减盈余公积和未分配利润。

【例6-4】 2023年11月8日，W公司向Y公司的股东定向增发1 700万股普通股（每股面值为1元，市价为11.8元）对Y公司进行吸收合并，并于当日取得Y公司净资产。当日，W公司和Y公司资产、负债情况见表6-7。

表6-7 　　　　　　　　　　　资产负债表（简表）

2023年11月8日 　　　　　　　　　　　单位：万元

项目	W公司	Y公司	
	账面价值	账面价值	公允价值
资产：			
货币资金	788	133	133
应收账款	245	435	435
存货	450	568	650
长期股权投资	2 000	400	400
固定资产	450	765	983
无形资产	550	140	170
商誉	0	0	0

续表

项目	W公司	Y公司	
	账面价值	账面价值	公允价值
资产总计	4 483	2 441	2 771
负债和所有者权益：			
短期借款	598	230	230
应付账款	365	280	280
其他负债	100	200	200
负债合计	1 063	710	710
股本	1 500	700	700
资本公积	550	356	686
盈余公积	620	195	195
未分配利润	750	480	480
所有者权益合计	3 420	1 731	2 061
负债和所有者权益总计	4 483	2 441	2 771

本例中假定 W 公司和 Y 公司合并前其共同的母公司为 A 公司。该项合并中参与合并的企业在合并前及合并后均为 A 公司最终控制，为同一控制下的企业合并。自 11 月 8 日开始，W 公司能够对 Y 公司的净资产实施控制，该日即为合并日。

因合并后 Y 公司失去其法人资格，W 公司应确认合并中取得的 Y 公司的各项资产和负债，假定 W 公司与 Y 公司在合并前采用的会计政策相同。

W 公司对该项合并应进行的账务处理为：

借：银行存款　　　　　　　　　　　　　　　　　1 330 000
　　库存商品（存货）　　　　　　　　　　　　　　5 680 000
　　应收账款　　　　　　　　　　　　　　　　　　4 350 000
　　长期股权投资　　　　　　　　　　　　　　　　4 000 000
　　固定资产　　　　　　　　　　　　　　　　　　7 650 000
　　无形资产　　　　　　　　　　　　　　　　　　1 400 000
　　贷：短期借款　　　　　　　　　　　　　　　　　　2 300 000
　　　　应付账款　　　　　　　　　　　　　　　　　　2 800 000
　　　　其他应付款（其他负债）　　　　　　　　　　　2 000 000
　　　　股本　　　　　　　　　　　　　　　　　　　17 000 000
　　　　资本公积　　　　　　　　　　　　　　　　　　　310 000

（三）合并方为进行企业合并发生的有关费用的处理

合并方为进行企业合并发生的有关费用，指合并方为进行企业合并发生的各项直接相关费用，如为进行企业合并支付的审计费用、进行资产评估的费用和有关的法律咨询费用等增量费用。

在同一控制下企业合并进行过程中发生的各项直接相关的费用，应于发生时费用化，计入当期损益。借记"管理费用"等科目，贷记"银行存款"等科目。但以下两种情况除外：

1. 以发行债券方式进行的企业合并，与发行债券相关的佣金、手续费等应按照《企业会计准则第22号——金融工具确认和计量》的规定进行核算，即该部分费用虽然与筹集用于企业合并的对价直接相关，但其核算应遵照金融工具准则的原则，有关的费用应计入负债的初始计量金额中。债券如为折价发行的，该部分费用应增加折价的金额；债券如为溢价发行的，该部分费用应减少溢价的金额。

2. 发行权益性证券作为合并对价的，与所发行权益性证券相关的佣金、手续费等应按照《企业会计准则第37号——金融工具列报》的规定进行核算，即与发行权益性证券相关的费用，不管其是否与企业合并直接相关，均应自所发行权益性证券的发行收入中扣减。在权益性工具发行有溢价的情况下，自溢价收入中扣除；在权益性证券发行无溢价或溢价金额不足以扣减的情况下，应当冲减盈余公积和未分配利润。

企业专设的购并部门发生的日常管理费用，如果该部门的设置并不是与某项企业合并直接相关，而是企业的一个常设部门，其设置的目的是寻找相关的购并机会等，维持该部门日常运转的有关费用，不属于与企业合并直接相关的费用，应当于发生时费用化计入当期损益。

本节自测

第三节　非同一控制下企业合并的处理

非同一控制下的企业合并，是指参与合并各方在合并前后不受同一方或相同的多方最终控制的合并交易，主要涉及购买方及购买日的确定，企业合并成本的确定，合并中取得各项可辨认资产、负债的确认和计量以及合并差额的处理等。

一、非同一控制下企业合并的会计处理原则

非同一控制下企业合并的会计处理原则是购买法，购买法把企业看作是合并方购入被合并方净资产的一项交易，这一交易与企业直接从外界购入存货、固定资产等资产实质上相同。

（一）确定购买方

采用购买法核算企业合并的首要前提是确定购买方。购买方是指在企业合并中取得对另一方或多方控制权的一方。合并中一方取得了另一方半数以上有表决权股份的，除非有明确的证据表明不能形成控制，一般认为取得另一方半数以上表决权股份的一方为购买方。

在某些情况下，即使一方没有取得另一方半数以上有表决权股份，但存在以下情况时，一般也可认为其获得了对另一方的控制权，如：

1. 通过与其他投资者签订协议，实质上拥有被购买企业半数以上表决权。例如，P公司拥有S公司45%的表决权资本，W公司拥有S公司20%的表决权资本。P公司

与 W 公司达成协议，W 公司在 S 公司的权益由 P 公司代表。在这种情况下，P 公司实质上拥有 S 公司 65% 表决权资本的控制权，在 S 公司的章程等没有特别规定的情况下，表明 P 公司实质上控制 S 公司。

2. 按照法律或协议等的规定，具有主导被购买企业财务和经营决策的权力。例如，P 公司拥有 S 公司 40% 的表决权资本，同时，根据法律或协议规定，P 公司可以决定 S 公司的财务和生产经营等政策，达到对 S 公司的财务和经营政策实施控制。

3. 有权任免被购买企业董事会或类似权力机构绝大多数成员。这种情况是指虽然投资企业拥有被投资单位 50% 或以下表决权资本，但根据章程、协议等有权任免被投资单位董事会或类似机构的绝大多数成员，以达到实质上控制的目的。

4. 在被购买企业董事会或类似权力机构中具有绝大多数投票权。这种情况是指虽然投资企业拥有被投资单位 50% 或以下表决权资本，但能够控制被投资单位董事会等类似权力机构的会议，从而能够控制其财务和经营政策，达到对被投资单位的控制。

（二）确定购买日

购买日是购买方获得对被购买方控制权的日期，即企业合并交易进行过程中，发生控制权转移的日期。非同一控制下企业合并中的购买日的确定原则与同一控制下企业合并中的合并日的确定原则相同。企业在实务操作中，应当结合合同或协议的约定及其他有关的影响因素，按照实质重于形式的原则进行判断。

企业合并涉及一次以上交易的，例如通过分阶段取得股份最终实现合并，购买日是指按照有关标准判断购买方最终取得对被购买企业控制权的日期。例如，P 企业于 2022 年 7 月 16 日取得 S 公司 25% 的股权（假定能够对被投资单位施加重大影响），在与取得股权相关的风险和报酬发生转移的情况下，P 企业应确认对 S 公司的长期股权投资。在已经拥有 S 公司 25% 股权的基础上，P 企业又于 2023 年 11 月 8 日取得 S 公司 30% 的股权，在其持股比例达到 55% 的情况下，假定于当日开始能够对 S 公司实施控制，则 2023 年 11 月 8 日为第二次购买股权的交易日，同时因在当日能够对 S 公司实施控制，形成企业合并的购买日。

（三）确定企业合并成本

在非同一控制下的企业合并中，合并成本为购买方在购买日为取得对被购买方的控制权而付出的资产、发生或承担的负债以及发行的权益性证券的公允价值。具体来讲，企业合并成本包括购买方在购买日支付的下列项目的合计金额：

1. 作为合并对价的现金及非现金资产的公允价值。以非货币性资产作为合并对价的，其合并成本为所支付对价的公允价值，该公允价值与作为合并对价的非货币性资产账面价值的差额，作为资产的处置损益，计入合并方合并当期的个别利润表。

2. 发行的权益性证券的公允价值。如果购买方为上市公司，且发行股票作为合并对价的，那么该权益性证券的公允价值即为股票的市价。购买方应以股票面值计入"股本"，市价与面值的差额计入"资本公积"。

3. 因企业合并发生或承担的债务的公允价值。因企业合并而承担的各项负债，应采用按照适用利率计算的未来现金流量的现值作为其公允价值。

4.在合并合同或协议中对可能影响合并成本的未来事项做出约定的，符合《企业会计准则第13号——或有事项》规定的确认条件的，应确认的支出也应作为企业合并成本的一部分。如参与合并各方可能在企业合并合同或协议中规定，如果被购买方在企业合并后连续两年净利润超过一定水平，购买方需支付额外的对价，在购买日预计被购买方的盈利水平很可能会达到合同规定的标准的情况下，应将按照合同或协议约定需支付的金额并入合并成本。

需要说明的是，对于通过多次交易分步实现的企业合并，其企业合并成本为每一单项交换交易的成本之和。

（四）企业合并成本在取得的可辨认资产和负债之间的分配

非同一控制下的企业合并中，通过企业合并交易，购买方无论是取得对被购买方生产经营决策的控制权还是取得被购买方的全部净资产，从本质上看，取得的均是对被购买方净资产的控制权。

在控股合并的情况下，购买方在其个别财务报表中应确认所形成的对被购买方的长期股权投资，该长期股权投资所代表的是购买方对合并中取得的被购买方各项资产、负债享有的份额，具体体现在合并财务报表中应列示的有关资产、负债。

在吸收合并的情况下，合并中取得的被购买方各项可辨认资产、负债等直接体现为购买方账簿及个别财务报表中的资产、负债项目。

1.合并中取得的被购买方除无形资产以外的其他各项资产（不仅限于被购买方原已确认的资产），其所带来的经济利益很可能流入企业且公允价值能够可靠地计量的，应当单独予以确认并按照公允价值计量。合并中取得的无形资产，其公允价值能够可靠地计量的，应当单独确认为无形资产并按照公允价值计量。

2.合并中取得的被购买方除或有负债以外的其他各项负债，履行有关的义务很可能导致经济利益流出企业且公允价值能够可靠地计量的，应当单独予以确认并按照公允价值计量。

3.合并中取得的被购买方或有负债，其公允价值能够可靠地计量的，应当单独确认为负债并按照公允价值计量。

在按照规定确定了合并中应予确认的各项可辨认资产、负债的公允价值后，其计税基础与账面价值不同形成暂时性差异的，应当按照所得税会计准则的规定确认相应的递延所得税资产或递延所得税负债。

（五）企业合并成本与合并中取得的被购买方可辨认净资产公允价值份额之间差额的处理

购买方对于企业合并成本与确认的被购买方可辨认净资产公允价值份额的差额，应视情况分别处理：

1.企业合并成本大于合并中取得的被购买方可辨认净资产公允价值份额的差额应确认为商誉。在控股合并的情况下，该差额是指在合并财务报表中应予列示的商誉，即长期股权投资的成本与购买日按照持股比例计算确定应享有被购买方可辨认净资产公允价值份额之间的差额；在吸收合并的情况下，该差额是购买方在其账簿及个别财务报表中应确认的商誉。

商誉在确认以后，持有期间不要求摊销，应当按照《企业会计准则第 8 号——资产减值》的规定对其价值进行测试，按照账面价值与可收回金额孰低的原则计量，对于可收回金额低于账面价值的部分，计提减值准备，有关减值准备在提取以后，不能够转回。

2.企业合并成本小于合并中取得的被购买方可辨认净资产公允价值份额的差额，应计入合并当期损益。

该种情况下，购买方首先要对合并中取得的资产、负债的公允价值、作为合并对价的非现金资产或发行的权益性证券等的公允价值进行复核，如果复核结果表明所确定的各项资产和负债的公允价值是恰当的，应将企业合并成本低于取得的被购买方可辨认净资产公允价值份额之间的差额，计入合并当期的营业外收入，并在财务报表附注中予以说明。

在吸收合并的情况下，上述企业合并成本小于合并中取得的被购买方可辨认净资产公允价值份额的差额，应计入购买方合并当期的个别利润表；在控股合并的情况下，因购买日不需要编制合并利润表，该差额体现在合并日编制的合并资产负债表上，应调整合并资产负债表的盈余公积和未分配利润。

（六）合并中发生的各项直接相关费用的处理

非同一控制下企业合并中发生的与企业合并直接相关的费用，包括为进行合并而发生的会计审计费用、法律服务费用、咨询费用等。《企业会计准则解释第 4 号》（财会〔2010〕15 号）规定：非同一控制下的企业合并中，购买方为企业合并发生的审计、法律服务、评估咨询等中介费用以及其他相关管理费用，应当于发生时计入当期损益。

与同一控制下企业合并进行过程中发生的有关费用相一致，这里所称合并中发生的各项直接相关费用，不包括与为进行企业合并发行的权益性证券或发行的债务相关的手续费、佣金等。该部分费用应按照《企业会计准则解释第 4 号》（财会〔2010〕15 号）的相关规定处理，即应当计入权益性证券或债务性证券的初始确认金额。

二、非同一控制下企业合并的会计处理

（一）非同一控制下的控股合并

该合并方式下，购买方所涉及的会计处理问题主要是两个方面：一是购买日因进行企业合并形成的对被购买方的长期股权投资初始投资成本的确定，该成本与作为合并对价支付的有关资产账面价值之间差额的处理；二是购买日合并财务报表的编制。

1.长期股权投资的确认与计量

非同一控制下的控股合并中，购买方应当按照确定的企业合并成本作为长期股权投资的初始投资成本。企业合并成本包括购买方付出的资产、发生或承担的负债、发行的权益性证券的公允价值。

具体进行会计处理时，对于非同一控制下控股合并形成的长期股权投资，应在购

买日按企业合并成本（不含应自被投资单位收取的现金股利或利润），借记"长期股权投资"科目，按享有被投资单位已宣告但尚未发放的现金股利或利润，借记"应收股利"科目，按支付合并对价的账面价值，贷记有关资产或借记有关负债科目，按其差额，贷记"投资收益"等科目。按发生的直接相关费用，借记"管理费用"科目，贷记"银行存款"等科目。

购买方为取得对被购买方的控制权，以支付非货币性资产为对价的，有关非货币性资产在购买日的公允价值与其账面价值的差额，应作为资产的处置损益；如果作为对价的非货币性资产为固定资产或无形资产的，处置损益应记入"资产处置损益"科目；如果以库存商品等作为合并对价的，应按库存商品的公允价值，贷记"主营业务收入"科目，并同时结转相关的成本。

【例6-5】 A公司于2021年11月8日以一台设备和一项专利权对B公司投资，取得B公司90%的股权，取得该部分股权后能够控制B公司的生产经营决策和财务政策。该设备的账面价值为500万元（原价700万元，累计折旧150万元，减值准备50万元），其公允价值为550万元；该专利权的账面价值为180万元（账面原值为250万元，累计摊销为70万元），公允价值为200万元。为核实B公司的资产价值，A公司聘请专业资产评估机构对B公司的资产进行评估，支付评估费用10万元。假定合并前A公司与B公司不存在任何关联方关系，不考虑其他相关税费。

根据上述资料，A公司与B公司在合并前不存在任何关联方关系，应作为非同一控制下的控股合并处理。A公司的相关会计处理如下：

```
借：固定资产清理                          5 000 000
    累计折旧                            1 500 000
    固定资产减值准备                       500 000
    贷：固定资产                                      7 000 000
借：长期股权投资——B公司                   7 500 000
    累计摊销                              700 000
    贷：无形资产                                      2 500 000
        固定资产清理                                  5 000 000
        资产处置损益                                    700 000
借：管理费用                              100 000
    贷：银行存款                                        100 000
```

2.购买日合并财务报表的编制

非同一控制下的企业合并，在购买日只需编制合并资产负债表，无须编制合并利润表等反映一定时期经营成果或现金流量情况的报表。

在编制合并资产负债表时，应遵循编制合并财务报表的基本程序，应当在合并工作底稿中：

（1）对子公司的个别财务报表进行调整：除了存在与母公司会计政策和会计期间不一致的情况，需要对该子公司的个别财务报表进行调整外，还应当根据母公司为该子公司设置的备查簿中记录的，以购买日取得的被购买方可辨认资产、负债的公允价值为基础，对被购买方的个别财务报表进行调整。

（2）对母公司的个别财务报表进行调整：按权益法调整母公司对子公司的长期股权投资。

（3）在按上述原则对母、子公司的个别财务报表进行调整后，再编制抵销分录；购买方合并成本大于合并中取得的被购买方可辨认净资产公允价值份额的差额，确认为合并资产负债表中的商誉；购买方合并成本小于合并中取得的被购买方可辨认净资产公允价值份额的差额，在购买日合并资产负债表中调整盈余公积和未分配利润。

【例6-6】2023年11月8日W公司向Y公司的股东定向增发1 000万股普通股（每股面值1元，市场价格为12.70元），取得了Y公司60%的股权。合并当日，W公司和Y公司的财务状况见【例6-4】的表6-7。编制购买方于购买日的合并资产负债表。

（1）W公司在个别财务报表中确认长期股权投资。

借：长期股权投资   12 700 000

  贷：股本   10 000 000

    资本公积——股本溢价   2 700 000

（2）在合并报表工作底稿中编制调整分录。

将子公司Y的净资产由账面价值调整为公允价值：

借：存货   820 000

  固定资产   2 180 000

  无形资产   300 000

  贷：资本公积   3 300 000

将母公司W公司对Y公司的长期股权投资由成本法转化成权益法：

由于W公司对Y公司的长期股权投资的初始投资成本（即合并成本）为1 270万元，大于投资时享有的Y公司可辨认净资产公允价值份额1 236.60万元（2 061×60%），因此，不需要在合并工作底稿中对W公司的长期股权投资的初始成本进行调整。长期股权投资初始投资成本大于合并中取得被购买方可辨认净资产公允价值份额的差额应确认为商誉。

  合并商誉=企业合并成本−合并中取得被购买方可辨认净资产公允价值份额

      =1 270−2 061×60%

      =33.40（万元）

（3）在合并工作底稿中编制抵销分录。

借：股本   7 000 000

  资本公积   6 860 000

  盈余公积   1 950 000

  未分配利润   4 800 000

  商誉   334 000

  贷：长期股权投资   12 700 000

    少数股东权益   8 244 000

（4）编制合并资产负债表（见表6-8）。

表6-8　　　　　　　　　　　　　**资产负债表（简表）**

2023 年 11 月 8 日　　　　　　　　　　　　　　　单位：万元

项　目	W公司	Y公司	抵销分录		合并金额
			借方	贷方	
资产：					
货币资金	788	133			921
应收账款	245	435			680
存货	450	650			1 100
长期股权投资	2 000	400		1 270	1 130
固定资产	450	983			1 433
无形资产	550	170			720
商誉	0	0	33.4		33.4
资产总计	4 483	2 771			6 017.4
负债和所有者权益：					
短期借款	598	230			828
应付账款	365	280			645
其他负债	100	200			300
负债合计	1 063	710			1 773
股本	1 500	700	700		1 500
资本公积	550	686	686		550
盈余公积	620	195	195		620
未分配利润	750	480	480		750
少数股东权益	0	0		824.4	824.4
所有者权益合计	3 420	2 061			4 244.4
负债和所有者权益总计	4 483	2 771			6 017.4

（二）非同一控制下的吸收合并

1.合并中取得资产、负债的入账价值的确定

非同一控制下的吸收合并，购买方在购买日应当将合并中取得的符合确认条件的

各项可辨认资产、负债，按其公允价值确认为本企业的资产和负债；作为合并对价的有关非货币性资产在购买日的公允价值与其账面价值的差额，应作为资产处置损益计入合并当期的利润表。

2.合并差额的处理

确定的企业合并成本与所取得的被购买方可辨认净资产公允价值之间的差额，视情况分别确认为商誉或是计入企业合并当期的损益。其具体处理原则与非同一控制下的控股合并类似，不同点在于非同一控制下的吸收合并中，合并中取得的可辨认资产和负债是作为个别财务报表中项目列示，合并中产生的商誉也是作为购买方账簿及个别财务报表中的资产列示。

【例6-7】沿用【例6-4】中的资料，假定W公司和Y公司在合并前不受同一方或相同的多方控制，同时假定W公司与Y公司在合并前采用的会计政策相同。则W公司在此项吸收合并中的会计处理如下：

借：银行存款　　　　　　　　　　　　　　　　1 330 000

　　库存商品（存货）　　　　　　　　　　　　6 500 000

　　应收账款　　　　　　　　　　　　　　　　4 350 000

　　长期股权投资　　　　　　　　　　　　　　4 000 000

　　固定资产　　　　　　　　　　　　　　　　9 830 000

　　无形资产　　　　　　　　　　　　　　　　1 700 000

　　商誉　　　　　　　　　　　　　　　　　179 990 000

　　贷：短期借款　　　　　　　　　　　　　　　　　2 300 000

　　　　应付账款　　　　　　　　　　　　　　　　　2 800 000

　　　　其他应付款（其他负债）　　　　　　　　　　2 000 000

　　　　股本　　　　　　　　　　　　　　　　　　17 000 000

　　　　资本公积　　　　　　　　　　　　　　　183 600 000

本节自测

第四节　企业合并中特殊问题的处理

一、通过多次交易分步实现的企业合并

（一）同一控制下的企业合并

如果企业合并并非通过一次交易实现，而是通过多次交易分步实现的，则企业在每一单项交易发生时，应确认对被投资单位的投资。投资企业在持有被投资单位的部分股权后，通过增加持股比例等达到对被投资单位形成控制的，购买方应区分个别和合并财务报表分别进行处理：

1.个别财务报表

通过多次交易分步实现同一控制下企业合并，合并日，按照取得被合并方所有者权益账面价值的份额作为长期股权投资的初始投资成本，合并日长期股权投资初始投资成本，与达到合并前的长期股权投资账面价值加上合并日取得股份新支付对价的账

面价值之和的差额，调整资本公积（资本溢价或股本溢价），资本公积不足冲减的，冲减留存收益。合并日之前持有的被合并方的股权涉及其他综合收益的也直接转入资本公积（资本溢价或股本溢价），并按以下原则进行会计处理：

（1）合并方于合并日之前持有的被合并方的股权投资，保持其账面价值不变。其中，合并日前持有的股权投资作为长期股权投资并采用成本法核算的，为成本法核算下合并日应有的账面价值；合并日前持有的股权投资作为长期股权投资并采用权益法核算的，为权益法核算下合并日应有的账面价值；合并日前持有的股权投资作为金融资产并按公允价值计量的，为合并日的账面价值。

（2）这里所谓的被合并方账面所有者权益，是指被合并方的所有者权益相对于最终控制方而言的账面价值。如果被合并方本身编制合并财务报表的，被合并方的账面所有者权益的价值应当以其合并财务报表为基础确定。

（3）如果通过多次交易实现同一控制下吸收合并的，按照同一控制下吸收合并相同的原则进行会计处理。

2.合并财务报表

多次交易分步实现的同一控制下企业合并，合并日原所持股权采用权益法核算、按被投资单位实现净利润和原持股比例计算确认的损益、其他综合收益，以及其他净资产变动部分，在合并财务报表中予以冲回，即冲回原权益法下确认的损益和其他综合收益，并转入资本公积（资本溢价或股本溢价）。

合并方的财务报表比较数据追溯调整的期间应不早于双方处于最终控制方的控制之下孰晚的时间。

（二）非同一控制下的企业合并

如果企业合并并非通过一次交易实现，而是通过多次交易分步实现的，则企业在每一单项交易发生时，应确认对被投资单位的投资。投资企业在持有被投资单位的部分股权后，通过增加持股比例等方式达到对被投资单位形成控制的情形时，购买方的个别和合并财务报表应当按照以下方式分别进行处理。

1.个别财务报表

在个别财务报表中，该项投资的初始投资成本应当为购买方于购买日之前持有的被购买方股权投资的账面价值与追加的投资成本之和。具体计量方法如下：

（1）购买方于购买日之前持有的被购买方的股权投资账面价值：购买日前持有的股权投资为以公允价值计量且其变动计入当期损益的金融资产，账面价值以购买日的公允价值重新计量；购买日前持有的股权投资为以公允价值计量且其变动计入其他综合收益的金融资产，账面价值以购买日的公允价值重新计量；购买日前持有的股权投资为权益法核算的长期股权投资，账面价值为权益法核算下购买日前一报表日的账面价值。

（2）追加的投资，按照购买日支付对价的公允价值计量，并确认长期股权投资。购买方应当以购买日之前所持被购买方的股权投资的账面价值与购买日新增投资成本之和，作为该项投资的初始投资成本。

（3）购买方对于购买日之前持有的被购买方的股权投资涉及其他综合收益的，视原股权投资的分类而定。购买方原持有的股权投资为按照权益法核算的长期股权投资时，确认的"其他综合收益"或"资本公积——其他资本公积"暂不予处理。待购买方出售被购买方股权时，再按出售股权相对应的部分转入出售当期的损益。购买方原持有的股权投资为以公允价值计量且其变动计入其他综合收益的金融资产时，其公允价值与账面价值之间的差额以及原计入其他综合收益的累计公允价值变动应当直接转入留存收益。

（4）如果通过多次交易完成非同一控制下的吸收合并时，按照非同一控制下吸收合并的原则进行会计处理。

【例6-8】2022年1月1日，P公司以550万元取得S公司30%的股份，取得投资时S公司净资产的公允价值为1 800万元。2023年1月1日，P公司另支付1 500万元取得S公司50%的股份，能够对S公司实施控制。购买日S公司可辨认净资产公允价值为2 500万元（其中股本为1 300万元，资本公积为300万元，盈余公积为500万元，未分配利润为400万元）。P公司之前所取得的30%股权于购买日的公允价值为750万元。S公司自2022年1月1日P公司取得投资后至2023年1月1日进一步购买股份前实现的留存收益为700万元，未进行利润分配。

（1）P公司在个别报表中的处理。

2022年1月1日，P公司取得对S公司长期股权投资的成本为550万元。2023年1月1日，P公司进一步取得S公司50%的股权时，支付价款1 500万元。该项长期股权投资于购买日的账面价值为2 050万元。P公司于购买日的账务处理如下：

借：长期股权投资   15 000 000
   贷：银行存款   15 000 000

（2）P公司在合并财务报表中的处理。

①计算合并成本：

合并成本=750+1 500=2 250（万元）

②计算应计入损益的金额：

应计入损益的金额=750−550=200（万元）

借：长期股权投资   2 000 000
   贷：投资收益   2 000 000

③计算商誉：

在合并财务报表中应体现的商誉=2 250−2 500×80%=250（万元）

在合并工作底稿上的合并抵销分录为：

借：股本   13 000 000
   资本公积   3 000 000
   盈余公积   5 000 000
   未分配利润   4 000 000
   商誉   2 500 000
   贷：长期股权投资   22 500 000
      少数股东权益   5 000 000

二、反向购买的处理

非同一控制下的企业合并，以发行权益性证券交换股权的方式进行的，通常发行权益性证券的一方为购买方。但某些企业合并中，发行权益性证券的一方因其生产经营决策在合并后被参与合并的另一方所控制的，发行权益性证券的一方虽然为法律上的母公司，但其为会计上的被购买方，该类企业合并通常称为"反向购买"。例如，甲公司为上市公司。2022年6月30日，甲公司以1∶4的比例向乙公司原股东（丙公司）定向发行68 000万股普通股，取得乙公司100%股权，有关股份登记和股东变更手续当日完成；同日，甲公司、乙公司的董事会进行了改选，丙公司开始控制甲公司，甲公司开始控制乙公司。2022年6月30日，甲公司普通股的公允价值为每股10元，乙公司普通股的公允价值为每股2.5元。甲、乙公司普通股每股面值均为1元。甲公司向丙公司定向发行新股68 000万股后，总股本变更为80 000万股。乙公司在企业合并前股本为272 000万股。该项交易后，甲公司为法律上的母公司，乙公司为法律上的子公司，但乙公司的原股东丙公司通过此项交易，控制了甲公司（法律上母公司）85%的股份（68 000÷80 000）），使得甲公司实际上成为了被收购方，由此构成了一项"反向购买"业务。

拓展阅读

借壳上市

（一）企业合并成本

反向购买中，法律上的子公司（购买方）的企业合并成本是指其如果以发行权益性证券的方式为获取在合并后报告主体的股权比例，应向法律上母公司（被购买方）的股东发行的权益性证券数量与其公允价值计算的结果。购买方的权益性证券在购买日存在公开报价的，通常应以公开报价作为其公允价值；购买方的权益性证券在购买日不存在可靠公开报价的，应参照购买方的公允价值和被购买方的公允价值两者之中有更为明显证据支持的一个作为基础，确定购买方假定应发行权益性证券的公允价值。

（二）合并财务报表的编制

反向购买后，法律上的母公司应当遵从以下原则编制合并财务报表：

1.合并财务报表中，法律上子公司的资产、负债应以其在合并前的账面价值进行确认和计量。

2.合并财务报表中的留存收益和其他权益余额应当反映的是法律上子公司在合并前的留存收益和其他权益余额。

3.合并财务报表中的权益性工具的金额应当反映法律上子公司合并前发行在外的股份面值，以及假定在确定该项企业合并成本过程中新发行的权益性工具的金额。但是在合并财务报表中的权益结构应当反映法律上母公司的权益结构，即法律上母公司发行在外权益性证券的数量和种类。

4.法律上母公司的有关可辨认资产、负债在并入合并财务报表时，应以其在购买日确定的公允价值进行合并，企业合并成本大于合并中取得的法律上母公司（被购买方）可辨认净资产公允价值的份额体现为商誉，小于合并中取得的法律上母公司（被购买方）可辨认净资产公允价值的份额确认为合并当期损益。

5.合并财务报表的比较信息应当是法律上子公司的比较信息（即法律上子公司的前期合并财务报表）。

6.法律上子公司的有关股东在合并过程中未将其持有的股份转换为对法律上母公司股份的，该部分股东享有的权益份额在合并财务报表中应作为少数股东权益列示。因法律上子公司的部分股东未将其持有的股份转换为法律上母公司的股权，其享有的权益份额仍仅限于对法律上子公司的部分，该部分少数股东权益反映的是少数股东按持股比例计算享有法律上子公司合并前净资产账面价值的份额。另外，对于法律上母公司的所有股东，虽然该项合并中其被认为是被购买方，但其享有合并形成报告主体的净资产及损益，不应作为少数股东权益列示。

上述反向购买的会计处理原则仅适用于合并财务报表的编制。法律上母公司在该项合并中形成的对法律上子公司长期股权投资成本的确定，应当遵从《企业会计准则第2号——长期股权投资》的相关规定。

【例6-9】P上市公司于2023年6月30日通过定向增发本企业普通股对S企业进行合并，取得S企业100%股权。假定不考虑所得税影响。P公司及S企业合并前简化资产负债表（简表）见表6-9。

表6-9　　　　　　　　P公司及S企业合并前资产负债表（简表）　　　　　　单位：万元

报表项目	P公司	S公司
存货	2 500	5 500
固定资产	18 000	60 000
资产总额	20 500	65 500
短期借款	1 300	2 500
长期借款	200	3 000
负债总额	1 500	5 500
股本	1 000	1 000
资本公积		
盈余公积	5 000	15 000
未分配利润	13 000	44 000
所有者权益总额	19 000	60 000

其他资料：

（1）2023年6月30日，P公司通过定向增发本企业普通股，以2股换1股的比例自S企业原股东处取得了S企业全部股权。P公司共发行了2 000万股普通股以取得S

企业全部 1 000 万股普通股。

（2）P公司普通股在2023年6月30日的公允价值为18元，S企业每股普通股当日的公允价值为45元。P公司、S企业每股普通股的面值为1元。

（3）2023年6月30日，P公司除一项非流动资产（固定资产）公允价值较账面价值高 2 700 万元以外，其他资产、负债项目的公允价值与其账面价值相同。

（4）假定P公司与S企业在合并前不存在任何关联方关系。

对于该项企业合并，虽然在合并中发行权益性证券的一方为P公司，但因其生产经营决策的控制权在合并后由S企业原股东控制，S企业应为购买方，P公司为被购买方。

（1）确定该项合并中S企业的合并成本：

P公司在该项合并中向S企业原股东增发了 2 000 万股普通股，合并后S企业原股东持有P公司的股权比例为66.67%（2 000÷3 000×100%），如果假定S企业发行本企业普通股在合并后主体享有同样的股权比例，则S企业应当发行的普通股股数为500万股（1 000÷66.67%-1 000），其公允价值为22 500万元（500万股×45元），企业合并成本为22 500万元。

相当于S公司在个别报表中的会计处理为：

借：长期股权投资　　　　　　　　　　　　　　225 000 000
　　贷：股本　　　　　　　　　　　　　　　　　　　　5 000 000
　　　　资本公积　　　　　　　　　　　　　　　　　220 000 000

这一分录会使S公司个别报表中的非流动资产（长期股权投资）增加22 500万元，股本增加500万元，资本公积增加22 000万元。

（2）在合并工作底稿中对子公司P个别报表的调整：

借：固定资产　　　　　　　　　　　　　　　　27 000 000
　　贷：资本公积　　　　　　　　　　　　　　　　　27 000 000

这一分录会使合并工作底稿中P公司的固定资产增加2 700万元，资本公积增加2 700万元。

（3）在合并工作底稿中编制S公司长期股权投资与P公司所有者权益的抵销分录：

借：股本　　　　　　　　　　　　　　　　　　10 000 000
　　资本公积　　　　　　　　　　　　　　　　27 000 000
　　盈余公积　　　　　　　　　　　　　　　　50 000 000
　　未分配利润　　　　　　　　　　　　　　130 000 000
　　商誉　　　　　　　　　　　　　　　　　　8 000 000
　　贷：长期股权投资　　　　　　　　　　　　　　225 000 000

该抵销分录会使S公司长期股权投资减少22 500万元，会将子公司P的所有者权益全部抵销，同时在合并报表中会产生商誉800万元。

（4）合并资产负债表，见表6-10。

表 6-10 　　　　　　　　　合并资产负债表

编制单位：　　　　　　　　2023 年 6 月 30 日　　　　　　　　单位：万元

报表项目	P公司	调整分录 借方	调整分录 贷方	S公司*	调整分录 借方	调整分录 贷方	抵销分录 借方	抵销分录 贷方	合并金额
存货	2 500			5 500					8 000
固定资产	18 000	2 700		60 000					80 700
长期股权投资				22 500				22 500	0
商誉							800		800
资产总额	20 500	2 700		88 000			800	22 500	89 500
短期借款	1 300			2 500					3 800
长期借款	200			3 000					3 200
负债总额	1 500			5 500					7 000
股本	1 000			1 500			1 000		1 500
资本公积			2 700	22 000			2 700		22 000
盈余公积	5 000			15 000			5 000		15 000
未分配利润	13 000			44 000			13 000		44 000
所有者权益总额	19 000		2 700	82 500			21 700		82 500

注：S 公司报表中的金额为发行 500 万股普通股之后的金额。

（5）上例中，S 企业的全部股东中假定只有其中的 90% 以原持有的对 S 企业股权换取了 P 公司增发的普通股。P 公司应发行的普通股股数为 1 800 万股（1 000×90%×2）。企业合并后，S 企业的股东拥有合并后报告主体的股权比例为 64.29%（1 800÷2 800×100%）。通过假定 S 企业向 P 公司发行本企业普通股在合并后主体享有同样的股权比例，在计算 S 企业须发行的普通股数量时，不考虑少数股权的因素，故 S 企业应当发行的普通股股数为 500 万股（1 000×90%÷64.29%-1 000×90%），S 企业在该项合并中的企业合并成本为 22 500 万元，S 企业未参与股权交换的股东拥有 S 企业的股份为 10%，享有 S 企业合并前净资产的份额为 6 000 万元，在合并财务报表中应作为少数股东权益列示。

三、购买子公司少数股权的处理

企业在取得对子公司的控制权，形成企业合并后，自子公司的少数股东处取得少数股东拥有的对该子公司全部或部分少数股权，该类交易或事项发生以后，应当遵循以下原则分别母公司个别财务报表以及合并财务报表两种情况进行处理：

（1）从母公司个别财务报表角度，其自子公司少数股东处新取得的长期股权投资应当按照《企业会计准则第 2 号——长期股权投资》的规定，即以支付现金资产、非现金资产或发行权益性证券的公允价值来确定追加投资的入账价值。

（2）在合并财务报表中，子公司的资产、负债应以购买日（或合并日）开始持续计算的金额反映。

购买子公司少数股权的交易日，母公司新取得的长期股权投资与按照新增持股比例计算应享有子公司自购买日（或合并日）开始持续计算的可辨认净资产份额之间的差额，应当调整合并财务报表中的资本公积（资本溢价或股本溢价），资本公积（资本溢价或股本溢价）的余额不足冲减的，调整留存收益。

【例6-10】A公司于2022年12月29日以23 000万元取得B公司60%的股权，能够对B公司实施控制，形成非同一控制下的企业合并。2023年12月25日A公司又出资6 000万元自B公司的其他股东处取得B公司20%的股权。A公司与B公司及B公司的少数股东在相关交易发生前不存在任何关联方关系。

（1）2022年12月29日，A公司在取得B公司60%股权时，B公司可辨认净资产公允价值总额为25 000万元。

（2）2023年12月25日，B公司有关资产、负债的账面价值、自购买日开始持续计算的金额（对母公司的价值）见表6-11。

表6-11 　　　　　　　2023年12月25日B公司有关资产、负债的情况 　　　　　　单位：万元

项　目	B公司的账面价值	B公司资产、负债自购买日开始持续计算的金额
存　货	1 800	1 800
应收款项	7 150	7 150
固定资产	9 400	10 500
无形资产	5 650	6 650
其他资产	7 750	10 950
应付款项	1 350	1 350
其他负债	1 700	1 700
净资产	28 700	34 000

分析：

（1）A公司个别会计报表中的处理。

2022年12月29日为该非同一控制下企业合并的购买日，A公司取得对B公司长期股权投资的成本为23 000万元。

2023年12月25日，A公司在进一步取得B公司20%的少数股权时，支付价款6 000万元。会计分录为：

借：长期股权投资　　　　　　　　　　　　　　60 000 000

贷：银行存款　　　　　　　　　　　　　　　　　　　60 000 000

该项长期股权投资在2023年12月25日的账面余额为29 000万元。在合并资产负债表中应确认的商誉为8 000万元（23 000－25 000×60%）。

（2）编制合并财务报表时的处理。

①对子公司B公司个别财务报表的调整。表6-11中已列出B公司资产、负债自合并日开始持续计算的金额，相当于已对其净资产进行了调整。

②将A公司对B公司的长期股权投资（原60%的部分）由成本法转换为权益法。

假设B公司净资产的变动为其他权益变动，从2022年12月29日至2023年12月25日，B公司净资产变动9 000万元（34 000-25 000）。

借：长期股权投资　　　　　　　　　　　　　　　　　54 000 000

　　贷：资本公积　　　　　　　　　　　　　　　　　　　　　54 000 000

③对A公司新取得的长期股权投资与按照新增持股比例计算应享有子公司自购买日开始持续计算的可辨认净资产份额之间的差额进行调整。

新取得的长期股权投资为6 000万元，按照新增持股比例计算应享有子公司自购买日开始持续计算的可辨认净资产份额为6 800万元（34 000×20%），差额为800万元，应编制以下调整分录：

借：长期股权投资　　　　　　　　　　　　　　　　　8 000 000

　　贷：资本公积　　　　　　　　　　　　　　　　　　　　　8 000 000

④编制长期股权投资与子公司所有者权益的抵销分录，确认商誉。

借：所有者权益（B公司）　　　　　　　　　　　　　340 000 000

　　商誉　　　　　　　　　　　　　　　　　　　　　80 000 000

　　贷：长期股权投资（230 000 000+60 000 000+54 000 000+8 000 000）352 000 000

　　　　少数股东权益　　　　　　　　　　　　　　　　　　　68 000 000

四、不丧失控制权情况下处置部分对子公司投资的处理

企业持有对子公司投资后，如将对子公司部分股权出售，但出售后仍保留对被投资单位的控制权，被投资单位仍为其子公司的情况下，出售股权的交易应区别母公司个别财务报表与合并财务报表分别处理：

（1）从母公司个别财务报表角度，应作为长期股权投资的处置，确认有关处置损益。即出售股权取得的价款或对价的公允价值与所处置投资账面价值的差额，应作为投资收益或是投资损失计入处置投资当期母公司的个别利润表。

（2）在合并财务报表中，因出售部分股权后，母公司仍能够对被投资单位实施控制，被投资单位应当纳入母公司合并财务报表。在合并财务报表中，处置长期股权投资取得的价款（或对价的公允价值）与处置长期股权投资相对应享有子公司自购买日或合并日开始持续计算的净资产份额之间的差额应当计入资本公积（资本溢价或股本溢价），余额不足冲减的，应当调整留存收益。

【例6-11】A公司于2021年2月20日取得B公司80%股权，成本为8 600万元，购买日B公司可辨认净资产公允价值总额为9 800万元。假定该项合并为非同一控制下企业合并，且按照税法规定该项合并为应税合并。2023年1月2日，A公司将其持有的对B公司长期股权投资中的25%对外出售，取得价款2 600万元。出售投资当日，B公司自A公司取得其80%股权之日持续计算的应当纳入A公司合并财务报表的可辨认净资产总额为12 000万元。该项交易后，A公司仍能够控制B公司的财务和生产经

营决策。

本例中A公司出售部分B公司股权后，因仍能够对B公司实施控制，该交易属于不丧失控制权情况下处置部分对子公司投资，A公司应当分别个别财务报表和合并财务报表进行处理：

（1）A公司个别财务报表。

借：银行存款 26 000 000

　　贷：长期股权投资 21 500 000

　　　　投资收益 4 500 000

（2）A公司合并财务报表。

①在合并工作底稿中对子公司B公司的个别财务报表进行调整。将2023年1月2日B公司的净资产调整为以合并日公允价值为基础持续计算的金额，该金额本例为12 000万元，调整分录略。

②对A公司个别财务报表进行调整。将A公司对B公司的长期股权投资由成本法转换为权益法。假设在此期间B公司所有者权益的变动为2 200万元（12 000-9 800），全部为其他权益变动，则对于原80%的持股比例：

借：长期股权投资 17 600 000

　　贷：资本公积 17 600 000

对于卖出的25%部分（80%持股比例的25%部分），由于该部分在个别财务报表中减少长期股权投资2 150万元，但这部分股权在合并财务报表中的金额应为2 400万元（12 000×80%×25%）。因此，应调整在个别财务报表中多确认的投资收益250万元（2 400-2 150）。

借：投资收益 2 500 000

　　贷：长期股权投资 2 500 000

在合并工作底稿中长期股权投资经过调整后的金额为7 960万元（（8 600-2 150）+1 760-250）。

在合并工作底稿中，处置该项长期股权投资产生的投资收益经调整后的金额为200万元（450-250）。这一金额就是：出售B公司股权取得的价款2 600万元与所处置股权相对应B公司净资产2 400万元（12 000×80%×25%）之间的差额。根据企业会计准则的要求，应当调整增加合并资产负债表中的资本公积，会计分录为：

借：投资收益 2 000 000

　　贷：资本公积 2 000 000

③编制抵销分录。应确认的商誉760万元（8 600-9 800×80%）。出售后A公司持有B公司的股份比例为60%（80%×75%），少数股东持有B公司股份40%。

借：所有者权益（B公司） 120 000 000

　　商誉 7 600 000

　　贷：长期股权投资 79 600 000

　　　　少数股东权益 48 000 000

本节自测

本章自测

第七章

合并报表：股权取得日后的合并报表

本章重点关注内容

1.合并财务报表合并范围的确定。

2.合并财务报表的格式及编制方法。

3.股权取得日后，同一控制与非同一控制下编制合并财务报表时的调整抵销会计分录。

4.区分本期增加子公司和减少子公司在合并财务报表层面和个别财务报表层面不同的会计处理。

除了学习本章节的内容外，还应当认真阅读《企业会计准则第20号——企业合并》及相关指南和解释。

第一节　合并财务报表概述

一、合并财务报表的含义

合并财务报表，简称合并报表，是以母公司和子公司组成的企业集团为会计主体，以母公司和子公司单独编制的个别财务报表为基础，由母公司编制的综合反映企业集团财务状况、经营成果和现金流量的财务报表。

在控股经营的情况下，母公司和子公司都是独立的法人实体，分别编制自身的财务报表，分别反映企业本身的生产经营情况，这些个别的财务报表并不能够有效地反映整个企业集团的资源总量和来源，提供企业集团整体对外交易的成果。因此，需要将控股母公司与被控股子公司的相关信息综合起来编制财务报表，以满足母公司及企业集团的投资者、债权人和其他报表使用者了解企业集团整体经营状况的信息需要。

思政课堂

编制合并报表
必须坚持大局
观与系统观

二、合并财务报表与企业合并方式的关系

合并财务报表与企业合并方式有密切的联系，但要注意的是，并非每种合并方式下都需要编制合并财务报表。

合并财务报表的编制，与是否属于同一控制下的合并无关，而与企业合并的法律结果有关。在吸收合并方式下，合并前后两个或多个企业被其中一个企业合并，因为合并后只有一个独立的法律主体和会计主体，显然不需要编制合并财务报表。在新设合并方式下，合并前后的两个或多个企业共同组成一个新的企业，最终也只有一个独立的法律主体和会计主体存在，当然也不需要编制合并财务报表。只有在控股合并方式下，合并方和被合并方仍然是独立的法律主体和会计主体。作为各自独立的法律主体和会计主体，合并方和被合并方需要各自独立编制财务报表。但这些个别主体的财务报表，不论是否进行汇总，均不能如实地反映企业集团这一经济意义上的整体的财务状况、经营成果和现金流量信息，不能满足企业集团利益相关各方的决策需要，因此需要编制合并财务报表。

三、合并财务报表的特点

合并财务报表的特点，主要可以从与个别财务报表的比较来看。相对于个别财务报表，合并财务报表有以下特点：

（1）反映的对象不同。合并财务报表以由若干个法人企业组成的企业集团为报告主体，反映企业集团整体的财务会计信息；而个别财务报表则以单个的独立法人企业为报告主体，只反映单个企业的财务会计信息。

（2）编制的主体不同。合并财务报表由企业集团的控股公司或母公司编制，个别财务报表由单个企业单独编制。

（3）编制的基础不同。合并财务报表的编制基础是构成企业集团的母、子公司的个别财务报表，个别财务报表的编制基础是各单个企业的会计账簿记录资料。

（4）编制的方法不同。合并财务报表采用工作底稿这一形式，通过在工作底稿中编制调整和抵销分录，对个别财务报表数据进行加总、调整、抵销以形成合并财务报表；个别财务报表则通过分析总分类账簿和明细分类账簿等记录，直接或间接计算填列个别财务报表。

四、合并财务报表的局限性

合并财务报表是根据母、子公司的个别财务报表编制的，其局限性主要表现在以下几个方面：

（1）合并财务报表涉及多个法人主体，多元化经营的企业集团，母公司与子公司经营活动往往跨越不同行业界限。行业与经营范围的差异，必然会影响合并财务报表信息的可理解性和相关性。

（2）对于跨国企业集团，由于境外子公司个别财务报表的折算采用的汇率不同，加上各国通货膨胀程度各异，合并财务报表的相关性也会受到影响。

（3）对于需要了解特定公司特定信息的报表使用人来讲，合并财务报表不能提供企业集团中具体个体的偿债能力、股利支付能力和获利能力等有用的信息。

合并财务报表的局限性，需要依靠分部报告以及关联方关系及其交易的披露才能在一定程度上予以弥补。

五、合并财务报表的种类

（一）按编制的时间及目的不同进行分类

合并财务报表按编制的时间和目的不同，分为合并日合并财务报表和合并日后合并财务报表两类。

合并日合并财务报表，是指在取得控股权当天编制的合并财务报表。同一控制下的企业合并，母公司在合并日编制的合并财务报表包括合并资产负债表、期初至合并日的合并利润表和合并现金流量表；非同一控制下的企业合并，母公司在购买日只编制合并资产负债表。

合并日后合并财务报表，是指控股合并日后的每一个资产负债表日编制的合并财务报表。同合并日相比，合并日后各报告期内发生了投资收益的确认、内部交易、股利分配等许多控股权取得日前不曾发生的经济事项，对与之相关的财务报表数据进行抵销和调整，就成了合并日后合并财务报表和合并日合并财务报表编制过程中最主要的不同之处。

（二）按反映的具体内容不同进行分类

合并财务报表主要包括合并资产负债表、合并利润表、合并所有者权益变动表（或合并股东权益变动表）、合并现金流量表和附注，分别从不同的方面反映企业集团的财务状况、经营成果及其现金流量情况，构成一个完整的合并财务报表体系。

1.合并资产负债表。合并资产负债表是反映母公司和子公司所形成的企业集团某一特定日期财务状况的报表。

2.合并利润表。合并利润表是反映母公司和子公司所形成的企业集团整体在一定期间内经营成果的报表。

3.合并所有者权益变动表（或合并股东权益变动表）。合并所有者权益变动表（或合并股东权益变动表）是反映母公司在一定期间内，包括经营成果分配在内的所有者（或股东）权益增减变动情况的报表。它是从母公司的角度，站在母公司所有者的立场反映企业所有者（或股东）在母公司中的权益增减变动情况的报表。

4.合并现金流量表。合并现金流量表是反映母公司和子公司所形成的企业集团在一定期间内现金流入量、流出量以及现金净增减变动情况的报表。

5.附注。

总体上来说，合并财务报表的格式与个别财务报表的格式基本相似。从合并资产负债表来说，主要是在"所有者权益（或股东权益）"部分增加了反映少数股东权益情况的"少数股东权益"项目。从合并利润表来说，增加了"归属于母公司所有者的净利润"和"少数股东损益"项目。从所有者权益变动表来说，增加了反映少数股东权益的相关项目。合并现金流量表在"投资活动产生的现金流量"中增加了"处置子公司及其他营业单位收到的现金净额"项目。

本节自测

第二节　合并范围的确定

一、合并范围的确定原则

合并范围，是指可纳入合并财务报表的主体范围。正确界定合并范围是编制合并财务报表的重要前提，对于避免合并财务报表实务中的主观随意性、提高合并财务报表的相关性，有重要的意义。

我国企业会计准则规定，合并财务报表的合并范围应当以控制为基础予以确定。如此，为合理确定合并范围，需要对"控制"这一概念的含义和判断标准有正确的认识。

二、"控制"的基本含义及判断

控制，是指投资方拥有对被投资方的权力，通过参与被投资方的相关活动而享有可变回报，并且有能力运用对被投资方的权力影响其回报金额。因此，投资方要实现控制，必须具备两个基本要素：一是因涉入被投资方而享有可变回报；二是拥有对被投资方的权力，并且有能力运用对被投资方的权力影响其回报金额。投资方只有同时具备上述两个基本要素时，才能控制被投资方。投资方在判断其能否控制被投资方时，具体判断依据如下：

（一）判断通过涉入被投资方的活动享有的是否为可变回报

1.可变回报的定义

在评价投资方是否控制被投资方时，投资方需要确定其是否通过参与被投资方的相关活动而享有可变回报。可变回报是不固定且可能随着被投资方业绩而变化的回报。其可以仅是正回报，仅是负回报，或者两者兼有。

2.可变回报的形式

从被投资方获取股利是投资方的可变回报的通常表现形式。除此之外，可变回报的形式主要包括：

（1）被投资方经济利益的其他分配（例如，被投资方发行的债务工具产生的利息）、投资方对被投资方的投资的价值变动。

（2）因向被投资方的资产或负债提供服务而得到的报酬、因提供信用支持或流动性支持收取的费用或承担的损失、被投资方清算时在其剩余净资产中所享有的权益、税收利益、因参与被投资方的相关活动而获得的未来流动性。

（3）其他利益持有方无法得到的回报。例如，投资方将自身资产与被投资方的资产整合以实现规模经济，达到节约成本的目的；投资方通过参与被投资方的相关活动，保证稀缺资源的供应、获得专有技术或者限制被投资方某些运营或资产，从而达到提高投资方其他资产价值的目的。

投资方在评价其享有被投资方的回报是否可变以及可变的程度时，需要基于合同安排的实质，而不是法律形式。例如，投资方持有固定利息的债券投资时，由于债券存在违约风险，投资方需要承担被投资方不履约而产生的信用风险，因此，投资方享有的固定利息回报也可能是一种可变回报。又如，投资方管理被投资方资产而获得的固定管理费也是一种可变回报，投资方是否能获得此回报依赖于被投资方是否能够获得足够的收益以支付该固定管理费。

（二）判断投资方是否对被投资方拥有权力，并能够运用此权力影响其回报金额

1.权力的含义

投资方能够主导被投资方的相关活动时，称投资方对被投资方享有"权力"。

权力源于权利，权力最常见的产生方式是通过权益工具授予的表决权，但有时也可以通过其他合同安排产生。在判断投资方是否拥有对被投资方的权力时，应区分投资方及其他方享有的权利是实质性权利还是保护性权利，仅实质性权利才应当被加以考虑。实质性权利，是指持有人在对相关活动进行决策时，有实际能力行使的可执行权利。例如，投资方持有一份将于20天后结算的远期股权购买合同，该合同赋予投资方行权后能够持有被投资方的多数表决权股份。另外，能够对被投资方相关活动进行决策的最早时间是30日之后才能召开的特别股东大会。其他投资方不能对被投资方相关活动的现行政策作出任何改变。这里，由于股东大会最早召开的时间晚于远期合同的可行权日，在投资方执行远期合同之前，没有其他任何一方可以改变与被投资方的相关活动有关的决策。因此，虽然该权利当前不可执行，但仍然为一项实质性权利。

保护性权利是指仅为了保护权利持有人利益却没有赋予持有人对相关活动决策权的一项权利。例如，贷款方限制借款方进行会对借款方信用风险产生不利影响从而损害贷款方利益的活动的权利；贷款方在借款方发生违约行为时扣押其资产的权利。保护性权利通常仅适用于被投资方的活动发生根本性改变或某些例外情况时。

判断一项权利是否为实质性权利，应当综合考虑包括但不限于以下各项相关因素：

（1）权利持有人行使权利是否存在经济或其他方面的障碍。

（2）当权利由多方持有或行权需要多方同意时，是否存在实际可行的机制使得这些权利持有人在其愿意的情况下能够一致行使权利。

（3）权利持有人能否从权利行使中获利。

2.相关活动

（1）识别相关活动。

权力定义中的"相关活动"是指对被投资方的回报产生重大影响的活动。从权力的定义中可以看出，要判断投资方是否拥有对被投资方的权力，首先需要识别被投资方的相关活动。

对许多企业而言，经营和财务活动通常对其回报产生重大影响。但是，不同企业的相关活动可能是不同的，应当根据企业的行业特征、业务特点、发展阶段、市场环境等具体情况来进行判断。这些活动可能包括但不限于：商品或劳务的销售和购买；金融资产的管理；资产的购买和处置；研究与开发活动；确定资本结构和获取融资。

（2）分析相关活动的决策机制。

判断被投资方的相关活动后，了解谁拥有对被投资方的权力的下一个重要步骤是分析此类活动的决策机制。相关活动一般由企业章程、协议中约定的权力机构（例如股东会、董事会）来决策。

分析相关活动的决策机制时，应当重点关注被投资方设立的目的和设计以及如何作出有关下列活动的决策，例如：变更战略方向，包括收购和处置子公司；购买或处置主要资本性资产；委任董事及其他关键管理人员并确定其酬劳；批准年度计划、预算和股利政策。

当两个或两个以上投资方能够分别单方面主导被投资方的不同相关活动时，能够主导对被投资方回报产生最重大影响活动的一方拥有对被投资方的权力。

3.权力的来源

如前所述，投资方对被投资方的权力可能源自各种权利，例如，表决权或潜在表决权、委派或罢免有能力主导被投资方相关活动的该被投资方关键管理人员或其他主体的权利、决定被投资方进行某项交易或否决某项交易的权利、由管理合同授予的决策权利。这些权利单独或者结合在一起，可能赋予对被投资方的权力。除非有确凿证据表明投资方不能主导被投资方的相关活动，下列情况表明投资方对被投资方拥有权力：

（1）通过直接或间接拥有半数以上表决权。

表决权是指对被投资方经营计划、投资方案、年度财务预算方案和决算方案、利润分配方案和弥补亏损方案、内部管理机构的设置、聘任或解聘公司经理及确定其报酬、公司的基本管理制度等事项进行表决而持有的权利。表决权比例通常与其出资比例或持股比例是一致的，但公司章程另有规定的除外。

当被投资方的相关活动由持有半数以上表决权的投资方表决决定，或者主导相关活动的权力机构的多数成员由持有半数以上表决权的投资方指派，而且权力机构的决策由多数成员主导时，持有半数以上表决权的投资方拥有对被投资方的权力。例如，A企业和B企业分别持有C企业60%和40%的普通股，C企业的相关活动由股东会议上多数表决权主导，在股东会议上，每股普通股享有一票表决权。假设不存在其他因素，C企业的相关活动由持有C企业大多数表决权的一方主导，因此A企业拥有对C企业的权力。

投资方拥有被投资方半数以上表决权，通常包括如下三种情况：

①投资方直接拥有被投资方半数以上表决权。

②投资方间接拥有被投资方半数以上表决权。

如图7-1（1）所示，假定P公司拥有S_1公司80%的表决权，而S_1公司又拥有S_3公司70%的表决权。在这种情况下，P公司间接拥有S_3公司70%的表决权。

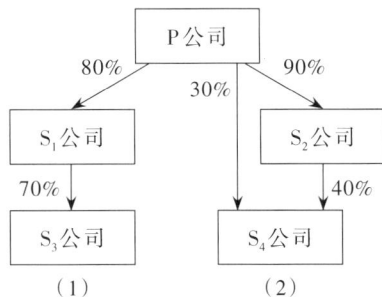

图7-1 投资方直接或间接拥有被投资方半数以上表决权示意图

③投资方以直接和间接方式合计拥有被投资方半数以上表决权。直接和间接方式合计拥有半数以上表决权，是指投资方以直接方式拥有某一被投资方半数以下的表决权，同时又通过其他方式如通过子公司拥有被投资方一部分的表决权，两者合计拥有该被投资方半数以上的表决权。例如，如图7-1（2）所示，P公司拥有S_2公司90%的表决权，拥有S_4公司30%的表决权；S_2公司拥有S_4公司40%的表决权。在这种情况下，P公司间接拥有S_4公司40%的表决权，与直接拥有的30%表决权合计，P公司共拥有S_4公司70%的表决权。

（2）直接或间接结合，也只拥有半数或半数以下表决权，但仍然可以通过表决权判断拥有权力。

持有半数或半数以下表决权的投资方（或者虽持有半数以上表决权，但仅凭自身表决权比例仍不足以主导被投资方相关活动的投资方），应综合考虑下列事实和情况，以判断其持有的表决权与相关事实和情况相结合是否可以赋予投资方对于被投资方的权力：

① 考虑投资方持有的表决权相对于其他投资方持有的表决权份额的大小，以及其他投资方持有表决权的分散程度。例如，A投资者持有被投资方48%的表决权，剩余表决权由数千位股东持有，但除A投资者之外，没有任何股东持有超过1%的表决权，没有任何股东与其他股东达成协议或能够作出共同决策。在这种情况下，A投资者无须考虑权利的任何其他证据，即可以其持有表决权的绝对规模和其他股东持有表决权的相对规模为基础，断定其拥有足够的、具有决定性的表决权以满足权力的标准。

② 考虑与其他表决权持有人的协议。投资方自己拥有的表决权不足，但通过与其他表决权持有人的协议使其可以控制足以主导被投资方相关活动的表决权，从而拥有被投资方的权力。该类协议需要确保投资方能够主导其他表决权持有人的表决，

即，其他表决权持有人按照投资方的意愿进行表决，而不是与其他表决权持有人协商根据双方协商一致的结果进行表决。例如，A企业持有E企业40%的普通股，B企业、C企业、D企业各持有E企业20%的普通股。E企业的相关活动由其董事会主导，董事会中3名董事由A企业任命，剩余3名分别由B企业、C企业和D企业任命。A企业和B企业单独签订合同，规定B企业任命的董事必须与A企业任命的董事以相同方式进行表决。若不存在其他因素，该合同安排赋予A企业在董事会会议上获得涉及相关活动的大多数表决权，从而使得A企业拥有对E企业的权力。

③ 考虑其他合同安排产生的权利。投资方可能通过拥有的表决权和其他决策权相结合的方式使其目前有能力主导被投资方的相关活动。例如，E企业拥有4名股东，分别为A企业、B企业、C企业和D企业，A企业持有E企业40%的普通股，其他3位股东各持有20%，E企业的相关活动受其董事会主导，董事会由6名董事组成，其中3名董事由A企业任命，剩余3名分别由B企业、C企业和D企业任命。为避免董事审议陷入僵局，股东们签订协议赋予A企业任命的其中1名董事作为董事会主席，并且在董事会会议上享有额外的一票。本例中，A企业拥有对E企业的权力。尽管A企业并未持有E企业的大多数投票权，但合同安排赋予投资方A企业在被投资方E企业的权力机构中指派若干成员的权利，而该等成员足以主导权力机构对相关活动的决策。

④ 如果结合表决权和上述第①至③项所列因素，仍不足以判断投资方能否控制被投资方，则还需要考虑是否存在其他事实或情况，能够证明投资方拥有主导被投资方相关活动的现时能力。

例如，投资方能够任命或批准被投资方的关键管理人员，这些关键管理人员能够主导被投资方的相关活动；投资方能够出于自身利益决定或者否决被投资方的重大交易；投资方能够控制被投资方董事会等类似权力机构成员的任命程序，或者从其他表决权持有人手中获得代理权；投资方与被投资方的关键管理人员或董事会等类似权力机构中的多数成员存在关联方关系；投资方与被投资方之间存在特殊关系，如被投资方的关键管理人员是投资方的现任或前任职工、被投资方的经营活动依赖于投资方、被投资方活动的重大部分有投资方参与其中或者是以投资方的名义进行、投资方自被投资方承担可变回报的风险或享有可变回报的收益的程度远超过其持有的表决权或其他类似权利的比例等。

（3）在确定能否控制被投资方时对潜在表决权的考虑。

潜在表决权是获得被投资方表决权的权利，例如，可转换工具、认股权证、远期股权购买合同或期权所产生的权利。确定潜在表决权是否赋予其持有者权力时，仅考虑满足实质性权利要求的潜在表决权。例如，A公司与B公司分别持有被投资方70%和30%的表决权。历史上，A公司一直通过表决权主导被投资方的相关活动。除此之外，根据A公司与B公司签订的期权合同，B公司可以在目前及未来两年内以固定价格购买A公司持有的被投资方50%的表决权。根据该价格及期权合约的条款设计，B公司到期行权的可能性极小。在这种情况下，B公司目前拥有购买A公司表决权的可行使期权，一旦行权将使B公司拥有被投资方80%表决权。但由于在目前及预计未来两年内B公司行权的可能性极小，因此，这些期权并不构成实质性权利，在评估B公司对于被投资方是否拥有权力时不应予以考虑。

（4）持有被投资方半数以上表决权但并无权力的情况。

判断持有半数以上表决权的投资方是否拥有对被投资方的权力，关键在于该投资方是否拥有主导被投资方相关活动的现时能力。在被投资方相关活动被政府、法院、管理人、接管人、清算人或监管人等其他方主导时，投资方无法凭借其拥有的表决权主导被投资方的相关活动，因此，投资方此时即使持有被投资方过半数的表决权，也不拥有对被投资方的权力。如果投资方虽然持有被投资方半数以上表决权，但这些表决权并不是实质性权利，则投资方并不拥有对被投资方的权力。

另外，半数以上表决权通过，只是作出决策的通常做法，有些情况下，根据相关章程、协议或其他法律文件，主导相关活动的决策所要求的表决权比例高于持有半数以上表决权的一方持有的表决权比例。例如，被投资方的公司章程规定，与相关活动有关的决策必须由出席会议的投资方所持2/3以上的表决权通过。在这种情况下，持有半数以上但不足2/3表决权的投资方，虽然其表决权比例超过半数，但该表决权本身不足以赋予投资方权力。

（5）权力来自于表决权以外的其他权利——来自合同安排。

在某些情况下，某些主体的投资方对其的权力并非源自于表决权，被投资方的相关活动由一项或多项合同安排决定，例如，证券化产品、资产支持融资工具、部分投资基金等结构化主体。结构化主体，是指在确定其控制方时没有将表决权或类似权利作为决定性因素而设计的主体。通常情况下，结构化主体在合同约定的范围内开展业务活动，表决权或类似权利仅与行政性管理事务相关。

例如，余额宝里面的钱都是广大散户的，不是阿里巴巴的，但是阿里巴巴还是能控制余额宝的运营，并不是谁往余额宝里投的钱多就由谁控制，余额宝对于阿里巴巴来说就相当于一个结构化主体。阿里巴巴在编制合并报表的时候，应该把余额宝包括在内。

4.权力与回报之间的联系

投资方必须不仅拥有对被投资方的权力和因涉入被投资方而承担或有权获得可变回报，而且要有能力使用权力来影响因涉入被投资方而获得的投资方回报。只有当投资方不仅拥有对被投资方的权力、通过参与被投资方的相关活动而享有可变回报，并且有能力运用对被投资方的权力来影响其回报金额时，投资方才控制被投资方。

三、纳入合并范围的特殊情况——对被投资方可分割部分的控制

投资方通常应当对是否控制被投资方整体进行判断。但在少数情况下，如果有确凿证据表明同时满足下列条件并符合相关法律法规规定的，投资方应当将被投资方的一部分视为被投资方可分割的部分：

1.该部分的资产是偿付该部分负债或该部分其他权益方的唯一来源，不能用于偿还该部分以外的被投资方的其他负债；

2.除与该部分相关的各方外，其他方不享有与该部分资产相关的权利，也不享有与该部分资产剩余现金流量相关的权利。

实质上该部分的所有资产、负债及其他相关权益均与被投资方的剩余部分相隔离，即：该部分的资产产生的回报不能由该部分以外的被投资方其他部分享有，该部分的负债也不能用该部分以外的被投资方资产偿还。

确定可分割部分后，投资方应基于控制的判断标准判断其是否能控制该可分割部分。如果投资方控制可分割部分，则应将其进行合并。

四、合并范围的豁免——投资性主体

（一）豁免规定

母公司应当将其全部子公司（包括母公司所控制的被投资单位可分割部分、结构化主体）纳入合并范围。但是，如果母公司是投资性主体，则只应将那些为投资性主体的投资活动提供相关服务的子公司纳入合并范围；其他子公司不应予以合并，母公司对其他子公司的投资应当按照公允价值计量且其变动计入当期损益。

一个投资性主体的母公司如果其本身不是投资性主体，则应当将其控制的全部主体，包括投资性主体以及通过投资性主体间接控制的主体，纳入合并范围。

（二）投资性主体的定义

当母公司同时满足以下三个条件时，该母公司属于投资性主体：

1.该公司以向投资者提供投资管理服务为目的，从一个或多个投资者处获取资金，这是投资性主体与其他主体的显著区别。

2.该公司的唯一经营目的，是通过资本增值、投资收益或两者兼有而让投资者获得回报，而不是与被投资者合作开发、生产或销售某种产品。

3.该公司按照公允价值对几乎所有投资的业绩进行计量和评价。

分组讨论

合并范围

（三）因投资性主体转换引起的合并范围的变化

当母公司由非投资性主体转变为投资性主体时，自转变日起仅将为其投资活动提供相关服务的子公司纳入合并范围，对其他子公司不再予以合并，按部分处置子公司股权但不丧失控制权的处理原则进行会计处理。当母公司由投资性主体转变为非投资性主体时，应将原未纳入合并范围的子公司于转变日纳入合并范围，按照非同一控制下企业合并的会计处理方法进行会计处理。

五、控制的持续评估

控制的评估是持续的，当环境或情况发生变化时，投资方需要评估控制的两个基本要素是否发生了变化。如果有任何事实或情况表明控制的两个基本要素中的一个或多个发生了变化，投资方应重新评估对被投资方是否具有控制。

本节自测

第三节 合并财务报表编制的原则、前期准备事项及程序

一、合并财务报表的编制原则

合并财务报表的编制者是母公司，但所对应的会计主体是由母公司及其控制

的所有子公司所构成的企业集团。因此，合并财务报表的编制除遵循财务报表编制的一般原则和要求（如真实可靠、内容完整等）外，还应当遵循以下原则和要求：

1.合并财务报表利用母公司和子公司编制的反映各自财务状况、经营成果和现金流量的财务报表提供的数据，通过合并财务报表的特有方法进行编制。

2.合并财务报表反映的是企业集团的财务状况、经营成果和现金流量，反映的是由多个法人企业组成的一个会计主体的财务情况，在编制合并财务报表时，对于母公司与子公司、子公司相互之间发生的经济业务，应当视同同一会计主体内部业务处理。

3.合并财务报表涉及多个法人主体，涉及的经营活动的范围很广，母公司与子公司经营活动往往跨越不同行业界限，有时母公司与子公司经营活动甚至相差很大。合并财务报表要综合反映这样的会计主体的财务状况、经营成果和现金流量，必然会涉及重要性的判断。如对一些项目在企业集团中的某一企业具有重要性，但对于整个企业集团则不一定具有重要性的情况，需要根据重要性的要求对财务报表项目进行取舍。此外，母公司与子公司、子公司相互之间发生的经济业务，对整个企业集团财务状况、经营成果和现金流量影响不大时，也可根据重要性原则不编制抵销分录而直接编制合并财务报表。

二、合并财务报表编制的前期准备事项

合并财务报表的编制涉及多个子公司，有的合并财务报表的合并范围甚至包括数百个子公司。为了使编制的合并财务报表准确、全面地反映企业集团的真实情况，必须做好一系列的前期准备事项。这些前期准备事项主要有：

（一）统一母子公司的会计政策

会计政策是指企业进行会计核算和编制财务报表时所采用的会计原则、会计程序和会计处理方法，是编制财务报表的基础。统一母公司和子公司的会计政策是保证母子公司财务报表各项目反映内容一致的基础，为此，在编制财务报表前，应当统一母公司和子公司的会计政策。

（二）统一母子公司的资产负债表日及会计期间

财务报表是反映一定日期的财务状况、一定会计期间的经营成果和现金流量的，为使子公司的资产负债表日和会计期间与母公司的资产负债表日和会计期间保持一致，以便于子公司提供相同资产负债表日和会计期间的财务报表，编制合并财务报表前必须统一企业集团内母公司和子公司的资产负债表日和会计期间。

（三）对子公司以外币表示的财务报表进行折算

对母公司和子公司的财务报表进行合并，母子公司个别财务报表所采用的货币计量单位应当一致。由于我国允许外币业务比较多的企业采用某一外币作为记账本位币，境外企业一般也是采用其所在国或地区的货币作为其记账本位币，因此在将这些企业的财务报表纳入合并财务报表时，必须将其折算为以母公司所采用的记账本位币表示的财务报表。

（四）收集编制合并财务报表的相关资料

合并财务报表以母公司和子公司的财务报表以及其他有关资料为依据。为编制合并财务报表，母公司应当要求子公司及时提供下列有关资料：

（1）子公司相应期间的财务报表；

（2）与母公司及与其他子公司之间发生的内部购销交易、债权债务、投资及其产生的现金流量和未实现内部销售损益的期初、期末余额及变动情况等资料；

（3）子公司所有者权益变动和利润分配的有关资料；

（4）编制合并财务报表所需要的其他资料。

三、合并财务报表的编制程序

合并财务报表的编制工作必须按照一定的程序有步骤地进行（如图7-2所示）。

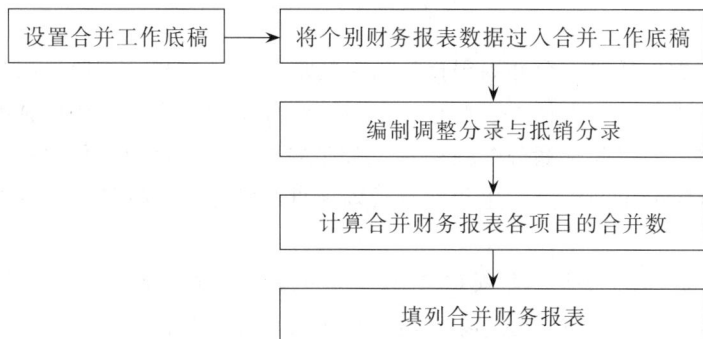

图7-2　合并财务报表的编制程序

1.设置合并工作底稿。在合并工作底稿中，对母公司和纳入合并范围的子公司的个别财务报表各项目的数额进行汇总、调整和抵销处理，最终计算得出合并财务报表各项目的合并数。合并工作底稿的基本格式见表7-1。

表7-1　　　　　　　　　合并工作底稿

××××年度　　　　　　　　　　　单位：万元

项　目	母公司	子公司	合计数	调整分录		抵销分录		少数股东权益	合并数
				借方	贷方	借方	贷方		
资产负债表项目：									
……									
利润表项目：									
……									
所有者权益变动表项目：									
……									

2.将母公司、纳入合并范围的子公司个别资产负债表、利润表及所有者权益变动

表各项目的数据过入合并工作底稿。

3.编制调整分录与抵销分录，将母公司与子公司、子公司相互之间发生的经济业务对个别财务报表有关项目的影响进行调整、抵销处理。

4.计算合并财务报表各项目的合并数。即在母公司和纳入合并范围的子公司的个别财务报表各项目加总数额的基础上，加减调整分录与抵销分录发生额，计算出合并财务报表中的资产项目、负债项目、所有者权益项目、收入项目、费用项目和利润分配项目的合并数。

（1）资产类项目，其合并数根据该项目的加总数额，加上该项目调整分录与抵销分录的借方发生额，减去该项目调整分录与抵销分录的贷方发生额计算确定。

（2）负债类项目和所有者权益类项目，其合并数根据该项目的加总数额，减去该项目调整分录与抵销分录的借方发生额，加上该项目调整分录与抵销分录的贷方发生额计算确定。

（3）收入类项目，其合并数根据该项目的加总数额，减去该项目调整分录与抵销分录的借方发生额，加上该项目调整分录与抵销分录的贷方发生额计算确定。

（4）费用类项目和利润分配项目，其合并数根据该项目的加总数额，加上该项目调整分录与抵销分录的借方发生额，减去该项目调整分录与抵销分录的贷方发生额计算确定。

5.填列合并财务报表。即根据合并工作底稿中计算出的资产、负债、所有者权益、收入、费用类各项目的合并数，填列正式的合并财务报表。

四、编制合并财务报表需要调整和抵销的项目

1.编制合并资产负债表需要调整和抵销的项目

合并资产负债表是以母公司和纳入合并范围的子公司的个别资产负债表为基础编制的。对于企业集团内部发生的经济业务，发生内部经济业务的双方都在其个别资产负债表中进行了反映。因此，如果简单地将母、子公司的资产、负债和所有者权益类各项目的数额加总，数额中必然包含有重复计算的因素。作为反映企业集团整体财务状况的合并资产负债表，必须将这些重复计算的因素予以扣除，对这些重复计算的因素进行调整和抵销处理。

编制合并资产负债表时需要进行调整和抵销处理的项目主要有：

（1）母公司对子公司股权投资项目与子公司所有者权益（或股东权益）项目；

（2）母公司与子公司、子公司相互之间未结算的内部债权债务项目；

（3）存货项目，即内部购进存货价值中包含的未实现内部销售损益；

（4）固定资产项目（包括固定资产原价和累计折旧项目），即内部购进固定资产价值中包含的未实现内部销售损益；

（5）无形资产项目，即内部购进无形资产价值包含的未实现内部销售损益。

2.编制合并利润表和合并所有者权益变动表需要调整和抵销的项目

合并利润表和合并所有者权益变动表是以母公司和纳入合并范围的子公司的个别利润表和个别所有者权益变动表为基础编制的。在编制合并利润表和合并所有者权益

变动表时，也需要将以个别财务报表为基础计算的收益和费用等项目的加总数额中包含的重复计算的因素予以扣除。

编制合并利润表和合并所有者权益变动表时需要进行调整和抵销处理的项目主要有：

（1）内部销售收入和内部销售成本项目；

（2）内部投资收益项目，包括内部利息收入与利息支出项目、内部股权投资收益项目；

（3）信用减值损失、资产减值损失项目，即与内部交易相关的内部应收账款、存货、固定资产、无形资产等项目的减值损失；

（4）纳入合并范围的子公司利润分配项目。

3.编制合并现金流量表需要调整和抵销的项目

合并现金流量表以母公司和纳入合并范围的子公司的个别现金流量表为基础，在抵销母公司与子公司、子公司相互之间发生的内部交易对合并现金流量表的影响后，由母公司编制。

编制合并现金流量表时需要进行调整和抵销的内容主要有：

（1）母公司与子公司、子公司相互之间当期以现金投资或收购股权增加的投资所产生的现金流量；

（2）母公司与子公司、子公司相互之间当期取得投资收益收到的现金与分配股利、利润或偿付利息支付的现金；

（3）母公司与子公司、子公司相互之间以现金结算债权与债务所产生的现金流量；

（4）母公司与子公司、子公司相互之间当期销售商品所产生的现金流量；

（5）母公司与子公司、子公司相互之间处置固定资产、无形资产和其他长期资产收回的现金净额与购建固定资产、无形资产和其他长期资产支付的现金；

（6）母公司与子公司、子公司相互之间当期发生的其他内部交易所产生的现金流量。

本节自测

第四节　同一控制下合并日后合并财务报表的编制

编制合并日后合并财务报表时，首先，将母公司对子公司长期股权投资由成本法核算的结果调整为权益法核算的结果，使母公司对子公司长期股权投资项目反映其在子公司所有者权益中所拥有权益的变动情况；其次，将母公司对子公司长期股权投资项目与子公司所有者权益项目等内部交易相关的项目进行抵销处理；将内部交易对合并财务报表的影响予以抵销；最后，在编制合并日合并工作底稿的基础上，编制合并财务报表。

一、合并日后合并财务报表的调整处理

对于属于同一控制下企业合并中取得的子公司的个别财务报表，如果不存在与母

公司会计政策和会计期间不一致的情况，则不需要对该子公司的个别财务报表进行调整。

在母公司的个别财务报表中，为使母公司"长期股权投资"项目金额与子公司股东权益各项目金额建立对应关系，从而为下一步抵销分录的编制建立基础，习惯上需要将母公司长期股权投资成本法核算的结果调整为权益法核算的结果。将成本法的核算结果调整为权益法的核算结果时，应当自取得对子公司长期股权投资的年度起，逐年按照子公司当年实现的净利润中属于母公司享有的份额，调整增加对子公司长期股权投资的金额，并调整增加当年投资收益；对于子公司当期分派的现金股利或宣告分派的股利中母公司享有的份额，则调整冲减长期股权投资的账面价值，同时调整减少原确认的投资收益。

在取得子公司长期股权投资的第二年，将成本法核算的结果调整为权益法核算的结果时，则在调整计算第一年年末权益法核算的对子公司长期股权投资的金额的基础上，按第二年子公司实现的净利润中母公司所拥有的份额，调增长期股权投资的金额；按子公司分派或宣告分派的现金股利中母公司所拥有的份额，调减长期股权投资的金额。以后年度的调整，比照上述做法进行调整处理。

子公司除净损益以外所有者权益的其他变动，在按照权益法对成本法核算的结果进行调整时，应当根据子公司本期除净损益以外的所有者权益的其他变动而计入资本公积或其他综合收益的金额中所享有的份额，对长期股权投资的金额进行调整，即按照子公司当期计入资本公积或其他综合收益的金额中母公司所拥有的份额，在增加长期股权投资的同时，增加自身资本公积或其他综合收益。在以后年度将成本法核算的结果调整为权益法核算的结果时，也必须考虑这一因素对长期股权投资的金额进行调整。

值得注意的是，将母公司对子公司长期股权投资以成本法核算的结果按权益法调整，是会计实务工作者长期以来的习惯做法。实际上，只要能将受子公司长期股权投资影响的"长期股权投资"和"投资收益"等有关报表项目的影响金额抵销，在成本法基础上进行抵销和在权益法基础上进行抵销并无实质性区别，只不过抵销分录涉及的具体项目不完全相同。

【例7-1】甲公司与A公司的最终控制方为S公司。甲公司2023年1月1日以28 600万元的价格取得A公司80%的股权，价款以银行存款支付。股权取得日A公司股东权益账面价值总额为32 000万元，其中，股本为20 000万元，资本公积为8 000万元，盈余公积为1 200万元，未分配利润为2 800万元。在最终控制方S公司的合并财务报表中，A公司净资产的账面价值为32 000万元。

A公司2023年全年实现净利润10 500万元，经公司董事会提议并经股东会批准，2023年提取盈余公积2 000万元，向股东宣告分派现金股利4 500万元。2023年12月31日，A公司股东权益总额为38 000万元，其中，股本为20 000万元，资本公积为8 000万元，盈余公积为3 200万元，未分配利润为6 800万元。

甲公司和A公司2023年度个别财务报表见表7-2、表7-3和表7-4，A公司采用的会计政策与甲公司一致。

表7-2

资产负债表

会企01表

编制单位：

2023 年 12 月 31 日

单位：万元

资产	甲公司	A公司	负债和所有者权益（或股东权益）	甲公司	A公司
流动资产：			流动负债：		
货币资金	5 700	6 500	短期借款	10 000	4 800
交易性金融资产	3 000	5 000	交易性金融负债	4 000	2 400
衍生金融资产			衍生金融负债		
应收票据	7 200	3 600	应付票据	13 000	3 600
应收账款	8 500	5 100	应付账款	18 000	5 200
应收款项融资			预收款项	4 000	3 900
预付款项	1 500	2 500	应付职工薪酬	5 000	1 600
其他应收款	5 300	1 300	应交税费	2 700	1 400
其中：应收利息			其他应付款	5 300	5 200
应收股利	4 800		其中：应付利息		
存货	37 000	18 000	应付股利	5 000	4 500
一年内到期的非流动资产			一年内到期的非流动负债		
其他流动资产	1 800	1 000	其他流动负债	2 000	900
流动资产合计	70 000	43 000	流动负债合计	64 000	29 000
非流动资产：			非流动负债：		
债权投资	13 000	4 000	长期借款	4 000	5 000
其他债权投资	8 000	0	应付债券	20 000	7 000
长期应收款		0	长期应付款	6 000	0
长期股权投资	40 000	0	预计负债		
投资性房地产			递延收益		
固定资产	28 000	26 000	递延所得税负债		
在建工程	13 000	4 200	其他非流动负债	0	0
生产性生物资产			非流动负债合计	30 000	12 000
油气资产			负债合计	94 000	41 000
使用权资产			股东权益：		
无形资产	6 000	1 800	股本	40 000	20 000
开发支出			其他权益工具		
商誉	2 000		资本公积	10 000	8 000
长期待摊费用			减：库存股		
递延所得税资产			其他综合收益		

续表

资产	甲公司	A公司	负债和所有者权益（或股东权益）	甲公司	A公司
其他非流动资产			专项储备		
非流动资产合计	110 000	36 000	盈余公积	18 000	3 200
			未分配利润	18 000	6 800
			股东权益合计	86 000	38 000
资产总计	180 000	79 000	负债和股东权益总计	180 000	79 000

表7-3 利润表 会企02表

编制单位： 2023年度 单位：万元

项　目	甲公司	A公司
一、营业收入	150 000	94 800
减：营业成本	96 000	73 000
税金及附加	1 800	1 000
销售费用	5 200	3 400
管理费用	6 000	3 900
财务费用	1 200	800
加：投资收益（损失以"-"号填列）	9 800	200
公允价值变动损益（损失以"-"号填列）	0	0
资产减值损失（损失以"-"号填列）	600	300
二、营业利润（亏损以"-"号填列）	49 000	12 600
加：营业外收入	1 600	2 400
减：营业外支出	2 600	1 000
三、利润总额（亏损总额以"-"号填列）	48 000	14 000
减：所得税费用	12 000	3 500
四、净利润（净亏损以"-"号填列）	36 000	10 500
五、其他综合收益的税后净额		
……		
六、综合收益总额	36 000	10 500
七、每股收益：		
（一）基本每股收益		
（二）稀释每股收益		

表7-4

股东权益变动表

2023 年度

编制单位：

会企04表

单位：元

项目	甲公司 股本	其他权益工具	资本公积	减：库存股	其他综合收益	专项储备	盈余公积	未分配利润	股东权益合计	A公司 股本	其他权益工具	资本公积	减：库存股	其他综合收益	专项储备	盈余公积	未分配利润	股东权益合计
一、上年年末余额	40 000		10 000				11 000	9 000	70 000	20 000		8 000				1 200	2 800	32 000
加：会计政策变更																		
前期差错更正																		
其他																		
二、本年年初余额	40 000		10 000				11 000	9 000	70 000	20 000		8 000				1 200	2 800	32 000
三、本年增减变动金额（减少以"-"号填列）								36 000	36 000								10 500	10 500
（一）综合收益总额								36 000									10 500	
（二）所有者投入和减少资本																		
1.所有者投入的普通股																		
2.其他权益工具持有者投入资本																		
3.股份支付计入所有者权益的金额																		
4.其他																		
（三）利润分配																		
1.提取盈余公积							7 000	7 000								2 000	2 000	
2.对股东的分配								20 000	20 000								4 500	4 500
3.其他																		
（四）股东权益内部结转																		
1.资本公积转增股本																		
2.盈余公积转增股本																		
3.盈余公积弥补亏损																		
4.设定受益计划变动额结转留存收益																		
5.其他综合收益结转留存收益																		
6.其他																		
四、本年年末余额	40 000		10 000				18 000	18 000	86 000	20 000		8 000				3 200	6 800	38 000

成本法下，甲公司对 A 公司长期股权投资取得时的账面价值为 25 600 万元，2023 年 12 月 31 日长期股权投资账面价值仍为 25 600 万元，同时甲公司根据所享有的 A 公司当年宣告分配的现金股利份额确认投资收益 3 600 万元。将成本法核算的结果调整为权益法核算的结果相关的调整分录如下：

借：长期股权投资——A 公司   84 000 000   ①
    贷：投资收益   84 000 000
借：投资收益   36 000 000   ②
    贷：长期股权投资——A 公司   36 000 000

经过上述调整分录后，甲公司对 A 公司长期股权投资的账面价值为 30 400 万元（25 600+8 400-3 600）。甲公司对 A 公司长期股权投资的账面价值 30 400 万元正好与母公司在 A 公司股东权益中所拥有的份额（38 000 万元×80%）相等。

二、合并日后合并财务报表的抵销处理

（一）长期股权投资与子公司所有者权益的抵销处理

母公司对子公司进行的长期股权投资，一方面反映为长期股权投资以外的其他资产的减少，另一方面反映为长期股权投资的增加，在母公司个别资产负债表中作为资产类项目中的长期股权投资列示。子公司接受这一投资时，一方面增加资产，另一方面作为实收资本（或股本，下同）等处理，在其个别资产负债表中一方面反映为实收资本等的增加，另一方面反映为相对应的资产的增加。从企业集团整体来看，母公司对子公司进行的长期股权投资实际上相当于母公司将资本拨付下属核算单位，并不引起整个企业集团的资产、负债和所有者权益的增减变动。因此，编制合并财务报表时，应当在母公司与子公司财务报表数据简单相加的基础上，将母公司对子公司长期股权投资项目与子公司所有者权益项目予以抵销。

根据母公司在子公司所有者权益中拥有份额的多少不同，可以将子公司分为全资子公司和非全资子公司。对于全资子公司，进行抵销处理时将对子公司长期股权投资的金额与子公司所有者权益全额抵销；而对于非全资子公司，则将长期股权投资与子公司所有者权益中母公司所拥有的份额进行抵销，不属于母公司的份额，即属于子公司少数股东的权益，应将其转为少数股东权益。

接【例 7-1】，经过调整后，甲公司对 A 公司长期股权投资的金额为 30 400 万元；A 公司股东权益总额为 38 000 万元，甲公司拥有 80% 的股权，即在子公司股东权益中拥有 30 400 万元；其余 20% 则属于少数股东权益。长期股权投资与子公司所有者权益抵销时，其抵销分录如下：

借：股本   200 000 000   ③
  资本公积   80 000 000
  盈余公积   32 000 000
  未分配利润   68 000 000
    贷：长期股权投资   304 000 000
      少数股东权益   76 000 000

（二）对子公司的投资收益与子公司当年利润分配的抵销处理

编制合并利润表时，是将子公司的营业收入、营业成本和期间费用视为母公司本身的营业收入、营业成本和期间费用同等看待，与母公司相应的项目进行合并。母公司对某一子公司的长期股权投资在合并工作底稿中按权益法调整后确定的投资收益，实际上就是该子公司当期实现的净利润，也就是子公司当期营业收入减去营业成本和期间费用、所得税费用等后的余额与母公司持股比例相乘的结果。因此，编制合并利润表时，必须将对子公司长期股权投资的投资收益予以抵销。同时，为使合并财务报表反映母公司股东权益变动的情况，应当相应地将子公司个别所有者权益变动表中本年利润分配各项目的金额，包括提取盈余公积、对所有者（或股东）的分配和期末未分配利润的金额予以抵销。

要注意到，从单一企业来讲，当年实现的净利润加上年初未分配利润是企业利润分配的来源，企业对其进行分配，提取盈余公积、向股东分配股利，以及留待以后年度的未分配利润（未分配利润可以理解为将这部分利润分配到下一会计年度）等，则是利润分配的去向。而子公司当年实现的净利润，可以分为两部分：一部分属于母公司所有，即母公司的投资收益；另一部分则属于少数股东所有，即少数股东本期收益。

接【例7-1】，甲公司对子公司的投资收益与子公司当年利润分配抵销处理时，其抵销分录如下：

借：投资收益　　　　　　　　　　　　　　　84 000 000　　　　④
　　少数股东损益　　　　　　　　　　　　　21 000 000
　　年初未分配利润　　　　　　　　　　　　28 000 000
　　贷：提取盈余公积　　　　　　　　　　　　　　　20 000 000
　　　　向股东分配利润　　　　　　　　　　　　　　45 000 000
　　　　年末未分配利润　　　　　　　　　　　　　　68 000 000

另外，本例中A公司本年宣告分派现金股利4 500万元，股利款项尚未支付，A公司已将其计列应付股利4 500万元。甲公司根据A公司宣告分派现金股利的公告，按照其所享有的金额，已确认应收股利，并在其资产负债表中计列应收股利3 600万元。这属于母公司与子公司之间的债权债务，在编制合并财务报表时必须将其予以抵销，其抵销分录如下：

借：应付股利　　　　　　　　　　　　　　　36 000 000　　　　⑤
　　贷：应收股利　　　　　　　　　　　　　　　　　36 000 000

根据上述调整分录①和②和抵销分录③至⑤，编制合并工作底稿见表7-5。

三、合并财务报表的编制

根据上述合并工作底稿，可以编制甲公司2023年度合并资产负债表、合并利润表和合并股东权益变动表见表7-6、表7-7和表7-8。

表 7-5 　　　　　　　　　　　　　　合并工作底稿

2023年度　　　　　　　　　　　　　　　单位：万元

项　目	甲公司	A公司	合计数	调整分录 借方	调整分录 贷方	抵销分录 借方	抵销分录 贷方	少数股东权益	合并数
资产负债表									
流动资产：									
货币资金	5 700	6 500	12 200						12 200
交易性金融资产	3 000	5 000	8 000						8 000
衍生金融资产									
应收票据	7 200	3 600	10 800						10 800
应收账款	8 500	5 100	13 600						13 600
预付款项	1 500	2 500	4 000						4 000
其他应收款	5 300	1 300	6 600				3 600		3 000
其中：应收股利	4 800	0	4 800				3 600⑤		1 200
存货	37 000	18 000	55 000						55 000
其他流动资产	1 800	1 000	2 800						2 800
流动资产合计	70 000	43 000	113 000				3 600		109 400
非流动资产：									
债权投资	13 000	4 000	17 000						17 000
其他债权投资	8 000	0	8 000						8 000
长期股权投资	40 000	0	40 000	8 400①	3 600②		30 400③		14 400
投资性房地产									
固定资产	28 000	26 000	54 000						54 000
在建工程	13 000	4 200	17 200						17 200
无形资产	6 000	1 800	7 800						7 800
商誉	2 000	0	2 000						2 000
其他非流动资产	0	0	0						0
非流动资产合计	110 000	36 000	146 000	8 400	3 600		30 400		120 400
资产总计	180 000	79 000	259 000	8 400	3 600		34 000		229 800
流动负债：									

续表

项 目	甲公司	A公司	合计数	调整分录 借方	调整分录 贷方	抵销分录 借方	抵销分录 贷方	少数股东权益	合并数
短期借款	10 000	4 800	14 800						14 800
交易性金融负债	4 000	2 400	6 400						6 400
衍生金融负债									
应付票据	13 000	3 600	16 600						16 600
应付账款	18 000	5 200	23 200						23 200
预收款项	4 000	3 900	7 900						7 900
应付职工薪酬	5 000	1 600	6 600						6 600
应交税费	2 700	1 400	4 100						4 100
其他应付款	5 300	5 200	10 500			3 600			6 900
其中：应付股利	5 000	4 500	9 500			3 600[5]			5 900
其他流动负债	2 000	900	2 900						2 900
流动负债合计	64 000	29 000	93 000			3 600			89 400
非流动负债：									
长期借款	4 000	5 000	9 000						9 000
应付债券	20 000	7 000	27 000						27 000
长期应付款	6 000	0	6 000						6 000
其他非流动负债	0	0	0						0
非流动负债合计	30 000	12 000	42 000						42 000
负债合计	94 000	41 000	135 000			3 600			131 400
股东权益：									
股本	40 000	20 000	60 000			20 000[3]			40 000
资本公积	10 000	8 000	18 000			8 000[3]			10 000
盈余公积	18 000	3 200	21 200			3 200[3]			18 000
未分配利润（见本表最后）	18 000	6 800	24 800	3 600	8 400	18 000	13 300	2 100[4]	22 800
归属于母公司股东权益合计	8 600	38 000	124 000	3 600	8 400	49 200	13 300	2 100	90 800
少数股东权益								7 600[3]	7 600
股东权益合计	86 000	38 000	124 000	3 600	8 400	49 200	13 300	5 500	98 400

续表

项目	甲公司	A公司	合计数	调整分录 借方	调整分录 贷方	抵销分录 借方	抵销分录 贷方	少数股东权益	合并数
负债和股东权益总计	180 000	79 000	259 000	3 600	8 400	52 800	13 300	5 500	229 800
利润表									
一、营业收入	150 000	94 800	244 800						244 800
减：营业成本	96 000	73 000	169 000						169 000
税金及附加	1 800	1 000	2 800						2 800
销售费用	5 200	3 400	8 600						8 600
管理费用	6 000	3 900	9 900						9 900
财务费用	1 200	800	2 000						2 000
加：投资收益	9 800	200	10 000	3 600[2]	8 400[1]	8 400[4]			6 400
公允价值变动收益	0	0	0						0
资产减值损失	600	300	900						900
二、营业利润	49 000	12 600	61 600	3 600	8 400	8 400			58 000
加：营业外收入	1 600	2 400	4 000						4 000
减：营业外支出	2 600	1 000	3 600						3 600
三、利润总额	48 000	14 000	62 000	3 600	8 400	8 400			58 400
减：所得税费用	12 000	3 500	15 500						15 500
四、净利润	36 000	10 500	46 500	3 600	8 400	8 400			42 900
归属于母公司股东净利润									40 800
少数股东损益								2 100[4]	2 100
五、其他综合收益的税后净额									
六、综合收益总额	36 000	10 500	46 500	3 600	8 400	8 400			42 900
归属于母公司股东的综合收益总额									40 800
归属于少数股东的综合收益总额								2 100[4]	2 100
股东权益变动表									
一、年初未分配利润	9 000	2 800	11 800			2 800[4]			9 000
二、本年增减变动金额									
其中：利润分配									
1.提取盈余公积	7 000	2 000	9 000				2 000[4]		7 000
2.对股东的分配	20 000	4 500	24 500				4 500[4]		20 000
三、年末未分配利润	18 000	6 800	24 800	3 600	8 400	6 800[3] 18 000	6 800[4] 13 300	2 100[4]	22 800*

注：*22 800=24 800+（8 400-3 600）+（13 300-18 000）-2 100=40 800+9 000-7 000-20 000

表7-6 　　　　　　　　　　　合并资产负债表 　　　　　　　　　 会合01表

编制单位：甲公司　　　　　　　　　 2023年12月31日 　　　　　　　　 单位：万元

资产	期末余额	上年年末余额	负债和所有者权益（或股东权益）	期末余额	上年年末余额
流动资产：			流动负债：		
货币资金	12 200		短期借款	14 800	
交易性金融资产	8 000		交易性金融负债	6 400	
衍生金融资产			衍生金融负债		
应收票据	10 800		应付票据	16 600	
应收账款	13 600		应付账款	23 200	
应收款项融资			预收款项	7 900	
预付款项	4 000		应付职工薪酬	6 600	
其他应收款	3 000		应交税费	4 100	
其中：应收利息			其他应付款	6 900	
应收股利	1 200		其中：应付利息		
存货	55 000		应付股利	5 900	
一年内到期的非流动资产			一年内到期的非流动负债		
其他流动资产	2 800		其他流动负债	2 900	
流动资产合计	109 400		流动负债合计	89 400	
非流动资产：			非流动负债：		
债权投资	17 000		长期借款	9 000	
其他债权投资	8 000		应付债券	27 000	
长期应收款			长期应付款	6 000	
长期股权投资	14 400		预计负债		
投资性房地产			递延收益		
固定资产	54 000		递延所得税负债		
在建工程	17 200		其他非流动负债	0	

续表

资产	期末余额	上年年末余额	负债和所有者权益（或股东权益）	期末余额	上年年末余额
生产性生物资产			非流动负债合计	42 000	
油气资产			负债合计	131 400	
无形资产	7 800		股东权益：		
开发支出			股本	40 000	
商誉	2 000		其他权益工具		
长期待摊费用			其中：优先股		
递延所得税资产			永续债		
其他非流动资产	0		资本公积	10 000	
非流动资产合计	120 400		减：库存股		
			其他综合收益		
			专项储备		
			盈余公积	18 000	
			未分配利润	22 800	
			归属于母公司股东权益合计	90 800	
			少数股东权益	7 600	
			股东权益合计	98 400	
资产总计	229 800		负债和股东权益总计	229 800	

表7-7 　　　　　　　　　　**合并利润表　（简化）** 　　　　　　　　　　会合02表
编制单位：甲公司 　　　　　　　　　　2023年度 　　　　　　　　　　单位：万元

项　目	本期金额	上期金额
一、营业收入	244 800	
减：营业成本	169 000	
税金及附加	2 800	

续表

项　目	本期金额	上期金额
销售费用	8 600	
管理费用	9 900	
财务费用	2 000	
加：投资收益（损失以"-"号填列）	6 400	
公允价值变动收益（损失以"-"号填列）	0	
资产减值损失（损失以"-"号填列）	900	
二、营业利润（亏损以"-"号填列）	58 000	
加：营业外收入	4 000	
减：营业外支出	3 600	
三、利润总额（亏损总额以"-"号填列）	58 400	
减：所得税费用	15 500	
四、净利润（净亏损以"-"号填列）	42 900	
归属于母公司股东的净利润	40 800	
少数股东损益	2 100	
五、其他综合收益的税后净额		
……		
六、综合收益总额	42 900	
归属于母公司股东的综合收益总额	40 800	
归属于少数股东的综合收益总额	2 100	
七、每股收益：		
（一）基本每股收益		
（二）稀释每股收益		

表7-8

编制单位：甲公司

合并股东权益变动表（简化）
2023年度

合合04表　单位：万元

项目	本年余额							上年余额						
	归属于母公司股东权益					少数股东权益	股东权益合计	归属于母公司股东权益					少数股东权益	股东权益合计
	股本	资本公积	盈余公积	未分配利润	其他			股本	资本公积	盈余公积	未分配利润	其他		
一、上年年末余额	40 000	10 000	11 000	9 000			70 000							
加：会计政策变更														
前期差错更正														
其他						6 400	6 400							
二、本年年初余额	40 000	10 000	11 000	9 000		6 400	76 400							
三、本年增减变动金额（减少以"－"号填列）				40 800		2 100	42 900							
（一）综合收益总额				40 800		2 100	42 900							
（二）所有者投入和减少资本														
1.所有者投入的普通股														
2.其他权益工具持有者投入资本														
3.股份支付计入所有者权益的份额														
4.其他														
（三）利润分配			7 000	27 000		900	20 900							
1.提取盈余公积			7 000	7 000										
2.对股东的分配				20 000		900	20 900							
3.其他														
（四）股东权益内部结转														
1.资本公积转增股本														
2.盈余公积转增股本														
3.盈余公积弥补亏损														
4.设定受益计划变动额结转留存收益														
5.其他综合收益结转留存收益														
6.其他														
四、本年年末余额	40 000	10 000	18 000	22 800		7 600	98 000							

分组讨论

本节自测

上述同一控制下合并财务报表编制案例中，可能少了什么调整分录？

第五节 非同一控制下购买日后合并财务报表的编制

母公司在非同一控制下企业合并中取得子公司后，在未来控制该子公司的情况下，每一会计期末都需要将其纳入合并范围，编制合并财务报表。

一、购买日后合并财务报表的调整

在对非同一控制下企业合并中取得的子公司编制合并财务报表时，除了存在与母公司会计政策和会计期间不一致的情况，需要对该子公司的个别财务报表进行调整外，还应当根据母公司为该子公司设置的备查簿的记录，以该子公司各项可辨认资产、负债及或有负债等在购买日的公允价值为基础，通过编制调整分录，对该子公司的个别财务报表进行调整，以使子公司的个别财务报表反映为在购买日公允价值基础上确定的可辨认资产、负债及或有负债在本期资产负债表日的金额。

然后，将母公司对子公司的长期股权投资采用成本法核算的结果，调整为采用权益法核算的结果，对母公司的财务报表进行相应的调整。

【例7-2】甲公司2023年1月1日以定向增发公司普通股股票10 000万股的方式，购买取得A公司70%的股权。甲公司普通股股票面值为每股1元，市场价格为每股2.95元。

A公司在购买日股东权益总额为32 000万元，其中，股本为20 000万元，资本公积为8 000万元，盈余公积为1 200万元，未分配利润为2 800万元。A公司在购买日应收某公司账款账面价值为3 920万元，公允价值为3 820万元；某项存货的账面价值为20 000万元，公允价值为21 100万元；某项固定资产账面价值为18 000万元，公允价值为21 000万元。假设甲公司并购A公司属于非同一控制下的企业合并，购买日编制的合并资产负债表中确认合并商誉4 300万元。

A公司2023年全年实现净利润10 500万元，A公司当年提取盈余公积2 000万元，向股东分配现金股利4 500万元。A公司2023年12月31日股东权益总额为38 000万元，其中，股本为20 000万元，资本公积为8 000万元，盈余公积为3 200万元，未分配利润为6 800万元。截至2023年12月31日，应收账款按购买日评估确认的金额收回，评估确认的坏账已核销；购买日发生评估增值的存货，当年已全部实现对外销售；购买日固定资产原价评估增值系公司用办公楼增值，该办公楼采用的折旧方法为年限平均法，该办公楼剩余折旧年限为20年，假定该办公楼的评估增值在未来20年内平均摊销。不考虑相关税费的影响。

甲公司和A公司2023年12月31日的个别资产负债表、利润表和股东权益变动表见表7-9、表7-10和表7-11。

表7-9　　　　　　　　　　　资产负债表（简化）　　　　　　　　　会企01表

编制单位：　　　　　　　　　　2023 年 12 月 31 日　　　　　　　　　单位：万元

资产	甲公司	A公司	负债和所有者权益（或股东权益）	甲公司	A公司
流动资产：			流动负债：		
货币资金	5 700	6 500	短期借款	10 000	4 800
交易性金融资产	3 000	5 000	交易性金融负债	4 000	2 400
应收票据	7 200	3 600	应付票据	13 000	3 600
应收账款	8 500	5 100	应付账款	18 000	5 200
预付款项	1 500	2 500	预收款项	4 000	3 900
其他应收款	5 300	1 300	应付职工薪酬	5 000	1 600
其中：应收利息			应交税费	2 700	1 400
应收股利	4 800		其他应付款	5 300	5 200
存货	37 000	18 000	其中：应付利息		
其他流动资产	1 800	1 000	应付股利	5 000	4 500
流动资产合计	70 000	43 000	其他流动负债	2 000	900
非流动资产：			流动负债合计	64 000	29 000
债权投资	14 000	4 000	非流动负债：		
其他债权投资	9 000	0	长期借款	4 000	5 000
长期股权投资	69 500	0	应付债券	20 000	7 000
固定资产	28 000	26 000	长期应付款	6 000	0
在建工程	13 000	4 200	其他非流动负债	0	0
无形资产	6 000	1 800	非流动负债合计	30 000	12 000
商誉			负债合计	94 000	41 000
其他非流动资产			股东权益：		
非流动资产合计	139 500	36 000	股本	50 000	20 000
			资本公积	29 500	8 000
			盈余公积	18 000	3 200
			未分配利润	18 000	6 800
			股东权益合计	115 500	38 000
资产总计	209 500	79 000	负债和股东权益总计	209 500	79 000

表7-10　编制单位：　　　　　　　　　利润表（简化）　2023年度　　　　会企02表　单位：万元

项　目	甲公司	A公司
一、营业收入	150 000	94 800
减：营业成本	96 000	73 000
税金及附加	1 800	1 000
销售费用	5 200	3 400
管理费用	6 000	3 900
财务费用	1 200	800
加：投资收益（损失以"–"号填列）	9 800	200
公允价值变动损益（损失以"–"号填列）	0	0
信用减值损失（损失以"–"号填列）	600	300
二、营业利润（亏损以"–"号填列）	49 000	12 600
加：营业外收入	1 600	2 400
减：营业外支出	2 600	1 000
三、利润总额（亏损总额以"–"号填列）	48 000	14 000
减：所得税费用	12 000	3 500
四、净利润（净亏损以"–"号填列）	36 000	10 500
五、其他综合收益的税后净额		
六、综合收益总额	36 000	10 500
七、每股收益：		
（一）基本每股收益		
（二）稀释每股收益		

表7-11

编制单位：

股东权益变动表（简化）

2023年度

会企04表

单位：万元

项 目	甲公司 股本	资本公积	盈余公积	未分配利润	股东权益合计	A公司 股本	资本公积	盈余公积	未分配利润	股东权益合计
一、上年年末余额	40 000	10 000	11 000	9 000	70 000	20 000	8 000	1 200	2 800	32 000
加：会计政策变更										
前期差错更正										
其他										
二、本年年初余额	40 000	10 000	11 000	9 000	70 000	20 000	8 000	1 200	2 800	32 000
三、本年增减变动金额（减少以"-"号填列）				36 000	36 000				10 500	10 500
（一）综合收益总额					29 500					
（二）所有者投入和减少资本										
1.所有者投入的普通股	10 000	19 500								
2.其他权益工具持有者投入资本										
3.股份支付计入所有者权益的份额										
4.其他										
（三）利润分配										
1.提取盈余公积			7 000	7 000				2 000	2 000	
2.对股东的分配				20 000	20 000				4 500	4 500
3.其他										
（四）股东权益内部结转										
1.资本公积转增增股本										
2.盈余公积转增增资本										
3.盈余公积弥补亏损										
4.设定受益计划变动额结转留存收益										
5.其他综合收益结转留存收益										
6.其他										
四、本年年末余额	50 000	29 500	18 000	18 000	115 500	20 000	8 000	3 200	6 800	38 000

（一）对子公司的个别财务报表进行调整

按公允价值对A公司财务报表项目进行调整。根据购买日A公司资产和负债的公允价值与账面价值之间的差额，调整A公司相关公允价值变动的资产和负债项目及资本公积项目。在合并工作底稿中，其调整分录如下：

借：存货　　　　　　　　　　　　　　　　11 000 000　　　①
　　固定资产　　　　　　　　　　　　　　30 000 000
　　贷：应收账款　　　　　　　　　　　　　　　　1 000 000
　　　　资本公积　　　　　　　　　　　　　　　　40 000 000

子公司个别财务报表是按其资产、负债的原账面价值为基础编制的，其当期计算的净利润也是按其资产、负债的原账面价值为基础计算的结果。而公允价值与原账面价值存在差额的资产和负债，在经营过程中因使用、转销或偿付而实现其公允价值，其实现的公允价值对子公司当期净利润的影响需要在净利润计算中予以反映。因此，需要调整A公司购买日资产和负债的公允价值与原账面价值之间的差额对A公司本年净利润的影响。在合并工作底稿中，其调整分录如下：

借：营业成本　　　　　　　　　　　　　　11 000 000　　　②
　　管理费用　　　　　　　　　　　　　　　1 500 000
　　应收账款　　　　　　　　　　　　　　　1 000 000
　　贷：存货　　　　　　　　　　　　　　　　　11 000 000
　　　　固定资产　　　　　　　　　　　　　　　1 500 000
　　　　信用减值损失　　　　　　　　　　　　　1 000 000

上述调整，对A公司当年净利润的影响数为−1 150万元（因购买日应收账款公允价值减值的实现而调减信用减值损失100万元−因购买日存货公允价值增值的实现而调增营业成本1 100万元−因按固定资产公允价值增值计算的折旧而调增管理费用150万元）。调整后A公司本年净利润为9 350万元（10 500−1 150），本年年末未分配利润为5 650万元（年初未分配利润2 800万元+本年净利润9 350万元−提取盈余公积2 000万元−分派股利4 500万元）。A公司本年净利润中属于少数股东的损益为2 805万元（9 350×30%）。

（二）将长期股权投资按成本法核算的结果调整为按权益法核算的结果

因购买日A公司资产和负债的公允价值与原账面价值之间的差额对A公司本年净利润的影响，权益法下甲公司对A公司投资的投资收益为6 545万元（9 350×70%），宣告分配股利减少投资收益3 150万元（4 500×70%），在将按成本法核算的结果调整为按权益法核算的结果时，对长期股权投资及相关项目进行调整，其调整分录如下：

借：长期股权投资——A公司　　　　　　　65 450 000　　　③
　　投资收益　　　　　　　　　　　　　　31 500 000
　　贷：投资收益　　　　　　　　　　　　　　　65 450 000
　　　　长期股权投资　　　　　　　　　　　　　31 500 000

权益法下甲公司对A公司长期股权投资的年末余额为32 895万元（29 500 +

6 545 − 4 500 × 70%），少数股东权益的年末余额为 12 255 万元（10 800 + 2 805 − 4 500 × 30%）。

二、购买日后合并财务报表的抵销处理

通过编制合并抵销分录，将母公司对子公司长期股权投资与子公司所有者权益等内部交易对个别财务报表的影响予以抵销。

（一）长期股权投资与子公司所有者权益的抵销处理

将甲公司对 A 公司的长期股权投资与其在 A 公司股东权益中拥有的份额予以抵销。在合并工作底稿中，其抵销分录如下：

借：股本   200 000 000   ④
  资本公积   120 000 000
  盈余公积   32 000 000
  未分配利润   56 500 000
  商誉   43 000 000
  贷：长期股权投资——A公司   328 950 000
    少数股东权益   122 550 000

（二）对子公司的投资收益与子公司当年利润分配的抵销处理

将甲公司对 A 公司投资的投资收益与 A 公司本年利润分配有关项目的金额予以抵销。在合并工作底稿中，其抵销分录如下：

借：投资收益   65 450 000   ⑤
  少数股东损益   28 050 000
  年初未分配利润   28 000 000
  贷：提取盈余公积   20 000 000
    向股东分配利润   45 000 000
    年末未分配利润   56 500 000

（三）应收股利与应付股利的抵销处理

本例中，A 公司本年宣告分派现金股利 4 500 万元，股利款项尚未支付，A 公司已将其计列应付股利 4 500 万元。甲公司根据 A 公司宣告的分派现金股利的公告，按照其应享有的金额，已确认应收股利，并在其资产负债表中计列应收股利 3 150 万元。这属于母公司与子公司之间的债权债务，在编制合并财务报表时必须将其予以抵销，其抵销分录如下：

借：应付股利   31 500 000   ⑥
  贷：应收股利   31 500 000

三、编制合并工作底稿并编制合并财务报表

根据上述调整分录和抵销分录，甲公司可以编制合并工作底稿见表7-12。

表7-12 　　　　　　　　　　　　合并工作底稿

2023年度　　　　　　　　　　　　　　　　　　　　　　单位：万元

项 目	母公司	子公司	合计数	调整分录 借方	调整分录 贷方	抵销分录 借方	抵销分录 贷方	少数股东权益	合并数
资产负债表									
流动资产：									
货币资金	5 700	6 500	12 200						12 200
交易性金融资产	3 000	5 000	8 000						8 000
应收票据	7 200	3 600	10 800						10 800
应收账款	8 500	5 100	13 600	100②	100①				13 600
预付款项	1 500	2 500	4 000						4 000
其他应收款	5 300	1 300	6 600				3 150		3 450
其中：应收股利	4 800	0	4 800				3 150⑥		1 650
存货	37 000	18 000	55 000	1 100①	1 100②				55 000
其他流动资产	1 800	1 000	2 800						2 800
流动资产合计	70 000	43 000	113 000	1 200	1 200		3 150		109 850
非流动资产：									
债权投资	14 000	4 000	18 000						18 000
其他债权投资	9 000	0	9 000						9 000
长期股权投资	69 500	0	69 500						40 000
其中：A公司	29 500			6 545③	3 150③		32 895④		
固定资产	28 000	26 000	54 000	3 000①	150②				56 850
在建工程	13 000	4 200	17 200						17 200
无形资产	6 000	1 800	7 800						7 800
商誉			-			4 300④			4 300
其他非流动资产									
非流动资产合计	139 500	36 000	175 500	9 545	3 300	4 300	32 895		153 150
资产总计	209 500	79 000	288 500	10 745	4 500	4 300	36 045		263 000
流动负债：									
短期借款	10 000	4 800	14 800						14 800
交易性金融负债	4 000	2 400	6 400						6 400
应付票据	13 000	3 600	16 600						16 600

续表

项 目	母公司	子公司	合计数	调整分录 借方	调整分录 贷方	抵销分录 借方	抵销分录 贷方	少数股东权益	合并数
应付账款	18 000	5 200	23 200						23 200
预收款项	4 000	3 900	7 900						7 900
应付职工薪酬	5 000	1 600	6 600						6 600
应交税费	2 700	1 400	4 100						4 100
其他应付款	5 300	5 200	10 500			3 150			7 350
其中：应付股利	5 000	4 500	9 500			3 150[6]			6 350
其他流动负债	2 000	900	2 900						2 900
流动负债合计	64 000	29 000	93 000			3 150			89 850
非流动负债：									
长期借款	4 000	5 000	9 000						9 000
应付债券	20 000	7 000	27 000						27 000
长期应付款	6 000	0	6 000						6 000
其他非流动负债	0	0	0						0
非流动负债合计	30 000	12 000	42 000						42 000
负债合计	94 000	41 000	135 000			3 150			131 850
股东权益：									
股本	50 000	20 000	70 000			20 000[4]			50 000
资本公积	29 500	8 000	37 500		4 000[1]	12 000[4]			29 500
盈余公积	18 000	3 200	21 200			3 200[4]			18 000
未分配利润	18 000	6 800	24 800	4 400	6 640	14 995	12 150	2 805	21 395
归属于母公司的股东权益合计	115 500	38 000	153 500	4 400	10 645	50 195	12 150	2 805	118 895
少数股东权益								12 255[4]	12 255
股东权益合计	115 500	38 000	153 500	4 400	10 645	50 195	12 150	9 450	131 150
负债和股东权益总计	209 500	79 000	288 500	4 400	10 645	53 345	12 150	9 450	263 000
利润表									
一、营业收入	150 000	94 800	244 800						244 800
减：营业成本	96 000	73 000	169 000	1 100[2]					170 100
税金及附加	1 800	1 000	2 800						2 800

续表

项　　目	母公司	子公司	合计数	调整分录 借方	调整分录 贷方	抵销分录 借方	抵销分录 贷方	少数股东权益	合并数
销售费用	5 200	3 400	8 600						8 600
管理费用	6 000	3 900	9 900	150②					10 050
财务费用	1 200	800	2 000						2 000
加：投资收益	9 800	200	10 000						6 850
其中：A公司	3 150			3 150③	6 545③	6 545⑤			0
公允价值变动收益	0	0	0						0
信用减值损失	600	300	900		100②				800
二、营业利润	49 000	12 600	61 600	4 400	6 645	6 545			57 300
加：营业外收入	1 600	2 400	4 000						4 000
减：营业外支出	2 600	1 000	3 600						3 600
三、利润总额	48 000	14 000	62 000	4 400	6 645	6 545			57 700
减：所得税费用	12 000	3 500	15 500						15 500
四、净利润	36 000	10 500	46 500	4 400	6 645	6 545			42 200
归属于母公司股东的净利润									39 395
少数股东损益								2 805⑤	2 805
五、其他综合收益的税后净额									
……									
六、综合收益总额	36 000	10 500	46 500	4 400	6 645	6 545			42 200
归属于母公司股东的综合收益总额									39 395
归属于少数股东的综合收益总额								2 805	2 805
股东权益变动表									
一、年初未分配利润	9 000	2 800	11 800			2 800⑤			9 000
二、本年增减变动金额									
其中：利润分配									
1.提取盈余公积	7 000	2 000	9 000				2 000⑤		7 000
2.对股东的分配	20 000	4 500	24 500				4 500⑤		20 000
四、年末分配利润	18 000	6 800	24 800	4 400	6 645	5 650④ 14 995	5 650⑤ 12 150	2 805	21 395*

*21 395 = 24 800+（6 645-4 400）+（12 150-14 995）-2 805 = 9 000 + 39 395 - 7 000 - 20 000。

最后，甲公司应在编制上述合并工作底稿，计算各项目合并数后，根据合并数编制合并资产负债表、合并利润表以及合并股东权益变动表（略）。

【例7-3】甲公司2021年10月1日取得A公司80%股份，能够控制A公司的生产经营决策；2021年12月1日取得B公司60%股份，能够控制B公司的生产经营决策。2022年甲公司实现的净利润为1 000万元，A公司按购买日公允价值持续计算的净利润为200万元，B公司按购买日公允价值持续计算的净利润为100万元。2022年3月1日，A公司向B公司出售一批存货，成本为80万元，未计提存货跌价准备，售价为100万元。至2022年12月31日，B公司将上述存货对外出售70%。A公司和B公司之间无投资关系，假定不考虑所得税等其他因素的影响。

要求：

（1）计算2022年合并净利润。

（2）计算2022年少数股东损益。

（3）计算2022年归属于甲公司的净利润。

解：

（1）2022年存货中包含的未实现利润=（100-80）×（1-70%）=6（万元）

2022年合并净利润=（1 000+200+100）-6=1 294（万元）

（2）A公司少数股东损益=200×20%-6×20%=38.8（万元）

B公司少数股东损益=100×40%=40（万元）

2022年少数股东损益=38.8+40=78.8（万元）

（3）2022年归属于甲公司的净利润=1 294-78.8=1 215.2（万元）

或：2022年归属于甲公司的净利润=（1 000+200×80%+100×60%）-6×80%

=1 215.2（万元）

第六节　合并现金流量表的编制

现金流量表要求按照收付实现制反映企业经济业务所引起的现金流入和流出，已经被世界上一些国家的会计实务所采用。其编制方法有直接法和间接法两种。我国已经明确规定企业对外报送的现金流量表采用直接法编制。

一、合并现金流量表概述

合并现金流量表是综合反映母公司及其子公司组成的企业集团在一定会计期间经营活动、投资活动、筹资活动等三大类现金流入、现金流出数量以及其增减变动情况的财务报表。合并现金流量表以母公司和子公司的个别现金流量表为基础，在抵销母公司与子公司、子公司相互之间发生的内部交易对合并现金流量表的影响后，由母公司编制。合并现金流量表也可以以合并资产负债表和合并利润表为依据进行编制。

合并现金流量表的编制原理、编制方法和编制程序与合并资产负债表、合并利润表的编制原理、编制方法和编制程序相同，即根据当期母公司与子公司以及子公司相互之间发生的影响其现金流量增减变动的内部交易，编制相应的抵销分录，通过抵销分录将个别现金流量表中重复反映的现金流入量和现金流出量予以抵销，在此基础上计算合并现金流量表的各项目的合并数，并填制合并现金流量表。

合并现金流量表补充资料，既可以以母公司和所有子公司的个别现金流量表为基础，在抵销母公司与子公司、子公司相互之间发生的内部交易对合并现金流量表的影响后进行编制，也可以直接根据合并资产负债表和合并利润表进行编制。

二、编制合并现金流量表需要抵销的项目

在以母公司和子公司个别现金流量表为基础编制合并现金流量表时，需要进行抵销的内容主要有：

1.母公司与子公司、子公司相互之间当期以现金投资或收购股权增加的投资所产生的现金流量应当抵销。当母公司从子公司中购买其持有的其他企业的股票时，由此所产生的现金流量，在购买股权的母公司的个别现金流量表中，表现为"投资活动产生的现金流量"中的"投资支付的现金"的增加，而在出售股权的子公司的个别现金流量表中则表现为"投资活动产生的现金流量"中的"收回投资收到的现金"的增加。在母公司对子公司投资的情况下，其所产生的现金流量在母公司的个别现金流量表中表现为"投资活动产生的现金流量"中的"投资支付的现金"的增加，而在接受投资的子公司个别现金流量表中则表现为"筹资活动产生的现金流量"中的"吸收投资收到的现金"的增加。因此，编制合并现金流量表时需要将其抵销。

2.母公司与子公司、子公司相互之间当期取得投资收益收到的现金，应当与分配股利、利润或偿付利息支付的现金相互抵销。母公司对子公司投资以及子公司之间进行投资分配现金股利或利润时，由此所产生的现金流量，在股利或利润支付方的个别现金流量表中表现为"筹资活动产生的现金流量"中的"分配股利、利润或偿付利息支付的现金"的增加，而在收到股利或利润方的个别现金流量表中则表现为"投资活动产生的现金流量"中的"取得投资收益收到的现金"的增加，在编制合并现金流量表时必须将其予以抵销。

3.母公司与子公司、子公司相互之间以现金结算的债权债务所产生的现金流量应当抵销。以现金结算内部债权债务，对于债权方来说表现为现金的流入，而对于债务方来说则表现为现金的流出。在以现金结算的债权债务属于母公司与子公司、子公司相互之间内部销售商品和提供劳务所产生的情况下，从其个别现金流量表来说，在债权方的个别现金流量表中表现为"销售商品、提供劳务收到的现金"的增加，而在债务方的个别现金流量表中则表现为"购买商品、接受劳务支付的现金"的增加。在编制合并现金流量表时必须将由此所产生的现金流量予以抵销。在以现金结算的债权债务属于内部往来所产生的情况下，在债权方的个别现金流量表中表现为"收到的其他与经营活动有关的现金"的增加，在债务方的个别现金流量表中表现为"支付的其他与经营活动有关的现金"的增加。在编制合并现金流量表时必须将由此所产生的现金流量予以抵销。

4.母公司与子公司、子公司相互之间当期销售商品和提供劳务所产生的现金流量应当抵销。在母公司与子公司、子公司相互之间当期销售商品和提供劳务没有形成固定资产、在建工程、无形资产等资产的情况下，内部销售商品和提供劳务所产生的现金流量，在销售方的现金流量表中表现为"销售商品、提供劳务收到的现金"的

增加，而在购买方的个别现金流量表中则表现为"购买商品、接受劳务支付的现金"的增加；在母公司与子公司、子公司相互之间当期销售商品和提供劳务形成固定资产工程物资、在建工程、无形资产等资产的情况下，内部销售商品和提供劳务所产生的现金流量，在销售方的个别现金流量表中表现为"销售商品、提供劳务收到的现金"的增加，而在购买方的个别现金流量表中表现为"购建固定资产、无形资产和其他长期资产所支付的现金"的增加。在编制合并现金流量表时必须将由此所产生的现金流量予以抵销。

5.母公司与子公司、子公司相互之间处置固定资产、无形资产和其他长期资产收回的现金净额，应当与购建固定资产、无形资产和其他长期资产支付的现金相互抵销。内部处置固定资产时，由于处置固定资产等所产生的现金流量，在处置方个别现金流量表中表现为"处置固定资产、无形资产和其他长期资产收回的现金净额"的增加，而在购置该资产一方的个别现金流量表中表现为"购置固定资产、无形资产和其他长期资产支付的现金"的增加。在编制合并现金流量表时必须将由此所产生的现金流量予以抵销。

6.母公司与子公司、子公司相互之间当期发生的其他内部交易所产生的现金流量应当抵销。

第七节　本期增加子公司和减少子公司的合并处理

一、本期增加子公司的合并处理

（一）同一控制下企业合并

同一控制下企业合并增加的子公司，编制合并财务报表时，视同合并后形成的企业集团报告主体自最终控制方开始实施控制时一直是一体化存续的。

编制合并资产负债表时，其留存收益项目应当反映母子公司视同一直作为一个整体运行至合并日应实现的盈余公积和未分配利润的情况，同时调整比较报表的相关项目。

编制合并利润表时，应当将该子公司自合并当期期初至报告期期末的收入、费用、利润纳入合并利润表，同时调整比较报表的相关项目。

编制合并现金流量表时，应当将该子公司自合并当期期初至报告期期末的现金流量纳入合并现金流量表，同时调整比较报表的相关项目。

（二）非同一控制下企业合并

在编制合并资产负债表时，以本期取得的子公司在合并资产负债表日的资产负债表为基础编制。对于本期投资或追加投资取得的子公司，不需要调整合并资产负债表的期初数。但为了提高会计信息的可比性，应当在合并财务报表附注中披露本期取得的子公司对合并财务报表的财务状况的影响，即披露本期取得的子公司在购买日或合并日的资产和负债金额，包括流动资产、长期股权投资、固定资产、无形资产及其他资产和流动负债、长期负债等的金额。

在编制合并利润表时，应当以本期取得的子公司自取得控制权日起至本期期末为会计期间的财务报表为基础编制，将本期取得的子公司自取得控制权日起至本期期末的收入、费用和利润通过合并，纳入合并财务报表之中。同时，为了提高会计信息的可比性，应在合并财务报表附注中披露本期取得的子公司对合并财务报表的经营成果的影响，以及对前期相关金额的影响，即披露本期取得的子公司自取得控制权日至本期期末止的经营成果，包括营业收入、营业利润、利润总额、所得税费用和净利润等。

在编制合并现金流量表时，应当将本期取得的子公司自取得控制权日起至本期期末止的现金流量的信息纳入合并现金流量表，并将取得子公司所支付的现金扣除子公司于购买日持有的现金及现金等价物后的净额，在有关投资活动类的"取得子公司及其他营业单位所支付的现金"项目反映，如为负数，在有关投资活动类的"收到的其他与投资活动有关的现金"项目反映。

二、本期减少子公司的合并处理

在本期出售转让子公司部分股份或全部股份，丧失对该子公司的控制权而使其成为非子公司的情况下，应当将其排除在合并财务报表的合并范围之外。

在编制合并资产负债表时，不需要对该出售转让股份而成为非子公司的资产负债表进行合并。但为了提高会计信息的可比性，应当在合并财务报表附注中披露该子公司成为非子公司对合并财务报表的财务状况以及对前期相关金额的影响，即披露该子公司在丧失控制权日以及上年年末的资产和负债金额，具体包括流动资产、长期股权投资、固定资产、无形资产及其他资产和流动负债、长期负债等。

编制合并利润表时，则应当以该子公司期初至丧失控制权成为非子公司之日止的利润表为基础，将该子公司自期初至丧失控制权之日止的收入、费用、利润纳入合并利润表。同时为提高会计信息的可比性，在合并财务报表附注中披露该子公司成为非子公司对合并财务报表的经营成果以及对前期相关金额的影响，即披露该子公司自期初至丧失控制权日止的经营成果以及上年度的经营成果，具体包括营业收入、营业利润、利润总额、所得税费用和净利润等。

在编制合并现金流量表时，应当将该子公司自期初至丧失控制权之日止的现金流量的信息纳入合并现金流量表，并将出售该子公司所收到的现金扣除子公司持有的现金和现金等价物以及相关处置费用后的净额，在有关投资活动类的"处置子公司及其他营业单位所收到的现金"项目反映，如为负数，在有关投资活动类的"支付的其他与投资活动有关的现金"项目反映。

分组讨论

企业合并会计
处理方法

本节自测

本章自测

第八章

合并报表：公司间交易的抵销

本章重点关注内容

1.内部销售收入及存货中包含的未实现内部销售利润的抵销处理。

2.存货跌价准备的合并处理。

3.内部交易固定资产及其折旧的抵销处理。

4.合并抵销对递延所得税的影响。

除了学习本章节的内容外，还应当认真阅读《企业会计准则第20号——企业合并》及相关指南和解释。

第一节 内部商品交易的抵销

一、内部销售收入和内部销售成本的抵销处理

内部销售收入是指企业集团内部母公司与子公司、子公司相互之间（以下称成员企业）发生的购销活动所产生的销售收入。内部销售成本是指企业集团内部母公司与子公司、子公司相互之间发生的内部销售商品的销售成本。

（一）购买企业内部购进的商品当期全部实现销售时的抵销处理

对于企业集团内部商品购销业务，销售企业和购买企业都在个别利润表作了反映。销售企业在本期确认了销售收入、结转了销售成本、计算了销售损益，并在其个别利润表中反映；购买企业实现销售时，一方面要确认销售收入，另一方面要结转销售内部购进商品的成本，在其个别利润表中分别作为营业收入和营业成本反映，并确认损益。以大局观，即从企业集团整体来看，这一购销业务只是实现了一次销售，其销售收入只是购买企业销售该产品的销售收入，其销售成本只是销售企业销售该商品的成本。销售企业内部销售收入构成购买企业销售至外部时结转成本的主要部分，在编制合并财务报表时，必须将重复反映的内部销售收入、销售至外部数量对应结转的销售成本、结存存货数量中包含的内部销售成本和未实现内部销售损益等予以抵销。进行抵销处理时，应借记"营业收入"等项目，贷记"营业成本""存货"等项目。

【例8-1】甲公司拥有A公司70%的股权，系A公司的母公司。甲公司本期个别利润表的营业收入中有3 000万元系向A公司销售商品取得的销售收入，销售成本为2 100万元。A公司在本期将该商品全部售出，销售收入为3 750万元，销售成本为3 000万元。甲公司和A公司对该业务分别在其个别利润表中进行了列示。

对此，编制合并财务报表将内部销售收入和内部销售成本予以抵销时，其抵销分录如下：

借：营业收入   30 000 000
 贷：营业成本   30 000 000

（二）购买企业内部购进的商品未实现对外销售时的抵销处理

在内部购进的商品未实现对外销售的情况下，销售企业确认了销售收入，结转了销售成本，计算了销售利润，并在其利润表中进行了列示。这一业务从整个企业集团来看，实际上只是商品存放地点发生了变动，并没有真正实现企业集团对外销售，不应确认销售收入、结转销售成本以及计算损益。因此，应当将销售企业由此确认的内部销售收入和内部销售成本予以抵销。

对购买企业来说，该业务则以支付的购货价款作为存货成本入账，同时由于在本期内未实现对外销售，在其个别资产负债表中作为存货列示。要注意的是，购买企业内部购进的商品作为期末存货时，其存货价值中包括两部分：一部分为真正的存货成本（即销售企业销售该商品的成本），另一部分为销售企业的销售毛

利（即销售收入减去销售成本的差额）。对于期末存货价值中包含的这部分销售毛利，从企业集团整体来看，并不是真正实现的利润，通常称之为未实现内部销售损益。因为如前所述，从整个企业整体来看，集团内部企业之间的商品购销活动实际上相当于一个企业内部物资调拨活动，既不会实现利润，也不会增加商品的价值。因此，在编制合并财务报表时，应当将存货价值中包含的未实现内部销售损益予以抵销。

【例8-2】甲公司系A公司的母公司。甲公司本期个别利润表的营业收入中有2 000万元系向A公司销售商品实现的收入，销售成本为1 400万元，销售毛利率为30%。A公司本期从甲公司购入的商品在本期均未实现销售，期末存货价值中包含有2 000万元从甲公司购进的商品，该存货价值中包含的未实现内部销售损益为600万元。

编制合并财务报表将内部销售收入、内部销售成本及存货价值中包含的未实现内部销售损益抵销时，其抵销分录如下：

借：营业收入   20 000 000

 贷：营业成本   14 000 000

   存货   6 000 000

（三）内部购进的商品部分实现对外销售部分形成期末存货时的抵销处理

在这种情况下，可以将内部购买的商品分解为两部分来理解：一部分为当期购进并全部实现对外销售；另一部分为当期购进但未实现对外销售而形成期末存货。【例8-1】介绍的就是前一部分的抵销处理，【例8-2】介绍的则是后一部分的抵销处理。将这两种抵销处理合并在一起，则就是第三种情况下的抵销处理。

【例8-3】甲公司系A公司的母公司。甲公司本期个别利润表的营业收入中有5 000万元系向A公司销售商品取得的销售收入，销售成本为3 500万元，销售毛利率为30%。A公司在本期将该批内部购进商品的60%实现销售，销售收入为3 750万元，销售成本为3 000万元，销售毛利率为20%，并列示于其个别利润表中；该批商品的另外40%则形成A公司期末存货2 000万元，列示于A公司的个别资产负债表之中。在编制合并财务报表时，其抵销处理如下：

借：营业收入（50 000 000×60%）   30 000 000

 贷：营业成本（50 000 000×60%）   30 000 000

借：营业收入（50 000 000×40%）   20 000 000

 贷：营业成本（35 000 000×40%）   14 000 000

   存货（（50 000 000-35 000 000）×40%） 6 000 000

对于内部销售收入的抵销，也可按照如下方法进行抵销处理：（1）假定全部对外销售，按照内部销售收入的数额，借记"营业收入"项目，贷记"营业成本"项目；（2）按照期末存货价值中包含的未实现内部销售损益的数额，借记"营业成本"项目，贷记"存货"项目。将其内部销售收入、销售成本以及期末存货价值中包含的未实现内部销售损益抵销，编制抵销分录如下：

借：营业收入   50 000 000

 贷：营业成本   50 000 000

借：营业成本　　　　　　　　　　　　　　　　　　　6 000 000
　　贷：存货　　　　　　　　　　　　　　　　　　　　　　　　6 000 000

（四）购买企业内部购进的商品作为固定资产使用时的抵销处理

在集团内成员企业将自身的产品销售给其他成员企业作为固定资产使用的情况下，销售企业在销售时确认销售收入、结转成本和计算损益，并在其个别财务报表中列示；对于购买企业来说，则以购买价格（在此不考虑安装及运输费用）作为固定资产原值记账，该固定资产入账价值中既包括销售企业生产该产品的成本，也包括销售企业销售该产品所实现的销售利润。如前所述，从整个企业集团来看，集团内部成员企业之间的购销活动实际上相当于一个企业内部物资调拨活动，既不会实现利润，也不会增加产品的价值。因此，编制合并财务报表时应将销售企业由于该固定资产交易所实现的销售收入、结转的销售成本予以抵销，并将内部交易形成的固定资产原价中包含的未实现内部销售损益予以抵销。

【例8-4】 母公司个别利润表的营业收入中有500万元系向子公司销售其生产的设备所取得的收入，该设备生产成本为400万元。子公司个别资产负债表固定资产原价中包含有该设备的原价，该设备系12月购入并投入使用，本期未计提折旧。该固定资产原价中包含有100万元未实现内部销售损益，对此，在编制合并财务报表时，需要将母公司相应的销售收入和销售成本予以抵销，并将该固定资产原价中包含的未实现内部销售损益予以抵销。其抵销分录如下：

借：营业收入　　　　　　　　　　　　　　　　　　　5 000 000
　　贷：营业成本　　　　　　　　　　　　　　　　　　　　　　4 000 000
　　　　固定资产　　　　　　　　　　　　　　　　　　　　　　1 000 000

二、连续编制合并财务报表时内部销售商品的抵销处理

在连续编制合并财务报表的情况下，首先必须将上期抵销的存货价值中包含的未实现内部销售损益对本期期初未分配利润的影响予以抵销，调整本期期初未分配利润的数额；然后再对本期内部购销业务进行抵销处理，其具体抵销处理程序和方法如下：

1. 将上期抵销的存货价值中包含的未实现内部销售损益对本期期初未分配利润的影响进行抵销，即按照上期内部购进存货价值中包含的未实现内部销售损益的数额，借记"期初未分配利润"项目，贷记"营业成本"项目。这一抵销分录，可以理解为上期内部购进存货价值中包含的未实现内部销售损益在本期视同为实现利润，将上期未实现内部销售损益转为本期实现利润，冲减当期的合并销售成本。

2. 对于本期发生的内部购销活动，将内部销售收入、内部销售成本及内部购进存货价值中包含的未实现内部销售损益予以抵销，即按照销售企业内部销售收入的数额，借记"营业收入"项目，贷记"营业成本""存货"项目。

3. 将期末内部购进存货价值中包含的未实现内部销售损益予以抵销。对于期末内部购销形成的存货（包括上期结转形成的本期存货），应按照购买企业期末内部购进存货价值中包含的未实现内部销售损益的数额，借记"期初未分配利润""营业成本"项目，贷记"存货"项目。这一抵销分录消除了本期期末内部存货中包含的未实

现内部销售损益。

【例 8-5】上期甲公司与 A 公司内部购销资料、内部购销业务的抵销处理见【例 8-3】。本期甲公司个别财务报表中向 A 公司销售商品取得销售收入 6 000 万元，销售成本为 4 200 万元，甲公司本期销售毛利率与上期相同，为 30%。A 公司个别财务报表中从甲公司购进商品本期实现对外销售收入为 5 625 万元，销售成本为 4 500 万元，销售毛利率为 20%；期末内部购进形成的存货为 3 500 万元（期初存货 2 000 万元 + 本期购进存货 6 000 万元 − 本期销售成本 4 500 万元），存货价值中包含的未实现内部销售损益为 1 050 万元。编制合并财务报表时应进行如下抵销处理：

（1）调整期初未分配利润的数额：

借：期初未分配利润　　　　　　　　　　　　　　　　　6 000 000

　　贷：营业成本　　　　　　　　　　　　　　　　　　　　　6 000 000

（2）抵销本期内部销售收入：

借：营业收入　　　　　　　　　　　　　　　　　　　60 000 000

　　贷：营业成本　　　　　　　　　　　　　　　　　　　　60 000 000

（3）抵销期末存货价值中包含的未实现内部销售损益：

借：营业成本　　　　　　　　　　　　　　　　　　　10 500 000

　　贷：存货　　　　　　　　　　　　　　　　　　　　　10 500 000

分组讨论

抵销分录中的"营业收入"和"营业成本"的金额与销售收入和销售成本的关系

三、存货跌价准备的合并处理

（一）初次编制合并财务报表时存货跌价准备的合并处理

根据现行企业会计准则的规定，企业必须定期或者至少于年度终了时，对存货（包括从企业集团内部购进形成的期末存货）进行全面清查，采用成本与可变现净值孰低法进行期末计价。当集团成员企业本期对内部购进形成的存货计提跌价准备，而从整个集团角度确定的内部购进存货跌价准备的金额与之不一致时，需要对个别报表上内部购进存货计提的跌价准备金额进行抵销或调整。

某一商品因毁损、陈旧过时而导致其可变现净值下跌，从而计提跌价准备，这对于整个企业集团和企业集团内某一成员企业来说是一致的，都应将该商品可变现净值与取得成本进行比较，如果可变现净值低于取得成本，就应计提存货跌价准备。

某一商品的可变现净值，无论对于企业集团还是持有该商品的企业来说，基本上都是一致的。从商品的取得成本来说，持有内部购进商品的企业，该商品的取得成本包括销售企业所实现的利润，而对于企业集团整体来说，则是指从外部购买该商品的成本或生产这一产品的生产成本。从合并财务报表的角度，计提的跌价准备为商品的可变现净值低于从集团外部购买该商品的成本或生产这一产品的生产成本金额；而从存货购买方单体财务报表的角度，已经计提的存货减值准备为商品的可变现净值低于内部购入成本（包含集团内销售企业实现的内部销售利润）的金额。两者差异不一致，编制合并报表时需要进行抵销。

从购买企业来看，内部购进形成的存货计提的跌价准备是购买企业本期期末内部购进存货的可变现净值低于其取得成本的差额，即存货可变现净值低于对应销售企业内部销售收入的差额。从企业集团整体来看，存货跌价准备是购买企业本期期末内部购进存货的可变现净值低于销售企业存货取得成本的差额，即可变现净值低于销售企业销售成本的差额。

情况1：如图8-1所示，购买企业本期期末内部购进存货的可变现净值低于其取得成本，但高于销售企业销售成本。

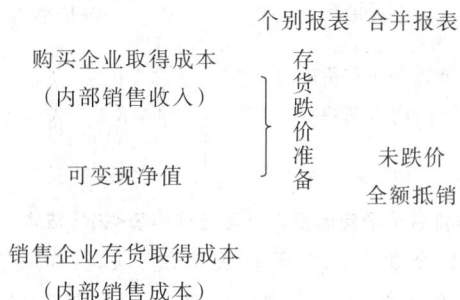

图8-1　存货跌价准备的抵销（销售成本<可变现净值<取得成本）

在情况1下，从购买企业个别财务报表来说，购买企业按该存货的可变现净值低于其取得成本的金额，确认存货跌价准备，减少个别资产负债表的"存货"项目，增加利润表中的"资产减值损失"金额。但从合并财务报表来说，随着内部购进存货包含的未实现内部销售损益的抵销，该存货在合并财务报表中列示的成本为抵销未实现内部销售损益后的成本，即销售企业存货的取得成本。当该存货的可变现净值低于购买企业的取得成本，但高于该存货在合并财务报表中成本时，则不需要计提存货跌价准备。个别财务报表中计列的相应的存货跌价准备，也应予以抵销。进行合并处理时，应当按照购买企业本期计提存货跌价准备的金额，借记"存货"项目，贷记"资产减值损失"项目。

【例8-6】甲公司系A公司的母公司，甲公司本期向A公司销售商品2 000万元，其销售成本为1 400万元；A公司购进的该商品当期全部未实现对外销售而形成期末存货。A公司期末对存货进行检查时，发现该商品已经部分陈旧，其可变现净值已降至1 840万元。为此，A公司期末对该存货计提存货跌价准备160万元，并在其个别财务报表中列示。

在本例中，该存货的可变现净值降至1 840万元，高于抵销未实现内部销售损益后的金额（1 400万元）。此时，在编制本期合并财务报表时，应进行如下合并处理：

（1）将内部销售收入与内部销售成本抵销：

借：营业收入　　　　　　　　　　　　　　　　20 000 000
　贷：营业成本　　　　　　　　　　　　　　　　　　　20 000 000

（2）将内部销售形成的存货价值中包含的未实现内部销售损益抵销：

借：营业成本　　　　　　　　　　　　　　　　6 000 000
　贷：存货　　　　　　　　　　　　　　　　　　　　6 000 000

（3）将A公司本期计提的存货减值准备抵销：

借：存货——存货跌价准备　　　　　　　　　　1 600 000
　贷：资产减值损失　　　　　　　　　　　　　　　　1 600 000

情况2：如图8-2所示，购买企业本期期末内部购进存货的可变现净值既低于该存货的取得成本，也低于销售企业该存货的取得成本。

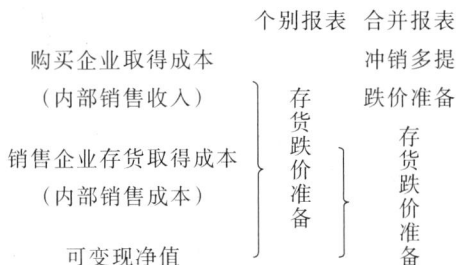

图8-2　存货跌价准备的抵销（可变现净值<销售成本<取得成本）

在情况2下，从购买企业个别财务报表来说，购买企业按该存货的可变现净值低于其取得成本的金额确认存货跌价准备，减少其个别资产负债表中的"存货"项目，增加利润表中的"资产减值损失"项目。购买企业在个别财务报表中确认的存货跌价准备的金额，既包括购买企业该商品取得成本高于销售企业销售成本（即取得成本）的差额（即抵销的未实现内部销售损益），也包括销售企业销售成本高于该商品可变现净值的差额。但从合并财务报表来说，随着内部购进存货价值中包含的未实现内部销售损益的抵销，在合并财务报表中列示的该存货成本为抵销未实现内部销售损益后的成本。相对于购买企业该存货的取得成本高于销售企业销售该存货成本的差额部分计提的跌价准备的金额，已因未实现内部销售损益的抵销而抵销，故在编制合并财务报表时，也须将这部分金额予以抵销；而相对于销售企业销售该存货成本高于该存货可变现净值的部分而计提的跌价准备的金额，无论从购买企业来说，还是对于整个企业集团来说，都是必须计提的存货跌价准备，必须在合并财务报表中予以反映。进行抵销处理时，应当按购买企业本期计提的存货跌价准备中内部购进商品取得成本高于销售企业取得成本的数额，借记"存货"项目，贷记"资产减值损失"项目。

【例8-7】甲公司为A公司的母公司。甲公司本期向A公司销售商品2 000万元，其销售成本为1 400万元，并以此在其个别利润表中列示。A公司购进的该商品当期全部未实现对外销售而形成期末存货；期末对存货进行检查时，发现该存货已经部分陈旧，其可变现净值降至1 320万元。为此，A公司期末对该存货计提存货跌价准备680万元。

在本例中，该存货的可变现净值降至1 320万元，低于抵销未实现内部销售损益后的金额（1 400万元）。在A公司本期计提的存货跌价准备680万元中，其中的600万元是相对于A公司取得成本（2 000万元）高于甲公司销售该商品的销售成本（1 400万元）部分计提的，另外80万元则是相对于甲公司销售该商品的销售成本（1 400万元）高于其可变现净值（1 320万元）的部分计提的。此时，A公司对计提存货跌价准备中相当于抵销的未实现内部销售损益的数额600万元部分，从整个企业集团来说，该商品的取得成本为1 400万元，可变现净值低于这一金额的80万元的存货跌价准备为合并报表上必须计提的存货跌价准备，不需要进行抵销处理。

在编制本期合并财务报表时，应进行如下抵销处理：

（1）将内部销售收入与内部销售成本抵销：

借：营业收入   20 000 000

 贷：营业成本   20 000 000

（2）将内部销售形成的存货价值中包含的未实现内部销售损益抵销：

借：营业成本   6 000 000

 贷：存货   6 000 000

（3）将 A 公司本期计提的存货跌价准备中相当于未实现内部销售利润的部分抵销：

借：存货——存货跌价准备   6 000 000

 贷：资产减值损失   6 000 000

（二）连续编制合并财务报表时存货跌价准备的合并处理

在连续编制合并财务报表进行合并处理时，首先，将上期资产减值损失中抵销的存货跌价准备对本期期初未分配利润的影响予以抵销，即按上期资产减值损失项目中抵销的存货跌价准备的数额，借记"存货"或"营业成本"项目，贷记"期初未分配利润"项目。其次，对于本期对内部购进存货在个别财务报表中补提或者冲销的存货跌价准备也应予以抵销，借记"存货"项目，贷记"资产减值损失"项目，或作相反分录。

至于抵销存货跌价准备的数额，应当分别不同的情况进行处理。当本期内部购进存货的可变现净值低于持有该存货企业的取得成本但高于抵销未实现内部销售损益后的取得成本（即销售企业该存货的取得成本）时，其抵销的存货跌价准备的金额为本期存货跌价准备的增加额。当本期内部购进存货的可变现净值低于抵销未实现内部销售损益后的取得成本（即销售企业的取得成本）时，其抵销的存货跌价准备的金额为相对于购买企业该存货的取得成本高于销售企业销售成本的差额部分计提的跌价准备的数额扣除期初内部购进存货计提的存货跌价准备的金额后的余额，即本期期末存货中包含的未实现内部销售损益的金额减去期初内部购进存货计提的存货跌价准备的金额后的余额。

【例 8-8】承【例 8-6】，甲公司与 A 公司之间内部销售情况、内部销售及存货跌价准备的抵销处理见【例 8-6】。A 公司与甲公司之间本期未发生内部销售。本例期末存货系上期内部销售结存的存货。A 公司本期期末对存货清查时，该内部购进存货的可变现净值为 1 200 万元，A 公司期末存货跌价准备余额为 800 万元。

本例中，该内部购进存货的可变现净值由上期期末的 1 840 万元降至 1 200 万元，既低于 A 公司从甲公司购买时的取得成本，也低于抵销未实现内部销售损益后的金额（即甲公司销售该商品的成本 1 400 万元）。A 公司本期期末存货跌价准备余额 800 万元，从计提时间来看，包括上期期末计提结存的存货跌价准备 160 万元，还包括本期期末计提的存货跌价准备 640 万元。上期计提的部分，在编制上期合并财务报表时已将其与相应的资产减值损失相抵销，从而影响到本期的期初未分配利润。为此，对于这一部分在本期编制合并财务报表时需要调整期初未分配利润的数额。而对于本期计提的 640 万元存货跌价准备，其中 440 万元是相对上期计提存货跌价准备后存货净额与甲公司该内部销售商品的销售成本之间的差额计提的，而另外 200 万元则相对甲公司该内部销售商品的销售成本与其可变现净值之间的差额计提的。从整个企业集团来说，前者应当予以抵销；后者则是属于应当计提的。

甲公司在编制本期合并财务报表时，应进行如下合并处理：

（1）借：期初未分配利润   6 000 000
    贷：存货   6 000 000

（2）借：存货——存货跌价准备   1 600 000
    贷：期初未分配利润   1 600 000

（3）借：存货——存货跌价准备   4 400 000
    贷：资产减值损失   4 400 000

【例 8-9】承【例 8-6】，甲公司上期向 A 公司销售商品 2 000 万元，其销售成本为 1 400 万元；A 公司购进的该商品当期未实现对外销售全部形成期末存货。A 公司期末对存货进行检查时，发现该存货已经部分陈旧，其可变现净值降至 1 840 万元，A 公司期末对该存货计提存货跌价准备 160 万元。在编制上期合并财务报表时，已将该存货跌价准备予以抵销，其抵销处理见【例 8-6】。甲公司本期向 A 公司销售商品 3 000 万元，甲公司销售该商品的销售成本为 2 100 万元。A 公司本期对外销售内部购进商品实现的销售收入为 4 000 万元，销售成本为 3 200 万元，其中上期从甲公司购进商品本期全部售出，销售收入为 2 500 万元，销售成本为 2 000 万元；本期从甲公司购进商品销售 40%，销售收入为 1 500 元，销售成本为 1 200 万元。另 60% 形成期末存货，其取得成本为 1 800 万元，期末其可变现净值为 1 620 万元，A 公司本期期末对该内部购进形成的存货计提存货跌价准备 180 万元。

（1）借：期初未分配利润   6 000 000
    贷：营业成本   6 000 000

（2）借：存货——存货跌价准备   1 600 000
    贷：期初未分配利润   1 600 000

（3）借：营业收入   30 000 000
    贷：营业成本   30 000 000

（4）借：营业成本   5 400 000
    贷：存货   5 400 000

（5）借：存货——存货跌价准备   1 800 000
    贷：资产减值损失   1 800 000

拓展阅读

集团内部商品购销交易抵销土地增值税和增值税的处理

本节自测

第二节　内部债权债务的抵销处理

一、内部债权债务的抵销概述

母公司与子公司、子公司相互之间的债权和债务项目，是指母公司与子公司、子公司相互之间的应收账款与应付账款、预付账款和预收账款（合同负债）、应付债券与债权投资等项目。发生的这种内部债权债务，从母公司与子公司组成的集团整体角度来看，它只是集团内部资金运动，既不增加企业集团的资产，也不增加负债。为此，在编制合并财务报表时也应当将内部债权债务项目予以抵销。

在编制合并资产负债表时需要进行抵销处理的内部债权债务项目主要包括：

（1）应收账款与应付账款；

（2）应收票据与应付票据；

（3）预付账款与预收账款（合同负债）；

（4）债权投资、其他债权投资与应付债券；

（5）应收股利与应付股利；

（6）其他应收款与其他应付款。

【例8-10】甲公司系A公司的母公司。甲公司个别资产负债表应收账款中有600万元为应收A公司账款；应收票据中有400万元为应收A公司票据；债权投资中有A公司发行的应付债券2 500元。

对此，甲公司在编制合并财务报表时，应当将这些内部债权债务予以抵销。其抵销分录如下：

（1）内部应收账款与应付账款抵销：

借：应付账款	6 000 000	
贷：应收账款		6 000 000

（2）内部应收票据与应付票据抵销：

借：应付票据	4 000 000	
贷：应收票据		4 000 000

（3）债权投资与应付债券抵销：

借：应付债券	25 000 000	
贷：债权投资		25 000 000

二、内部应收应付款项及其坏账准备的抵销处理

（一）初次编制合并财务报表时的抵销处理

这里的应收账款、应收票据等也包括应收子公司账款、应收子公司票据等。企业对于包括应收账款、应收票据、预付账款以及其他应收款在内的所有应收款项，应当根据其预期信用减值损失，计提坏账准备。在对子公司的应收款项计提坏账准备的情况下，在编制合并财务报表时，随着内部应收款项的抵销，与此相联系也须将该内部应收款项计提的坏账准备予以抵销。将内部应收款项抵销时，按内部应付款项的金额，借记"应付账款""应付票据"等项目，贷记"应收账款""应收票据"等项目；将内部应收款项计提的坏账准备抵销时，按各内部应收款项计提的相应坏账准备期末余额，借记"应收账款""应收票据"等项目，贷记"信用减值损失"项目。

【例8-11】甲公司为A公司的母公司。甲公司本期个别资产负债表应收账款中有580万元为应收A公司账款，该应收账款账面余额为600万元，甲公司当年计提坏账准备20万元；应收票据中有390万元为应收A公司票据，该应收票据账面余额为400万元，甲公司当年计提坏账准备10万元。A公司本期个别资产负债表中应付账款和应付票据中列示有应付甲公司账款600万元和应付甲公司票据400万元。

在编制合并财务报表时，甲公司应当将内部应收账款与应付账款相互抵销，同时还应将内部应收账款和应收票据计提的坏账准备予以抵销，其抵销分录为：

（1）将应收账款与应付账款抵销：

借：应付账款　　　　　　　　　　　　　　　　　6 000 000

　　贷：应收账款　　　　　　　　　　　　　　　　　　　6 000 000

（2）将应收票据与应付票据抵销：

借：应付票据　　　　　　　　　　　　　　　　　4 000 000

　　贷：应收票据　　　　　　　　　　　　　　　　　　　4 000 000

（3）将坏账准备与信用减值损失抵销：

借：应收账款　　　　　　　　　　　　　　　　　200 000

　　应收票据　　　　　　　　　　　　　　　　　100 000

　　贷：信用减值损失　　　　　　　　　　　　　　　　　300 000

（二）连续编制合并财务报表时的抵销处理

首先，将内部应收款项与应付款项予以抵销，即按内部应付款项的数额，借记"应付账款""应付票据"等项目，贷记"应收账款""应收票据"等项目。

其次，应将上期信用减值损失中抵销的各内部应收款项计提的相应坏账准备对本期期初未分配利润的影响予以抵销，即按上期信用减值损失项目中抵销的各内部应收款项计提的相应坏账准备的数额，借记"应收账款""应收票据"等项目，贷记"期初未分配利润"项目。

最后，对本期各内部应收款项在个别财务报表中补提或者冲销的相应坏账准备的数额也应予以抵销，即按照本期期末内部应收款项在个别资产负债表中补提的坏账准备的数额，借记"应收账款""应收票据"等项目，贷记"信用减值损失"项目（或按照本期期末各内部应收款项在个别资产负债表中冲销的相应坏账准备的数额，借记"信用减值损失"项目，贷记"应收账款""应收票据"等项目）。

1.内部应收款项坏账准备本期余额与上期余额相等时的抵销处理

【例8-12】接【例8-11】。甲公司为A公司的母公司。甲公司和A公司上期内部应收款项、坏账准备情况、内部债权债务的抵销见【例8-11】。甲公司本期个别资产负债表应收账款中有应收A公司账款580万元，该应收账款系上期发生的，账面余额为600万元，甲公司上期对其计提坏账准备20万元，该坏账准备结转到本期；应收A公司票据390万元，该应收票据系上期发生的，账面余额为400万元，甲公司上期对其计提坏账准备10万元，该坏账准备结转到本期。本期对上述内部应收账款和应收票据未计提坏账准备。

甲公司在合并工作底稿中应进行如下抵销处理：

（1）将上期内部应收款项计提的坏账准备抵销。在这种情况下，母公司个别资产负债表中坏账准备余额可以理解为实际上是上期结转而来的余额，因此只需要将上期内部应收账款计提的坏账准备予以抵销，同时调整本期期初未分配利润的数额。其抵销分录如下：

借：应收账款　　　　　　　　　　　　　　　　　　　　　　200 000
　　　应收票据　　　　　　　　　　　　　　　　　　　　　100 000
　　贷：期初未分配利润　　　　　　　　　　　　　　　　　　　　　　300 000
（2）将内部应收账款、应收票据与应付账款、应付票据抵销：
借：应付账款　　　　　　　　　　　　　　　　　　　　　6 000 000
　　贷：应收账款　　　　　　　　　　　　　　　　　　　　　　　6 000 000
借：应付票据　　　　　　　　　　　　　　　　　　　　　4 000 000
　　贷：应收票据　　　　　　　　　　　　　　　　　　　　　　　4 000 000

2.内部应收款项坏账准备本期余额大于上期余额时的抵销处理

【例8-13】接【例8-11】。甲公司为A公司的母公司。甲公司和A公司上期内部应收款项、坏账准备情况、内部债权债务的抵销见【例8-11】。甲公司本期个别资产负债表应收账款中有应收A公司账款735万元，该应收账款账面余额为800万元，甲公司对该应收账款累计计提坏账准备65万元，其中20万元系上期结转至本期的，本期对其补提坏账准备45万元；应收A公司票据875万元，该应收票据账面余额为900万元，甲公司对该应收票据累计计提坏账准备25万元，其中10万元系上期结转至本期的，本期对其补提坏账准备15万元。

甲公司在合并工作底稿中应进行如下抵销处理：
（1）抵销上期内部应收款项计提的坏账准备，并调整期初未分配利润的数额：
借：应收账款　　　　　　　　　　　　　　　　　　　　　　200 000
　　　应收票据　　　　　　　　　　　　　　　　　　　　　100 000
　　贷：期初未分配利润　　　　　　　　　　　　　　　　　　　　　　300 000
（2）抵销内部应收账款、应收票据与应付账款、应付票据：
借：应付账款　　　　　　　　　　　　　　　　　　　　　8 000 000
　　贷：应收账款　　　　　　　　　　　　　　　　　　　　　　　8 000 000
借：应付票据　　　　　　　　　　　　　　　　　　　　　9 000 000
　　贷：应收票据　　　　　　　　　　　　　　　　　　　　　　　9 000 000
（3）抵销本期内部应收款项增加计提的坏账准备与信用减值损失：
借：应收账款　　　　　　　　　　　　　　　　　　　　　　450 000
　　　应收票据　　　　　　　　　　　　　　　　　　　　　150 000
　　贷：信用减值损失　　　　　　　　　　　　　　　　　　　　　　600 000

3.内部应收款项坏账准备本期余额小于上期余额时的抵销处理

【例8-14】接【例8-11】。甲公司为A公司的母公司。甲公司和A公司上期内部应收款项、坏账准备情况、内部债权债务的抵销见【例8-11】。甲公司本期个别资产负债表应收账款中有应收A公司账款538万元，该应收账款账面余额为550万元，甲公司对该应收账款累计计提坏账准备12万元，其中上期结转至本期的坏账准备20万元，本期冲减坏账准备8万元；应收A公司票据374万元，该应收票据账面余额为380万元，甲公司对其累计计提坏账准备6万元，其中上期结转至本期的坏账准备10万元，本期冲减坏账准备4万元。

甲公司在合并工作底稿中应进行如下抵销处理：

（1）抵销上期内部应收款项计提的坏账准备，并调整期初未分配利润的数额：

借：应收账款	200 000	
应收票据	100 000	
贷：期初未分配利润		300 000

（2）抵销内部应收账款、应收票据与应付账款、应付票据：

借：应付账款	5 500 000	
贷：应收账款		5 500 000
借：应付票据	3 800 000	
贷：应收票据		3 800 000

（3）抵销本期内部应收款项冲销的坏账准备与信用减值损失：

借：信用减值损失	120 000	
贷：应收账款		80 000
应收票据		40 000

本节自测

第三节 内部固定资产、无形资产交易的抵销处理

一、内部固定资产交易概述

内部固定资产交易，是指企业集团内部发生交易的一方涉及固定资产的购销业务。根据销售企业销售的是产品还是固定资产，可以将企业集团内部固定资产交易划分为两种类型：第一种类型是企业集团内部企业将自身使用的固定资产变卖给企业集团内的其他企业作为固定资产使用；第二种类型是企业集团内部企业将自身生产的产品销售给企业集团内的其他企业作为固定资产使用。此外，还有另一类型的内部固定资产交易，即企业集团内部企业将自身使用的固定资产变卖给企业集团内的其他企业作为普通商品销售。这种类型的固定资产交易，属于固定资产的内部处置，在企业集团内部发生的情况极少，一般情况下发生的数量也不大。

严格说来，内部固定资产交易属于内部商品交易，其在编制合并财务报表时的抵销处理与一般内部商品交易的抵销处理有相同之处，但由于固定资产取得并投入使用后，往往要跨越若干个会计期间，并且在使用过程中通过计提折旧将其价值转移到产品生产成本或各会计期间费用之中去，因而其抵销处理也有其特殊性。

二、内部固定资产交易当期的抵销处理

（一）内部固定资产交易的抵销处理

1.企业集团内部固定资产变卖交易的抵销处理

在合并工作底稿中编制抵销分录时，应当按照该内部交易固定资产的转让价格与其原账面价值之间的差额，借记"资产处置收益"项目，贷记"固定资产原价"项目。如果该内部交易的固定资产转让价格低于其原账面价值，则按其差额，借记"固

定资产原价"项目，贷记"资产处置收益"项目。

【例8-15】A公司和B公司为甲公司控制下的两个子公司。A公司将其净值为1 280万元的某厂房，以1 500万元的价格变卖给B公司作为固定资产使用。在该内部固定资产交易中，A公司因交易实现资产处置收益220万元。B公司以1 500万元的金额将该厂房作为固定资产的原价入账，并列示于其个别资产负债表之中。编制合并财务报表时，甲公司必须将因该固定资产交易实现的资产处置收益与固定资产原价中包含的未实现内部销售损益的数额予以抵销。其抵销分录如下：

借：资产处置收益　　　　　　　　　　　　　　　　　2 200 000

　　贷：固定资产原价　　　　　　　　　　　　　　　　　　　　2 200 000

通过上述抵销处理后，该内部固定资产交易所实现的损益予以抵销，该厂房的原价通过抵销处理后调整为1 280万元。

2.企业集团内部产品销售给其他企业作为固定资产的交易的抵销处理

在合并工作底稿中编制抵销分录将其抵销时，应当按销售企业销售该产品的销售收入借记"营业收入"项目，按销售企业销售该产品结转的销售成本贷记"营业成本"项目，按销售收入与销售成本之间的差额（即固定资产原价中包含的未实现内部销售损益）贷记"固定资产原价"项目。

【例8-16】A公司和B公司为甲公司控制下的两个子公司。A公司于2023年12月将自己生产的产品销售给B公司作为固定资产使用，A公司销售该产品的销售收入为1 680万元，销售成本为1 200万元，B公司以1 680万元的价格作为该固定资产的原价入账。在合并工作底稿中应进行如下抵销处理：

借：营业收入　　　　　　　　　　　　　　　　　　16 800 000

　　贷：营业成本　　　　　　　　　　　　　　　　　　　　　12 000 000

　　　　固定资产原价　　　　　　　　　　　　　　　　　　　　4 800 000

（二）内部固定资产交易当期计提折旧的抵销处理

在发生内部固定资产交易当期，购买企业使用该内部交易固定资产并计提折旧，其折旧费用计入当期损益。由于购买企业是以该固定资产的取得成本作为其原价计提折旧，在取得成本中包含有销售企业由于该内部固定资产交易所产生的损益（即未实现内部销售损益），相应地，在该内部交易固定资产使用过程中其各期计提的折旧额中，也包含有未实现内部销售损益摊销的金额。因此，必须将当期该内部交易固定资产计提的折旧额中未实现内部销售损益的摊销金额即多计提的折旧数额，从该内部交易固定资产当期计提的折旧费用和该固定资产累计折旧中予以抵销。抵销处理时，应按当期多计提的折旧数额，借记"累计折旧"项目，贷记"管理费用"等项目。

【例8-17】A公司和B公司为甲公司控制下的两个子公司。A公司于2023年1月1日将自己生产的产品销售给B公司作为固定资产使用，A公司销售该产品的销售收入为1 680万元，销售成本为1 200万元。B公司以1 680万元的价格作为该固定资产的原价入账。B公司购买的该固定资产用于公司的行政管理，假定该内部交易固定资产在交易当年计提折旧420万元。甲公司在编制合并财务报表时，应当进行如下抵销处理：

（1）将该内部交易固定资产相关销售收入与销售成本及原价中包含的未实现内部

销售损益予以抵销：

借：营业收入 16 800 000
    贷：营业成本 12 000 000
       固定资产原价 4 800 000

（2）将当年计提的折旧和累计折旧中包含的未实现内部销售损益予以抵销。B公司对该固定资产每年计提折旧420万元，其中每年计提的折旧和累计折旧中均包含未实现内部销售损益的摊销额120万元。在合并工作底稿中应进行如下抵销处理：

借：累计折旧 1 200 000
    贷：管理费用 1 200 000

三、内部交易固定资产取得后至处置前期间的抵销处理

在以后的会计期间，具体抵销程序如下：

1.将内部交易固定资产原价中包含的未实现内部销售损益抵销，并调整期初未分配利润，即按照固定资产原价中包含的未实现内部销售损益的数额，借记"期初未分配利润"项目，贷记"固定资产原价"项目。

2.将以前会计期间内部交易固定资产多计提的累计折旧抵销，并调整期初未分配利润，即按照以前会计期间抵销该内部交易固定资产因包含未实现内部销售损益而多计提（或少计提）的累计折旧额，借记"累计折旧"项目，贷记"期初未分配利润"项目（或相反方向分录）。

3.将当期由于该内部交易固定资产因包含未实现内部销售损益而多计提的折旧费用予以抵销，并调整本期计提的累计折旧额，即按照本期该内部交易的固定资产多计提的折旧额，借记"累计折旧"项目，贷记"管理费用"等费用项目。

【例8-18】接【例8-17】，B公司2024年个别资产负债表中，该内部交易固定资产原价为1 680万元，累计折旧为840万元，该固定资产净值为840万元。该内部交易固定资产2024年计提折旧为420万元。

甲公司编制2024年度合并财务报表时，应当进行如下抵销处理：

（1）借：期初未分配利润 4 800 000
       贷：固定资产原价 4 800 000
（2）借：累计折旧 1 200 000
       贷：期初未分配利润 1 200 000
（3）借：累计折旧 1 200 000
       贷：管理费用 1 200 000

B公司2025年个别资产负债表中，该内部交易固定资产原价为1 680万元，累计折旧为1 260万元，该固定资产净值为420万元。该内部交易固定资产2025年计提折旧为420万元。

甲公司编制2025年度合并财务报表时，应当进行如下抵销处理：

（1）借：期初未分配利润 4 800 000
       贷：固定资产原价 4 800 000
（2）借：累计折旧 2 400 000

　　　　　贷：期初未分配利润　　　　　　　　　　　　　　　　　　2 400 000

　　（3）借：累计折旧　　　　　　　　　　　　　　　　　　　　1 200 000

　　　　　贷：管理费用　　　　　　　　　　　　　　　　　　　　　1 200 000

四、内部交易固定资产清理期间的抵销处理

　　固定资产清理时可能出现三种情况：

　　（1）期满清理；

　　（2）超期清理；

　　（3）提前清理。

　　编制合并财务报表时，应当根据具体情况进行抵销处理。

（一）内部交易固定资产使用期限届满进行清理期间的抵销处理

　　编制合并财务报表时，首先，必须调整期初未分配利润。其次，在固定资产进行清理的会计期间，在未进行清理前仍处于使用之中，仍需要计提折旧，本期计提折旧中仍然包含因内部未实现销售损益而多计提的折旧额，因此也需要将当期多计提的折旧额予以抵销。

　　另外要注意，随着内部交易固定资产的清理，该固定资产的原价、累计折旧和净值在公司个别资产负债表中均无列示，故涉及调整期初未分配利润项目的抵销处理，均通过"资产处置收益"项目或"营业外收入/支出"项目进行。

　　【例8-19】接【例8-18】，2026年12月该内部交易固定资产使用期满，B公司于2026年12月对其进行清理。B公司对该固定资产清理时实现固定资产清理净收益14万元，在2026年度个别利润表中以"资产处置收益"项目列示。随着对该固定资产的清理，该固定资产的原价和累计折旧转销，在2026年12月31日个别资产负债表固定资产中已无该固定资产的列示。此时，甲公司编制合并财务报表时，应当进行如下抵销处理：

　　（1）按照内部交易固定资产原价中包含的未实现内部销售利润，调整期初未分配利润：

　　　借：期初未分配利润　　　　　　　　　　　　　　　　　　4 800 000

　　　　贷：资产处置收益　　　　　　　　　　　　　　　　　　　4 800 000

　　（2）按以前会计期间因固定资产原价中包含的未实现内部销售利润而多计提累计折旧的数额，调整期初未分配利润：

　　　借：资产处置收益　　　　　　　　　　　　　　　　　　　3 600 000

　　　　贷：期初未分配利润　　　　　　　　　　　　　　　　　　3 600 000

　　（3）将本期因固定资产原价中包含的未实现内部销售利润而多计提的折旧额抵销：

　　　借：资产处置收益　　　　　　　　　　　　　　　　　　　1 200 000

　　　　贷：管理费用　　　　　　　　　　　　　　　　　　　　　1 200 000

　　以上三笔抵销分录，可以合并为以下抵销分录：

　　　借：期初未分配利润　　　　　　　　　　　　　　　　　　1 200 000

贷：管理费用　　　　　　　　　　　　　　　　　　　　　　　　　　　　1 200 000

（二）内部交易固定资产超期使用进行清理期间的抵销处理

首先，需要将该固定资产原价中包括的未实现内部销售损益予以抵销，并调整期初未分配利润。其次，要将以前会计期间因内部交易固定资产原价中包含的未实现内部销售损益而多计提的累计折旧予以抵销。最后，由于在该固定资产使用期满的会计期间仍然需要计提折旧，本期计提的折旧中仍然包含多计提的折旧，因此需要将多计提的折旧费用予以抵销，并调整已计提的累计折旧。

【例8-20】接【例8-18】，2026年12月31日该内部交易固定资产使用期满，但该固定资产仍处于使用之中，B公司未对其进行清理报废。B公司2025年度个别资产负债表固定资产仍列示该固定资产的原价1 680万元，累计折旧1 680万元；在其个别利润表列示该固定资产当年计提的折旧420万元。此时，甲公司在编制2026年度合并财务报表时，应当进行如下抵销处理：

（1）将内部交易固定资产原价中包含的未实现内部销售利润抵销，并调整期初未分配利润：

借：期初未分配利润　　　　　　　　　　　　　　　　　　　　　　　　4 800 000

　　贷：固定资产原价　　　　　　　　　　　　　　　　　　　　　　　　4 800 000

（2）将因固定资产原价中包含的未实现内部销售利润而多计提的累计折旧抵销，并调整期初未分配利润：

借：累计折旧　　　　　　　　　　　　　　　　　　　　　　　　　　　3 600 000

　　贷：期初未分配利润　　　　　　　　　　　　　　　　　　　　　　　3 600 000

（3）将本期因固定资产原价中包含的未实现内部销售利润而多计提的折旧额抵销：

借：累计折旧　　　　　　　　　　　　　　　　　　　　　　　　　　　1 200 000

　　贷：管理费用　　　　　　　　　　　　　　　　　　　　　　　　　　1 200 000

进一步假设，该内部交易固定资产2027年仍处于使用之中。B公司个别资产负债表中内部交易固定资产为1 680万元，累计折旧为1 680万元；由于固定资产超期使用不计提折旧，B公司个别利润表中无该内部固定资产计提的折旧费用。此时，甲公司编制合并财务报表时，应进行如下抵销处理：

（1）将固定资产原价中包含的未实现内部销售利润抵销，调整期初未分配利润：

借：期初未分配利润　　　　　　　　　　　　　　　　　　　　　　　　4 800 000

　　贷：固定资产原价　　　　　　　　　　　　　　　　　　　　　　　　4 800 000

（2）将累计折旧包含的未实现内部销售利润抵销，调整期初未分配利润：

借：累计折旧　　　　　　　　　　　　　　　　　　　　　　　　　　　4 800 000

　　贷：期初未分配利润　　　　　　　　　　　　　　　　　　　　　　　4 800 000

（三）内部交易固定资产使用期限未满提前进行清理期间的抵销处理

首先，必须调整期初未分配利润；其次，在固定资产进行清理前仍需要计提折旧，本期计提的折旧中仍然包含有多计提的折旧，需要将多计提的折旧费用予以抵销。

【例8-21】接【例8-18】B公司于2024年12月对该内部交易固定资产进行清理处置，在对其清理过程中取得清理净收入25万元，在其个别利润表作为资产处置收益列示。本例中，该内部交易固定资产于2025年12月，已经使用三年，B公司对该固定资产累计计提折旧1 260万元。

此时，编制合并财务报表时，应编制如下抵销分录：

(1) 借：期初未分配利润   4 800 000

      贷：资产处置收益   4 800 000

(2) 借：资产处置收益   2 400 000

      贷：期初未分配利润   2 400 000

(3) 借：资产处置收益   1 200 000

      贷：管理费用   1 200 000

五、内部无形资产交易的抵销处理

内部无形资产交易是企业集团内部发生交易的一方涉及无形资产的交易，如企业集团内部某一成员企业将自身拥有的专利权、专有技术等转让给其他成员企业作为无形资产继续使用。对于内部无形资产交易，在编制合并财务报表时，首先必须将由于转让无形资产所产生的收入、成本及购入企业无形资产入账价值中包含的未实现内部销售损益予以抵销；其次，随着无形资产价值的摊销，无形资产价值中包含的未实现内部销售损益也随之计入当期费用，为此也必须对内部交易无形资产摊销计入的相关费用项目进行抵销处理。总体上，内部无形资产交易的抵销处理与内部固定资产交易的抵销处理类似，本书不再赘述。

本节自测

第四节 所得税会计相关的合并处理

一、所得税会计概述

在编制合并财务报表时，由于需要对企业集团内部交易进行合并抵销处理，可能导致在合并财务报表中反映的资产、负债账面价值与其计税基础不一致。为了使合并财务报表全面反映所得税相关的影响，特别是当期所负担的所得税费用的情况，应当进行所得税会计核算，在计算确定资产、负债的账面价值与计税基础之间差异的基础上，确认相应的递延所得税资产或递延所得税负债。

二、内部应收款项相关所得税会计的合并处理

在编制合并财务报表时，随着内部债权债务的抵销，也必须将内部应收账款计提的坏账准备予以抵销。通过对其进行合并抵销处理后，合并财务报表中该内部应收账款已不存在，由内部应收账款账面价值与计税基础之间的差异所形成的暂时性差异也不能存在。在编制合并财务报表时，对持有该集团内部应收款项的企业因该暂时性差异确认的递延所得税资产则需要进行抵销处理。

【例8-22】甲公司为A公司的母公司，甲公司本期个别资产负债表应收账款中有1 700万元为应收A公司账款，该应收账款账面余额为1 800万元，甲公司当年对其计提坏账准备100万元。A公司本期个别资产负债表中列示有应付甲公司账款1 800万元。甲公司和A公司适用的所得税税率均为25%。

甲公司在编制合并财务报表时，其合并处理如下：

（1）将内部应收账款与应付账款相互抵销，其抵销分录如下：

借：应付账款   18 000 000

 贷：应收账款   18 000 000

（2）将内部应收账款计提的坏账准备予以抵销，其抵销分录如下：

借：应收账款——坏账准备   1 000 000

 贷：信用减值损失   1 000 000

（3）将甲公司对内部应收账款计提坏账准备导致暂时性差异确认的递延所得税资产予以抵销。本例中，甲公司在其个别财务报表中，对应收A公司账款计提坏账准备100万元，由此导致应收A公司账款的账面价值调整为1 700万元，而该应收账款的计税基础仍为1 800万元，应收A公司账款的账面价值1 700万元与其计税基础1 800万元之间的差额100万元，形成当年暂时性差异。对此，按照所得税会计准则的规定，应当确认该暂时性差异相应的递延所得税资产25万元（100×25%）。甲公司在其个别财务报表中确认递延所得税资产时，借记"递延所得税资产"科目25万元，贷记"所得税费用"科目25万元。在编制合并财务报表时随着内部应收账款及其计提的坏账准备的抵销，在合并财务报表中该应收账款已不存在，由甲公司在其个别财务报表中因应收A公司账款账面价值与其计税基础之间形成的暂时性差异也不存在，对该暂时性差异确认的递延所得税资产也需要予以抵销。在编制合并财务报表对其进行合并抵销处理时，其抵销分录如下：

借：所得税费用   250 000

 贷：递延所得税资产   250 000

三、内部交易存货相关所得税会计的合并处理

企业在编制合并财务报表时，应当将纳入合并范围的母公司与子公司以及子公司相互之间发生的内部交易对个别财务报表的影响予以抵销，其中包括内部商品交易所形成的存货价值中包含的未实现内部销售损益的金额。对于内部商品交易所形成的存货，从持有该存货的企业来说，假定不考虑计提资产减值损失，其取得成本就是该资产的账面价值，这其中包括销售企业因该销售所实现的损益，这一取得成本也就是计税基础。由于所得税是以独立的法人实体为对象计征的，这一计税基础也是合并财务报表中该存货的计税基础。此时，账面价值与其计税基础是一致的，不存在暂时性差异，也不涉及确认递延所得税资产或递延所得税负债的问题。但在编制合并财务报表过程中，随着内部商品交易所形成的存货价值包含的未实现内部销售损益的抵销，合并资产负债表所反映的存货价值是以原来内部销售企业该商品的销售成本列示的，不包含未实现内部销售损益。由此导致在合并资产负债表所列示的存货价值与持有该存货的企业计税基础不一致，形成暂时性差异。这一暂时性差异的金额就是编制合并财

务报表时所抵销的未实现内部销售损益的数额。从合并财务报表编制来说，对于这一暂时性差异，应当确认递延所得税资产或递延所得税负债。当内部交易双方适用税率不同时，合并财务报表中递延所得税的计算应按购买方（即资产最终持有方）的适用税率确定（下同）。

【例8-23】甲公司持有A公司80%的股权，是A公司的母公司。甲公司2022年利润表列示的营业收入中有5 000万元，是当年向A公司销售产品取得的销售收入，该产品销售成本为3 500万元。A公司在2022年将该批内部购进商品的60%实现对外销售，其销售收入为3 750万元，销售成本为3 000万元，并列示于其利润表中；该批商品的另外40%则形成A公司期末存货，即期末存货为2 000万元，列示于A公司2022年的资产负债表之中。甲公司和A公司适用的企业所得税税率均为25%。

甲公司在编制合并财务报表时，其合并抵销处理如下：

（1）将内部销售收入与内部销售成本及存货价值中包含的未实现内部销售损益抵销，其抵销分录如下：

借：营业收入　　　　　　　　　　　　　　　　　　　　50 000 000
　　贷：营业成本　　　　　　　　　　　　　　　　　　44 000 000
　　　　存货　　　　　　　　　　　　　　　　　　　　6 000 000

（2）确认因编制合并财务报表导致的存货账面价值与其计税基础之间的暂时性差异相关递延所得税资产。本例中，从A公司来说，其持有该存货账面价值与计税基础均为2 000万元；从甲集团公司角度来说，通过上述合并抵销处理，合并资产负债表中该存货的价值为1 400万元；由于甲公司和A公司均为独立的法人实体，这一存货的计税基础应从A公司的角度来考虑，即其计税基础为2 000万元。因该内部交易抵销的未实现内部销售损益导致的暂时性差异为600万元（2 000−1 400），实际上就是抵销的未实现内部销售损益的金额。为此，编制合并财务报表时还应当对该暂时性差异确认递延所得税资产150万元（600×25%）。进行合并抵销处理时，其抵销分录如下：

借：递延所得税资产　　　　　　　　　　　　　　　　　1 500 000
　　贷：所得税费用　　　　　　　　　　　　　　　　　1 500 000

四、内部交易固定资产等相关所得税会计的合并处理

对于内部交易形成的固定资产，编制合并财务报表时应当将该内部交易对个别财务报表的影响予以抵销，其中包括将内部交易形成的固定资产价值中包含的未实现内部销售利润予以抵销。对于内部交易形成的固定资产，从持有该固定资产的企业来说，假定不考虑计提资产减值损失，其取得成本就是该固定资产的账面价值，其中包括销售企业因该销售所实现的损益，这一账面价值与其计税基础是一致的，不存在暂时性差异，也不涉及确认递延所得税资产或递延所得税负债的问题。但在编制合并财务报表时，随着内部交易所形成的固定资产价值包含的未实现内部销售损益的抵销，合并资产负债表中所反映的该固定资产价值不包含这一未实现内部销售损益，也就是说是以原销售企业该商品的销售成本列示的，因而导致在合并资产负债表所列示的固

定资产价值与持有该固定资产的企业计税基础不一致，存在着暂时性差异。这一暂时性差异的金额就是编制合并财务报表时所抵销的未实现内部销售损益的数额。从合并财务报表来说，对于这一暂时性差异，在编制合并财务报表时必须确认相应的递延所得税资产或递延所得税负债。

【例8-24】A公司和B公司均为甲公司控制下的子公司。A公司于2022年1月1日，将自己生产的产品销售给B公司作为固定资产使用，A公司销售该产品的销售收入为1680万元，销售成本为1200万元。A公司在2022年度利润表中列示有该销售收入1680万元，该销售成本1200万元。B公司以1680万元的价格作为该固定资产的原价入账。B公司购买的该固定资产用于公司的销售业务，该固定资产属于不需要安装的固定资产，当月投入使用，其折旧年限为4年，预计净残值为0。B公司对该固定资产确定的折旧年限和预计净残值与税法规定一致。为简化合并处理，假定该内部交易固定资产在交易当年按12个月计提折旧。B公司在2022年12月31日的资产负债表中列示有该固定资产，其原价为1680万元，累计折旧为420万元，固定资产净值为1260万元。A公司、B公司和甲公司适用的所得税税率均为25%。

甲公司在编制合并财务报表时，应当进行如下抵销处理：

（1）将该内部交易固定资产相关销售收入与销售成本及原价中包含的未实现内部销售利润予以抵销。其抵销分录如下：

借：营业收入 16 800 000
　　贷：营业成本 12 000 000
　　　　固定资产原价 4 800 000

（2）将当年计提的折旧和累计折旧中包含的未实现内部销售损益的金额予以抵销。其抵销分录如下：

借：累计折旧 1 200 000
　　贷：销售费用 1 200 000

（3）确认因编制合并财务报表导致的内部交易固定资产账面价值与其计税基础之间的暂时性差异形成的相关递延所得税资产。

本例中，确认递延所得税资产或负债相关计算如下：

B公司该固定资产的账面价值＝1 680（固定资产原价）－420（当年计提的折旧额）

＝1 260（万元）

B公司该固定资产的计税基础＝1 680（固定资产原价）－420（当年计提的折旧额）

＝1 260（万元）

根据上述计算，从B公司角度来看，因该内部交易形成的固定资产账面价值与其计税基础相同，不产生暂时性差异，在B公司个别财务报表中不涉及确认递延所得税资产或递延所得税负债的问题。

合并财务报表中该固定资产的账面价值＝1 200（企业集团取得该资产的成本）－300（按取得资产成本计算确定的折旧额）＝900（万元）

合并财务报表中该固定资产的计税基础＝B公司该固定资产的计税基础＝1 260万元

合并财务报表中该固定资产相关的暂时性差异＝900（账面价值）－1 260（计税基础）＝－360（万元）

关于计税基础，企业所得税是以单个企业的纳税所得为对象计算征收的。某一资产的计税基础是从使用该资产的企业来考虑的。从某一企业来说，资产的取得成本就是其计税基础。由于该内部交易固定资产属于B公司拥有并使用，B公司该固定资产的计税基础也就是整个企业集团的计税基础，个别财务报表确定该固定资产的计税基础与合并财务报表确定的该固定资产的计税基础是相同的。

关于合并财务报表中该固定资产的账面价值，是以抵销未实现内部销售利润后的固定资产原价（即销售企业的销售成本）1 200万元（固定资产原价1 680万元–未实现内部销售利润480万元），以及按抵销未实现内部销售利润后的固定资产原价计算的折旧额为基础计算的。

合并财务报表中该固定资产相关的暂时性差异，就是因抵销未实现内部销售利润而产生的。本例中该固定资产原价抵销的未实现内部销售利润为480万元，同时由于该固定资产使用而当年计提的折旧额420万元中也包含未实现内部销售利润120万元，这120万元随着固定资产折旧而结转为已实现内部销售利润，因此，该内部交易形成的固定资产价值中当年实际抵销的未实现内部销售利润为360万元（480 – 120）。这360万元也就是因未实现内部销售利润而产生的暂时性差异。

对于合并财务报表中该内部交易固定资产因未实现内部销售利润的抵销而产生的暂时性差异，应当确认的递延所得税资产为90万元（360×25%）。本例中，确认相关递延所得税资产的合并抵销分录如下：

借：递延所得税资产　　　　　　　　　　　　　900 000
　　贷：所得税费用　　　　　　　　　　　　　　　　900 000

第五节　归属于母公司所有者权益与少数股东权益

一、概述

归属于母公司的所有者权益，反映合并报表中公司集团的所有者权益中归属于母公司所有者权益的部分。母公司在编制合并报表时，要把其在控股子公司中的权益加上去。

少数股东权益简称少数股权。非全资子公司的所有者权益中，一部分属于母公司所有，其余属外界其他股东所有，属于外部的这些股权称为少数股东权益。

二、逆流交易的合并处理

如果母子公司之间发生逆流交易，即子公司向母公司出售资产，则所发生的未实现内部交易损益，应当按照母公司对该子公司的分配比例在"归属于母公司所有者的净利润"和"少数股东损益"之间分配抵销。

【例8-25】甲公司是A公司的母公司，持有A公司80%的股份。2022年5月1日，A公司向甲公司销售商品1 000万元，商品销售成本为700万元，甲公司以银行存款支付全款，将购进的该批商品作为存货核算。截至2022年12月31日，该批商品仍有20%未实现对外销售。2022年年末，甲公司对剩余存货进行检查，发现未发生存货跌价损失。除此之外，甲公司与A公司2022年未发生其他交易。企业所得税率为 25%。

本例中，2022 年存货中包含的未实现内部销售损益为 60 万元（（1 000 - 700）×20%）。在 2022 年合并财务报表工作底稿中的抵销分录如下：

借：营业收入 10 000 000
　　贷：营业成本 9 400 000
　　　　存货 600 000
借：递延所得税资产 150 000
　　贷：所得税费用 150 000

同时，由于该交易为逆流交易，应将内部销售形成的存货中包含的未实现内部销售损益的税后影响金额在甲公司和 A 公司少数股东之间进行分摊。

在存货中包含的未实现内部销售损益中，归属于少数股东的未实现内部销售损益分摊金额为 9 万元（（60-15）×20%）。在 2022 年合并财务报表工作底稿中的抵销分录如下：

借：少数股东权益 90 000
　　贷：少数股东损益 90 000

子公司之间出售资产所发生的未实现内部交易损益的税后影响金额，应当按照母公司对出售方子公司的持股比例在"归属于母公司所有者的净利润"和"少数股东损益"之间分配抵销。

三、计算

（一）一般公式

$$\text{归属于母公司股东的净利润} = \text{调整后子公司净利润} \times \text{母公司持股比例}$$

$$= \left(\text{子公司单体报表净利润} + \left[\text{公允价值调整} + \text{逆流交易调整} + \text{递延所得税调整} \right] \text{对当期损益的影响} \right) \times \text{母公司持股比例}$$

$$\text{归属于母公司的所有者权益} = \text{母公司个别报表的所有者权益} + \text{子公司购买日后调整后的净利润} \times \text{母公司持股比例} + \text{子公司购买日后权益的变动} \times \text{母公司持股比例}$$

$$\text{少数股东损益} = \text{调整后子公司净利润} \times \text{少数股东持股比例}$$

$$= \left(\text{子公司单体报表净利润} + \left[\text{公允价值调整} + \text{逆流交易调整} + \text{递延所得税调整} \right] \text{对当期损益的影响} \right) \times \text{少数股东持股比例}$$

$$\text{少数股东权益} = \text{持续计算的子公司可辨认净资产} \times \text{少数股东持股比例}$$

$$= \left(\text{子公司单体报表权益} + \left[\text{公允价值调整} + \text{逆流交易调整} + \text{递延所得税调整} \right] \text{对权益的影响} \right) \times \text{少数股东持股比例}$$

股东权益总额=归属于母公司的所有者权益+少数股东权益

（二）其他权益工具的调整

母公司持有其他权益工具的金额应按母公司持有份额单独计算。

子公司发行累积优先股等其他权益工具的，无论当期是否宣告发放其股利，在计算列报母公司合并利润表中的"归属于母公司股东的净利润"时，应扣除当期归属于除母公司之外的其他权益工具持有者的可累积分配股利，扣除金额应在"少数股东损益"项目中列示。

子公司发行不可累积优先股等其他权益工具的，在计算列报母公司合并利润表中的"归属于母公司股东的净利润"时，应扣除当期宣告发放的归属于除母公司之外的其他权益工具持有者的不可累积分配股利，扣除金额应在"少数股东损益"项目中列示。

子公司发行的累积或不可累积优先股等其他权益工具的，在资产负债表和股东权益变动表中的列报原则与利润表相同。

【例8-26】甲公司于2021年1月1日，支付价款40 000万元购买乙公司80%的股权，并于当日能够控制乙公司（交易前甲公司与乙公司不存在任何关联方关系），已知乙公司于2021年1月1日可辨认净资产的账面价值（不含递延所得税资产和递延所得税负债）为35 000万元，其中股本12 000万元，资本公积20 000万元，其他综合收益2 000万元，盈余公积200万元，未分配利润800万元；其中账面价值与公允价值存在差异的有以下三项，见表8-1。

表8-1　　　　　　　　　　账面价值与公允价值的差异　　　　　　　　　　单位：万元

项目	账面价值	公允价值	评估增值	评估减值
应收账款	3 800	3 600		200
无形资产	8 000	9 000	1 000	
或有事项（负债）	0	100	100	

其中：

乙公司无形资产未来仍可使用10年，预计净残值为0，采用直线法摊销，乙公司的无形资产用于管理使用，无形资产的摊销年限、摊销方法、预计净残值均与税法规定一致。

至2021年年末，应收账款按购买日评估确认的金额收回，评估确认的坏账已核销；上述或有负债为乙公司因产品质量纠纷引起的诉讼而形成的，乙公司因未满足预计负债确认条件而未予确认，年末乙公司败诉，并支付赔偿款100万元。

假设上述资产和负债的公允价值与计税基础之间形成的暂时性差异均符合确认递延所得税资产或递延所得税负债的条件，不考虑其他相关税费的影响，甲公司和乙公司适用的所得税税率均为25%。

2021年和2022年乙公司其他资料见表8-2。

表8-2　　　　　　　　2021年和2022年乙公司其他资料　　　　　　　　单位：万元

情形	2021年	2022年
账面净利润	3 000	3 500
提取盈余公积	300	350
宣告分派现金股利	1 000	1 200
其他综合收益的变动数额（均为其他债权投资的公允价值变动形成）	100	-80

此外，2022年年初乙公司按面值发行了一项附有赎回选择权且有权决定优先股股利发放时间的可累积优先股，面值总额为1 000万元，股息支付率为10%。乙公司将其确认为一项权益工具（其他权益工具），当年已宣告但尚未发放的可累积优先股现金股利为40万元。甲公司没有认购乙公司发行的优先股。

要求：（1）编制购买日甲公司个别财务报表及合并财务报表的相关分录。

（2）编制2021年年末和2022年年末合并财务报表的相关调整、抵销分录。

解析：

（1）会计分录如下：

①甲公司购买日个别财务报表的相关分录：

借：长期股权投资　　　　　　　　　　　　　　400 000 000

　　贷：银行存款　　　　　　　　　　　　　　　　　　400 000 000

②子公司（乙公司）可辨认净资产的公允价值（考虑递延所得税后）

=35 000（账面价值）-200×（1-25%）+1 000×（1-25%）-100×（1-25%）

=35 000-150+750-75

=35 525（万元）

甲公司合并财务报表应确认的商誉 = 40 000 - 35 525×80% = 11 580（万元）

购买日甲公司合并财务报表的相关分录：

A.调整评估增值/减值。

借：无形资产　　　　　　　　　　　　　　　　10 000 000

　　递延所得税资产［（200+100）×25%］　　　　750 000

　　贷：递延所得税负债（1 000×25%）　　　　　　　　　2 500 000

　　　　应收账款　　　　　　　　　　　　　　　　　　2 000 000

　　　　预计负债　　　　　　　　　　　　　　　　　　1 000 000

　　　　资本公积　　　　　　　　　　　　　　　　　　5 250 000

B.抵权益。

借：股本　　　　　　　　　　　　　120 000 000

　　资本公积（20 000 + 525）　　　205 250 000

　　其他综合收益　　　　　　　　　　20 000 000 ⎫

　　盈余公积　　　　　　　　　　　　 2 000 000 ⎬ 355 250 000

　　未分配利润　　　　　　　　　　　 8 000 000 ⎭

　　商誉　　　　　　　　（计算得出）115 800 000

　　贷：长期股权投资　　　　　　　　　　　　　　　400 000 000

　　　　少数股东权益（35 525 × 20%）　　　　　　　7 1 050 000

（2）2021年年末（第1年年末）。

①调整子公司的评估增值或评估减值。

借：无形资产　　　　　　　　　　　　　　　　10 000 000

　　递延所得税资产［（200+100）×25%］　　　　750 000

　　贷：递延所得税负债（1 000×25%）　　　　　　　　　2 500 000

　　　　应收账款　　　　　　　　　　　　　　　　　　2 0000 00

　　贷：预计负债　　　　　　　　　　　　　　　　　　　　　　　　　1 000 000

　　　　资本公积　　　　　　　　　　　　　　　　　　　　　　　　　5 250 000

　　②评估增值／减值的后续变动，因使用、偿付或销售实现其公允价值要进行相关的调整。

　　A.预计负债。

借：预计负债　　　　　　　　　　　　　　　　　　　　　1 000 000

　　贷：营业外支出　　　　　　　　　　　　　　　　　　　　　　1 000 000

借：所得税费用（100×25%）　　　　　　　　　　　　　　250 000

　　贷：递延所得税资产　　　　　　　　　　　　　　　　　　　　250 000

　　B.无形资产的评估增值补提的摊销。

借：管理费用（1 000÷10）　　　　　　　　　　　　　　1 000 000

　　贷：无形资产——累计摊销　　　　　　　　　　　　　　　　1 000 000

借：递延所得税负债（100×25%）　　　　　　　　　　　　250 000

　　贷：所得税费用　　　　　　　　　　　　　　　　　　　　　250 000

　　C.应收账款评估确认的坏账已经核销。

借：应收账款　　　　　　　　　　　　　　　　　　　　　2 000 000

　　贷：信用减值损失　　　　　　　　　　　　　　　　　　　　2 000 000

借：所得税费用（200×25%）　　　　　　　　　　　　　　500 000

　　贷：递延所得税资产　　　　　　　　　　　　　　　　　　　　500 000

　　③计算调整后的净利润（乙公司）＝3 000（账面净利润）＋（100-25）-（100-25）＋（200-50）

　　　　　　　　＝3 150（万元）

　　④调整后的未分配利润＝年初未分配利润（购买日）＋调整后的净利润-提取盈余公积-分配现金股利

　　　　　　＝800（已知）＋3 150（调整后的净利润）-300（提取盈余公积）-

　　　　　　　1 000（分派现金股利）

　　　　　　＝2 650（万元）

　　⑤将长期股权投资成本法调整为权益法。

　　A.调整后的净利润3 150万元。

借：长期股权投资（3 150×80%）　　　　　　　　　　　25 200 000

　　贷：投资收益　　　　　　　　　　　　　　　　　　　　　25 200 000

　　B.现金股利1 000万元。

借：投资收益（1 000×80%）　　　　　　　　　　　　　8 000 000

　　贷：长期股权投资　　　　　　　　　　　　　　　　　　　8 000 000

　　C.其他综合收益100万元。

借：长期股权投资（100×80%）　　　　　　　　　　　　800 000

　　贷：其他综合收益　　　　　　　　　　　　　　　　　　　　800 000

调整后的长期股权投资＝40 000＋2 520-800＋80

　　　　　　　　＝41 800（万元）

⑥抵权益。

借：股本 120 000 000
　　资本公积（20 000 +525） 205 250 000
　　其他综合收益（2 000+100） 21 000 000　377 750 000
　　盈余公积（200 +300） 5 000 000
　　年末未分配利润 （调整后）26 500 000
　　商誉 （计算得出）115 800 000
　　贷：长期股权投资 （调整后）418 000 000
　　　　少数股东权益（37 775×20%） 75 550 000

⑦抵损益。

借：投资收益（3 150 ×80%） 25 200 000
　　少数股东损益（3 150 ×20%） 6 300 000
　　年初未分配利润 （已知）8 000 000
　　贷：提取盈余公积 3 000 000
　　　　对所有者（或股东）的分配 10 000 000
　　　　年末未分配利润 （调整后的金额）26 500 000

⑧应收股利与应付股利的抵销。

借：应付股利（1 000×80%） 8 000 000
　　贷：应收股利 8 000 000

（3）2022年年末（第2年年末）：

①调整子公司的评估增值或评估减值。

借：无形资产 10 000 000
　　递延所得税资产 [（200+100）×25%] 750 000
　　贷：递延所得税负债（1 000×25%） 2 500 000
　　　　应收账款 2 000 000
　　　　预计负债 1 000 000
　　　　资本公积 5 250 000

②评估增值/减值的后续变动，因使用、偿付或销售实现其公允价值要进行相关的调整。

A.预计负债。

借：预计负债 1 000 000
　　贷：年初未分配利润 1 000 000
借：年初未分配利润（100×25%） 250 000
　　贷：递延所得税资产 250 000

B.无形资产的评估增值补提的摊销（上年）。

借：年初未分配利润（1 000÷10） 1 000 000
　　贷：无形资产——累计摊销 1 000 000
借：递延所得税负债（100×25%） 250 000

　　贷：年初未分配利润　　　　　　　　　　　　　　　　　　　　　250 000

C.应收账款评估确认的坏账已经核销。

　　借：应收账款　　　　　　　　　　　　　　　　　　　2 000 000

　　　　贷：年初未分配利润　　　　　　　　　　　　　　　　　　2 000 000

　　借：年初未分配利润（200×25%）　　　　　　　　　500 000

　　　　贷：递延所得税资产　　　　　　　　　　　　　　　　　　500 000

D.无形资产的评估增值补提的摊销（本年）。

　　借：管理费用（1 000÷10）　　　　　　　　　　　1 000 000

　　　　贷：无形资产——累计摊销　　　　　　　　　　　　　　　1 000 000

　　借：递延所得税负债（100×25%）　　　　　　　　250 000

　　　　贷：所得税费用　　　　　　　　　　　　　　　　　　　　250 000

③ 计算调整后的净利润（乙公司）＝3 500（账面净利润）－（100－25）（无形资产）

　　　　　　　　　　　　　　　　＝3 425（万元）

④ $\dfrac{调整后的}{未分配利润}=\dfrac{年初未分配}{利润（调整后）}+\dfrac{调整后的}{净利润}-\dfrac{提取}{盈余公积}-\dfrac{分配}{现金股利}$

　　　　　　＝2 650（年初）+3 425（调整后的净利润）－350（提取盈余公积）－

　　　　　　　1 200（分派现金股利）－40（宣告发放的优先股股利）

　　　　　　＝4 485（万元）

⑤将长期股权投资成本法调整为权益法。

A.上年调整后的净利润3 150万元。

　　借：长期股权投资（3 150×80%）　　　　　　　　25 200 000

　　　　贷：年初未分配利润　　　　　　　　　　　　　　　　　25 200 000

B.上年现金股利1 000万元。

　　借：年初未分配利润（1 000×80%）　　　　　　　8 000 000

　　　　贷：长期股权投资　　　　　　　　　　　　　　　　　　8 000 000

C.上年其他综合收益100万元。

　　借：长期股权投资（100×80%）　　　　　　　　　800 000

　　　　贷：其他综合收益　　　　　　　　　　　　　　　　　　800 000

D.本年调整后的净利润3 425万元。

2022年乙公司调整后的净利润为3 425万元，虽然年末宣告发放优先股股利40万元，但该优先股属于可累积且固定股息支付率的优先股。

　优先股股东享有的净利润份额＝1 000×10%＝100（万元）

　　借：长期股权投资〔（3 425－100）×80%〕　　　　26 600 000

　　　　贷：投资收益　　　　　　　　　　　　　　　　　　　　26 600 000

E.本年现金股利1 200万元。

　　借：投资收益（1 200×80%）　　　　　　　　　　9 600 000

　　　　贷：长期股权投资　　　　　　　　　　　　　　　　　　9 600 000

F.本年其他综合收益－80万元。

　　借：其他综合收益　　　　　　　　　　　　　　　　640 000

贷：长期股权投资（80×80%）   640 000

注：由于甲公司没有认购乙公司的优先股，不能确认其他权益工具的份额。

调整后的长期股权投资＝41 800（上年）＋2 660－960－64

               ＝43 436（万元）

⑥抵权益。

借：股本	120 000 000	
资本公积（20 000＋525）	205 250 000	
其他综合收益（2 100－80）	20 200 000	398 800 000
盈余公积（500＋350）	8 500 000	
年末未分配利润	（调整后）44 850 000	
其他权益工具	10 000 000	
商誉	（计算得出）115 800 000	
贷：长期股权投资	（调整后）434 360 000	
少数股东权益	90 240 000	

少数股东权益由三部分构成：

a. 其他权益工具的账面价值＝1 000 万元

b. 所有的优先股股东对留存收益享有的份额＝1 000×10%－宣告发放的优先股股利40

        ＝60（万元）

c. 普通股中少数股东对净资产享有的份额＝[期初所有者权益37 775（调整后的）＋当年调整后的净利润3 425－

其他综合收益的减少额80－宣告分配的现金股利1 200－优先股股东

应享有的净利润的份额100]×20%＝7 964（万元）

或者：   ＝[39 880＋40（计算调整后的未分配利润扣除的优先股股利40）－优

先股股东应享有的净利润的份额100]×20%＝7 964（万元）

⑦抵损益。

借：投资收益[（3 425－100）]×80%	26 600 000
少数股东损益	7 650 000

｛（所有的优先股股东对子公司净利润享有的份额1 000×10%＋普通股少数股东

对子公司净利润享有的份额[（3 425－1 000×10%）×20%]）｝

年初未分配利润	（已知）26 500 000
贷：提取盈余公积	3 500 000
对所有者（或股东）的分配（1 200＋40）	12 400 000
年末未分配利润	（调整后的金额）44 850 000

⑧应收股利与应付股利的抵销。

借：应付股利（1 200×80%）	9 600 000
贷：应收股利	9 600 000

注：不能调整优先股股利（并非母子之间的业务）。

主要参考文献

［1］中国注册会计师协会．会计［M］．北京：中国财政经济出版社，2023．

［2］中华人民共和国财政部．企业会计准则［M］．上海：立信会计出版社，2023．

［3］企业会计准则编审委员会．企业会计准则及应用指南实务详解（2023年版）［M］．北京：人民邮电出版社，2023．

［4］企业会计准则编审委员会．企业会计准则案例讲解（2023年版）［M］．上海：立信会计出版社，2023．

［5］张清玉，陈霞．高级财务会计学［M］．2版．大连：东北财经大学出版社，2023．

［6］刘永泽，傅荣．高级财务会计［M］．7版．大连：东北财经大学出版社，2021．